臺灣歷史與文化研究輯刊

二 編

第24冊

澎湖古典詩研究（上）

陳憼汎 著

花木蘭文化出版社

國家圖書館出版品預行編目資料

澎湖古典詩研究（上）／陳慺汎 著 ― 初版 ― 新北市：花木
蘭文化出版社，2013〔民 102〕
目 4+168 面；19×26 公分
（臺灣歷史與文化研究輯刊 二編：第 24 冊）
ISBN：978-986-322-248-4（精裝）
1. 臺灣詩　2. 詩評
733.08　　　　　　　　　　　　　　　　102002856

臺灣歷史與文化研究輯刊
二 編　第二四冊　　　　　　　ISBN：978-986-322-248-4

澎湖古典詩研究（上）

作　　者　陳慺汎
總 編 輯　杜潔祥
出　　版　花木蘭文化出版社
發 行 所　花木蘭文化出版社
發 行 人　高小娟
聯絡地址　235 新北市中和區中安街七二號十三樓
　　　　　電話：02-2923-1455／傳眞：02-2923-1452
網　　址　http://www.huamulan.tw 信箱 sut81518@gmail.com
印　　刷　普羅文化出版廣告事業
初　　版　2013 年 3 月
定　　價　二編 28 冊（精裝）新臺幣 56,000 元

澎湖古典詩研究(上)

陳愫汎　著

作者簡介

陳懍汎,一九六七年生於澎湖縣內垵村,省立馬公高中畢業、私立淡江大學中文學士、國立高雄師範大學中國文學教學碩士、國立中山大學中國文學博士。眷戀著故鄉,也酷愛旅行。喜愛油畫,羨慕極了在楓白露的那群藝術家,夢想著有天也能和三五好友找個山清水秀的地方,過著那樣的生活。目前任教於台南,閒暇時喜歡亂亂寫東西、畫畫、作夢。研究領域為臺灣文學、古典詩。散文集《依舊水連天碧》,以筆名「素喚」出版。碩士論文《久保天隨及其《澎湖遊草》研究》。

提　要

　　澎湖的漢人歷史遠早於臺灣本島。從宋、元、明、清到現在,從澎湖群島到臺灣本島、中國大陸,跨越數百年的歷史,與跨越浩淼的臺灣海峽,無數的人與事發生在這群島,建構了澎湖古典詩的基本素材。有自然海洋的書寫、人文海洋的書寫、災難書寫、澎湖八景書寫、島上風情物產書寫,展現豐富多樣的澎湖。澎湖的古典詩為臺灣古典詩之始,也是臺灣海洋文學之始,這是澎湖古典詩在臺灣文學史上不容置疑的位置。

　　自從文石書院建立後,澎湖士子更扎實的學習,以漢詩書寫澎湖,澎湖古典詩不再是遊宦文人的專利。日治時期,前清秀才更是以漢詩來捍衛中國文化,並教導更多的後輩創作。有些詩人還陸續應聘到臺灣講授漢學,影響臺灣某些地區漢詩的發展。戰後,新文學興盛,但是在地古典詩人更努力透過詩作,以自己在地人的視野建構澎湖的主體性,從傳說、古蹟、勝景、物產、休閒、民俗、文教,到宗教信仰,無一不入詩。澎湖的美,盡在他們真誠純樸的文字裡。

　　本論文分上、中、下三編探討,上編背景論:希望在論述澎湖古典詩前,讓讀者明瞭澎湖的地理環境、開拓歷史、人文活動,以便於掌握詩作內涵。中編作家論:分就明朝、清朝、日治、戰後至今,以「紀傳體史書」的體例,論述澎湖古典詩各期重要作家作品,從中了解一時代的發展趨向,建構澎湖古典詩的發展史。下編主題論:從人文歷史學、人文地理學、人文社會學、美學等多面的角度,探討詩作中關注的主題。本論文提供以下的研究成果,供諸先進參酌:(一)建構一個較完整的澎湖古典詩發展史,使澎湖古典詩有一個較清楚可尋的脈絡。(二)自文學的角度,彰顯作品特色;從各時期著名作家作品中,析探出時代之意義。(三)為澎湖古典詩作家建立檔案資料,呈現每一時期的文學網絡,完成具體整合的文學介面,供世人了解。(四)闡明澎湖古典詩的主題內涵,呈現澎湖在地特色。(五)確立澎湖區域古典詩的位置和意義,彰顯其「邊陲的自在」。

目

次

緒　論

第一節　研究動機

　　為什麼選定「澎湖古典詩」做為研究對象？此關涉學術與個人情感。就
學術面而言，筆者發現國內大專校院有關臺灣文學研究論文，內容涵蓋民間
文學、傳統詩文，以及現當代臺灣文學作家與作品為多。〔註1〕相較而言，古
典詩的研究，不免顯得寂寞。筆者以為，臺灣古典詩研究的障礙有：（1）詩人
多已凋零，後代子孫未能妥善保存先人詩作，作品蒐集費事；（2）即使已蒐集
到先賢詩作，然對其背景知識說明和章句注釋的讀本更是付之闕如，在閱讀
上造成一定障礙，使人不免要發：「詩家總愛西崑好，獨恨無人作鄭箋。」（元
好問《論詩絕句》）之歎，〔註2〕卻也意味著此領域亟待開拓，故選擇此文類
做為研究對象。

　　再言，何以選擇澎湖地區做為研究對象？則緣於歷史與個人的情感。澎
湖是漢人到臺灣開發最早的一塊土地，深具歷史意義。第一本與澎湖文學相

〔註1〕　此資料參考方美芬〈有關臺灣文學研究的博碩士論文分類目錄（1960～
　　　　2000）〉，收於《文訊雜誌》（2001年3月，頁53～66），但是此篇論文自1960
　　　　年國立臺灣大學考古系蔡世儀提出《臺灣客家的民謠》第一篇論文起算，早
　　　　在1957年臺灣大學史學系林文仁，就已提出《連雅堂的生平及著作》。

〔註2〕　有關臺灣文學研究狀況參考吳福助：《臺灣漢語傳統文學書目》（臺北：文津，
　　　　1999年，頁84～285）；〈全國研究生學位論文〉，《漢學研究通訊》第18卷第
　　　　3期，1999年8月（臺北市：漢學研究中心，頁364～368）；方美芬〈有關臺
　　　　灣文學研究的博碩士論文分類目錄（1960～2000）〉，收於《文訊雜誌》（2001
　　　　年3月，頁53～66）；以及江寶釵：《臺灣古典詩面面觀》（臺北市：巨流，1999
　　　　年12月，頁3）。

關的論文，遲至 2000 年葉連鵬《澎湖文學研究》才產生，但亦偏重於現代文學的論述。2002 年起，澎湖文化局舉辦第一屆「澎湖研究學術研討會」，迄今九屆，但所發表之論文多偏重於澎湖歷史、地理、政治、民俗之研究，古典詩文的探討僅有兩篇，皆集中於林豪與澎湖的關係，詩文本的探討亦闕如。當地《硓𥑮石》季刊發表的論文亦偏重史、地、民俗，古典詩的探討不多。然而學者鮮少探討，並非代表此地就沒有古典詩作。從清方志中以及別集，發現澎湖詩作甚夥。

在臺灣文學研究中，古典文學常被邊緣化，而澎湖古典文學在臺灣古典文學的研究中又更加邊緣化。但筆者並不以此悲觀的角度看待，而贊成鄭志明「轉邊陲為自在」的看法：

> 所謂自在性格是指文化主體可以從容地與外來文化相結合，以開放的心靈來解消各種衝突情境，讓主體文化無處而不自在。承認其邊陲的角色，就是要解消掉邊陲的悲情心態，不必向世界的核心靠攏，也不必向中國的核心靠攏，脫離了核心的意識宰制。自安於邊陲，不是偏安的心態，而是無所求於核心，以主體的自主性來迎接來自於核心的各種挑戰。〔註3〕

以中國內地而言，臺灣是邊緣；以臺灣而言，澎湖是邊緣。不管是地理空間或政治中心，澎湖的屬性都是「邊緣的邊緣」。但細讀歷史，澎湖與中國、臺灣的互動，並非如此簡單幾語可帶過，在每個歷史進程中，有它各別的意義。

澎湖與漢文化接觸最頻繁期是在清朝治臺、澎時，當時內地與臺灣交通受限於交通工具，僅以海上船隻往返，而澎湖地理位置恰為二者的中繼站，因此前往臺灣的眾多文人，暫駐此地而留下詩篇；那些曾經遊宦此地者的題詠澎湖之作，在在展現十足的區域特色。後來經過來自中原文化的薰陶，在地文人崛起，以澎湖的主體性迎接來自於核心的各種挑戰，形成與遊宦文人不同視野的在地書寫。澎湖之所以為澎湖，有它的獨特性，不必向核心靠攏。詩中充份展現「澎湖就是澎湖」，他地無可拷貝的特色。往後當地文人學有所成，進一步將所學播撒於外，蔡廷蘭即是一例。道光十五年（1835），蔡廷蘭秋試後，渡廈門拜見老師周凱，後經金門要返抵澎湖時，途遇大風，飄

〔註3〕 鄭志明：〈臺灣儒學本土化的發展方向〉，收於《第二屆臺灣儒學國際學術研討會論文集》（臺南：成功大學中文系，1999 年），頁 674。

至安南（今越南），受到當地官民熱烈的招待。此意外之行，將漢詩的種子播向海外。道光十七年（1837），蔡廷蘭受臺灣兵備道兼提督學政的周凱舉爲「拔貢」，同年再赴省城應鄉試，中舉第三十一名。回臺後，應臺灣知府姚瑩之聘，主講崇文書院，並兼文石、引心兩書院，對臺灣文化貢獻頗多。〔註4〕一人身兼三書院主講，就當時而言是相當罕見的，也是澎湖文士對外傳播漢學之始。

日治時期澎湖塾師被邀請到臺灣本島講學者，如雨後春筍，對當地漢詩發展起重大影響。如陳梅峯曾在廈門設館授徒，又與陳錫如應高雄青年之聘，到旗後講學，創立「旗津吟社」，爲高雄詩社興社之始。從《高雄市詩人聯誼會十週年紀念詩集》、《高雄市古典詩集目初錄》、《澎湖縣誌人物志》記載，輯出參與高雄詩社的澎湖詩人就有二十六人之多，這些詩人多位還是詩社的發起人，或活躍於政商界，對高雄詩學的推廣功不可沒。楊爾材移居朴子，設帳「近樗草堂」教授漢學，與日籍東石郡守森永信光創立「樸雅吟社」。陳月樵在屏東、朴子、旗山等地設館授徒。蔡旨禪受林獻堂之請，到霧峯爲其子弟教授漢學。陳春亭於大正五年（1916）渡廈門，創設「廈門中學」，影響所及不僅在臺澎，更及於大陸。

澎湖文人於文化界的貢獻不容小覷，但地方耆老的凋零與先賢作品的亡佚，卻是令人極爲憂心的事情，如開澎進士蔡廷蘭，其詩文集因當時並未刊行，今已亡佚；跨越清朝、日治的古典文學大家陳梅峯，知名於時，然其詩文也未刊行而散佚。驚覺對這項文化資材的蒐羅及妥善維護與傳續，是件刻不容緩的要事，自己身爲澎湖子弟，有著責無旁貸的使命感，遂積極投入澎湖古典詩的研究。

連橫《臺灣詩乘》云：「子輿有言，王者之迹熄而詩亡，詩亡然後《春秋》作。是詩則史也，史則詩也。」〔註5〕以詩爲史是連橫編撰《臺灣詩乘》的深意，筆者也深自期許透過本論文的撰寫，能達到以下目的：（一）建構一個較

〔註4〕 參考吳爾聰先生所遺文稿史料〈蔡廷蘭・事跡略述〉，文末載齊愛生撰蔡廷蘭小傳：「先生自少力學，以博雅稱，於詩工古體，於文善四六，又尚風義，爲其師芸皋先生刻《內自訟齋文集》；爲諸生時，曾佐修鄉志續編網網，故實多出其手，所著《惕園近古體詩》二卷、《惕園駢體文集》若干卷，林豪爲之校集，惜未刊行云。丙子陽月齊愛生借鈔，一過定其眉，寫訛謬，附錄提要小傳于後。」（標點符號爲筆者所加）

〔註5〕 連橫：《臺灣詩乘》（南投市：省文獻會，1992年），頁53。（標點爲筆者所加）

完整的澎湖古典詩發展史，使澎湖古典詩有一個較清楚的脈絡可尋。（二）自文學的角度，彰顯作品特色；從各時期著名作家作品中，析探出時代之意義。（三）為澎湖古典詩作家建立檔案資料，呈現每一時期的文學網絡，完成具體整合的文學介面，供世人了解。（四）闡明澎湖古典詩的主題內涵，呈現澎湖在地特色。（五）確立澎湖區域古典詩的位置和意義，彰顯其「邊陲的自在」。

第二節　研究範圍與方法

一、研究範圍

（一）「澎湖古典詩」的界定

　　連橫《臺灣詩乘》云：「乃集古今之詩，剌其有繫臺灣者，編而次之，名曰詩乘。」〔註6〕筆者秉此精神蒐集澎湖古典詩，集古今之詩，剌其有繫澎湖者，名曰「澎湖古典詩」。但囿於才學、時間之限，無法全面蒐羅，故各時期有其偏重。在地文化未形成的明、明鄭時期，所蒐集則以澎湖為題材的詩作。清早期在地文化亦尚未形成，故所蒐集仍以澎湖為題材的詩作，此時多遊宦詩作。清乾隆文石書院建成，在地文學傳統正在形成中。此後在地文人形成，遊宦文人與在地文人並進，但是遊宦文人仍居主導地位，遊宦詩作仍居大宗。日治時期，在地文學傳統鞏固，作品的蒐羅著重於土生土長的詩人作品，旁及旅居外地者和日本遊宦文人以澎湖為題材的詩作。至於戰後迄今，除以土生土長的詩人作品為主外，還有隨國民政府來臺落地生根於澎湖者的創作，以及旅居外地者以澎湖為題材的詩作。

（二）研究時間向度

　　承前澎湖古典詩之界定，舉凡以澎湖為題材之詩，皆羅之。清朝詩中常提及施肩吾的〈島夷詩〉，以及陳漢光在《臺灣文獻》第十五卷第二期中寫了一篇〈古臺灣詩輯註〉，將明崇禎十七年（1644）以前有關臺灣、澎湖的詩都蒐羅在內，所蒐集的元詩共有趙孟頫〈吳禮部奉旨詣彭湖〉，洪希文〈題湄州嶼聖墩妃宮〉，嘉興天寧萬壽禪寺萬全法師（乞台薩理）〈送享藏主歸朝〉三

〔註6〕　連橫：《臺灣詩薈》（南投市：臺灣省文獻委員會，1992 年），頁 53。（標點為筆者所加）

首。〔註 7〕但是細究之，諸詩缺乏足夠資料佐證，難以確信爲書寫澎湖，故略而不論。目前所見最早的詩作是明萬曆三十年（1602）四月，福建水師提督施德政率兵前往澎湖征剿倭寇，出征前題〈醉仙巖題壁〉於中左所（今廈門）醉仙巖。〔註 8〕本論文即從此詩論起，迄於當今 2011 年。

二、研究方法

　　澎湖古典詩除收錄於方志、古籍外，到日治、戰後更多未刊的手稿，或散佚的詩集，亟待田野調查的發掘，方能呈現澎湖古典詩的全貌。

　　筆者細讀文本後，發現澎湖古典詩具有鮮明的區域特性，有其獨特的地理環境、歷史發展，單論文本不易掌握詩之內涵，期以跨越文學與史學、地理學、社會學、美學的交叉視野，來研究澎湖古典詩。茲述於下：

（一）田野調查

　　詩人作品有存於別集、選集和方志；然而考察澎湖古典詩，單憑此仍嫌不足，還必須仰仗田野調查以確立作家作品的正確性，因此筆者親自走訪澎湖，進行田野調查，拜訪先賢之哲嗣、親友或門徒，及現代之古典詩創作者，期能從中獲得散佚之詩作與了解當時詩人活動情況。

　　筆者拜訪詩人洪東碧，除獲其贈予詩集《賞霞山莊吟草》外，又蒙其厚愛借閱其師盧耀廷手稿；拜訪澎湖民俗專家洪敏聰先生，蒙其借閱吳爾聰先生生平暨詩聯集；拜訪許玉河先生，蒙其借閱其叔父許保富孤本詩集《杏園雜草》、林介仁先生對聯手稿、辛丑年元旦至癸卯年《西瀛吟社擊鉢課題詩集》手抄本；拜訪胡巨川先生，蒙其提供蕭永東先生遺稿，並一同前往屏東東港蕭永東故宅；拜訪史學專家陳信雄教授，蒙其贈送吳克文大陸旅遊詩百首手稿；拜訪澄源堂師姑張枳實，蒙其贈送《旨禪詩畫集》；拜訪鍾如瑤校長，蒙其贈送黃南薰、黃光品《西園吟草》；拜訪林文龍先生蒙其借閱翻拍《留鴻軒詩文集附女地子詩鈔（下）》；拜訪澎湖文化局高啓進先生，蒙其借印陳錫如《留鴻軒詩文集附女地子詩鈔》；拜訪陳梅峯子嗣、盧耀廷子嗣，蒙其提供詩人生平等等一手資料；參觀港底村將軍廟中梁啓超對聯時，巧遇革命家李漢如侄子，得以進一步了解其生平，皆讓筆者如獲至寶，感激莫名。

〔註 7〕 陳漢光：〈古臺灣詩輯註〉，刊於《臺灣文獻》第 15 卷第 2 期，1964 年 6 月，頁 112。
〔註 8〕 參見道光十八年周凱撰《廈門志》。

這些史料增補了葉連鵬的《澎湖文學發展》的不足，期能建構更豐富的澎湖文學史。

（二）歷史社會學

歷史社會學，顧名思義，是運用歷史上的文獻資料，來做社會學研究。通常的社會學，總是調查或觀察現代社會，﹝註9﹞但是澎湖的出現是在外來者的眼中，以「他者」的凝視來定位、再現的。顧祖禹《讀史方輿紀要》記彭湖嶼云：「明洪武五年，湯信國經略海上，以島民叛服難信，議徙之於近郭。」﹝註10﹞湯信國從海上而來，以一經略者的身分，向島嶼建構一個在他視野下浮現的澎湖：此處居民叛服難信；而王忠孝〈同辜在公年兄抵澎湖坐漁舟風雨大作賦此志感〉﹝註11﹞，以一遺民身分來到澎湖，在其視野中，澎湖是風雨大作，如其面臨的時局，風雨飄搖不定；清時，則以統治者的視野凝視此地，建構著國境邊陲的澎湖，浩瀚無邊；日治時期，異文化統治者的視野，澎湖的事物，又有了不同的詮釋；戰後迄今，又回歸漢人的治理，澎湖又呈現新的風貌。每一段歷史刻畫不同的澎湖，留在豐富的文獻中，故在進行澎湖古典詩歌的研究之前，先行掌握相關的背景資料，舉凡方志、史料、文物、手稿、地圖等等，一一細讀，俾了解澎湖歷史發展，進而追求中肯而充分地掌握古典詩的內涵，期以史證詩，以詩證史。並期望透過社會學大型／小型研究，量化／質化研究，多社會／多國家比較研究等方法，﹝註12﹞探討大中國底下的澎湖，臺灣底下的澎湖，異文化下的澎湖，和澎湖人自己所看待的家園；也運用 Skocpol 的歷史研究策略：(1)演繹式的把普遍模式應用到歷史研究；(2)歸納式的分析因果規律；(3)發展有意義的歷史解釋，﹝註13﹞來分析、解釋詩作，期以透過詩作重建歷史樣貌。

（三）人文地理學

人文地理學的兩個基本關切：人類——自然關係，以及人類生活如何透

﹝註9﹞ 文崇一：《歷史社會學——從歷史中尋找模式》（臺北市：三民，1995 年 11 月），頁3。

﹝註10﹞ 《崇相集選錄》附錄六，顧祖禹：《讀史方輿紀要》（臺北市：臺灣銀行經濟研究室，1967 年），頁 131～133。

﹝註11﹞ 王忠孝：《惠安王忠孝公全集》（南投市：臺灣省文獻委員會），頁 246～247。

﹝註12﹞ 文崇一：《歷史社會學——從歷史中尋找模式》（臺北市：三民，1995 年 11 月），頁 34。

﹝註13﹞ 同上註，頁 35。

過社會建構的空間與地方而構成。〔註 14〕自然受到人類想像模塑，並且經過
了範疇和慣例的篩選過濾，例如寵物、動物園、草木地帶，我們藉此再現了
我們文化中觀看自然成分和景觀的方式。因此，文化——自然關係位於我們
日常經驗的核心，社會和空間的關係也是如此。〔註 15〕換言之，人文地理學
即在書寫大地和書寫世界。一般將景觀分為自然景觀與人文景觀，人文景觀
也被稱為文化景觀，不論叫做人文景觀或文化景觀，它本質上都是存在於地
上之人類創造物，在有人居住及活動的地方，人類持續地將自然景觀改變為
適合人間生活的人文景觀。〔註 16〕在定居的社會，人會建立家屋居住，人們
聚集生活而形成聚落（含村落與市鎮），在耕地上種植作物，由聚落向外部鋪
設交通路線，在聚落建立信仰對象的神聖物，這樣形成的人文景觀，就是居
住在當地所呈現的文化。〔註 17〕

　　澎湖居海中，就漢人經略此處的視野觀之，其地理上的特徵是戰略要地，
它是中國通往日本、東南亞的交通樞紐。本被大海分隔的澎湖，因移民遷入，
漸形成當地文化。首先聚居成村落，依當地環境提供材料，燒灰疊石（硓𥑮
石、玄武岩）築成閩南式住屋；為海洋生活之需，修造傳統舢舨、堆砌石滬
捕捉魚群；為作山防風之故，砌硓𥑮石牆照顧農耕植物的生長；為宗教信仰
的緣由，產生出村落的排序與營頭設置；為路上交通開展之需，修築橋梁、
道路；為海上交通安全之需，建造燈塔等等，呈現澎湖特有文化，此即為澎
湖的人文景觀。而人文景觀又不斷因生活與時間之改變，產生空間之變化。
不同時空的詩人是如何想像澎湖？如何書寫澎湖的自然景觀？人文景觀？詩
風具有何特殊的地域性？又存在著人類或詩人怎樣的思維？筆者希望藉由人
文地理學觀念，解讀詩人筆下的澎湖大地與世界。

第三節　文獻探討

　　澎湖古典詩相關論述，歷來論者不多，與之相關的議題多以單篇論文呈
現，或論文中僅觸及某一議題，尚未有全面探討者，是以筆者進一步研究，

〔註 14〕 參見 Paul Cloke Philip Crang Mark Goodwin 編，王志弘等譯：《人文地理概論》
　　　　（臺北市：巨流，2006 年），頁 xv。
〔註 15〕 同上註，頁 4。
〔註 16〕 參見紀麗美：《澎湖人文景觀專輯》（馬公市：澎湖縣文化局出版，2001 年 12
　　　　月），頁 3。
〔註 17〕 同上註，頁 3。

期能展現澎湖古典詩的全貌。以下分析歷來相關之研究：

一、與澎湖詩直接相關之研究

澎湖古典詩專篇研究，首見於莊東〈摭談澎湖八景與詩〉〔註18〕，是對「澎湖八景詩」的探討，但未深入。陳漢光〈臺灣八景的演變〉〔註19〕、任葵〈臺灣八景以及高拱乾的題詠〉〔註20〕、陳佳妏《清代臺灣記遊文學中的海洋》第四章〈臺灣八景詩中的海洋景觀〉〔註21〕、劉麗卿《臺灣八景與八景詩》〔註22〕、中央大學藝術學研究所宋南萱的碩士論文《「臺灣八景」從清代到日據時期的轉變》等，以探討臺灣八景詩為主，對於澎湖八景詩均只是稍微涉及，並非專章討論。而蕭瓊瑞《認同與懷鄉——臺灣方志八景圖研究》〔註23〕一書探討臺灣八景之圖繪與詩作彼此之關係，八景擇定之標準與目的、八景與臺灣開發之關連、圖繪與詩作反映的時代或階層意義是什麼？有無受到中國內地的具體影響？反映什麼樣的情思和意識？對本論文關於澎湖八景的探討頗具啟發性。但是此書於詩之藝術價值著墨較少，亦未全面研究澎湖八景詩的演變，難免有不足之處。澎湖八景的書寫，為許多文人共同創作的題材，於此可見歷史性的轉變，故本論文擬以「澎湖八景書寫」，專章再進一步論述。

至於專書部分，目前研究澎湖古典詩者不多。葉連鵬《澎湖文學發展》〔註24〕嘗試全面勾勒澎湖文學的發展，內容由古典文學談到現代文學。但此書著重歷史的敘述以及現代文學的探討，古典文學部分相當簡略。此外也有一些史料有所遺漏，例如：明朝詩作，僅提及天啟四年（1624）南居益〈視師中左〉。但早在萬曆三十年（1602）就有施德政〈醉仙巖題壁〉、李楊〈和醉仙巖題壁韻〉和施氏〈醉仙巖題壁〉諸作。同年（1602）四月，施德政奏

〔註18〕 莊東：〈摭談澎湖八景與詩〉，《臺灣文獻》第 26 卷第 4 期與第 27 卷第 1 期合刊（南投市：臺灣省文獻委員會，民國 65 年 3 月），頁 298～302。

〔註19〕 陳漢光：〈臺灣八景演變〉，《觀光》，創刊號（臺北市：1964 年）。

〔註20〕 任葵：〈臺灣八景以及高拱乾的題詠〉，《文史知識》第 5 期（北京市：中華書局，1990 年）。

〔註21〕 陳佳妏：《清代臺灣記遊文學中的海洋》（國立政治大學中國文學系碩士論文，2001 年）。

〔註22〕 劉麗卿：《臺灣八景與八景詩》（臺北市：文津出版社，2002 年）。

〔註23〕 蕭瓊瑞：《認同與懷鄉——臺灣方志八景圖研究》（臺北市：典藏藝術家庭，2006 年）。

〔註24〕 葉連鵬：《澎湖文學發展之研究》（馬公市：澎湖縣文化局，2001 年）。

凱回歸又賦〈橫海歌〉，這些作品皆提及澎湖，但葉連鵬均略而未談。明鄭時期，葉連鵬僅提及盧若騰，永曆十七年（1663），與盧若騰同行東渡的王忠孝有〈東行〉、〈同辜在公年兄抵澎湖坐漁舟風雨大作賦此志感〉、〈渡海漫吟旋而厭之賦此自嘲〉等詩，為這段重要歷史做見證，同樣未見於其論文；永曆十八年（1664）三月，鄭經經過澎湖海域，賦詩〈觀滄海〉、〈駐師澎島除夜作得江字〉亦未提及，關於這些缺漏的詩作，本文嘗試逐一補述。而清朝，葉連鵬所列「清時期澎湖宦遊文人作品表」，僅收錄胡建偉《澎湖紀略》、蔣鏞《澎湖續編》、林豪《澎湖廳志》所輯錄的詩，除此之外，高拱乾《臺灣府志》、周元文《重修臺灣府志》、陳文達《臺灣縣志》、劉良璧《重修福建臺灣府志》、范咸《重修臺灣府志》、王必昌《重修臺灣縣志》、余文儀《續修臺灣府志》、謝金鑾《續修臺灣縣志》諸志都輯有澎湖詩作，故筆者另製「清代方志中澎湖詩一覽表」以補充。〔註25〕日治時期，葉連鵬言見到陳梅峯的詩作有〈秋日遊劍潭〉、〈佛蘭西攻澎〉、〈晤南溟有作〉、〈與錫如話舊〉、〈觀奕〉、〈壽王友竹先生六秩〉六首，但筆者從《覺悟選新》輯〈敬步袁天君原韻〉一首。又敘及陳錫如的《留鴻軒詩文集》疑似亡佚，惟經筆者實際田野調查，發現此詩集並未亡佚，由高雄藏書家胡巨川先生在舊書攤購得上下卷全集，並已由澎湖文化局將其數位化，另林文龍先生亦存有下卷。又如日治時期報刊雜誌《臺灣日日新報》、《詩報》、《臺南新報》、《南方》、《東津詩源旬報》或社團詩集，刊載了不少澎湖人作品，同樣未見於葉連鵬一書。此外，手稿《林介仁先生佳作對聯》、《蕭永東先生遺稿》、《盧耀廷先生遺稿》、《澎湖吳爾聰先生生平暨詩聯集》、吳克文《大陸旅遊詩百首》、《西瀛吟社擊鉢課題詩集》，以及已刊本顏其碩《陋巷雜草》、黃南薰、黃光品《西園吟草》、吳克文《藻卿吟草》、賴潤輝《梅山吟草》、吳剛《彩元吟草》、賴潤輝《賴潤輝先生詩文集》、許保富《杏園雜草》、久保天隨《澎湖遊草》，也都是葉連鵬文中沒提到的，筆者擬一一增補。

　　另外，民國一百年（2011）劉萱萱的碩士論文《海洋、歷史與風土——臺灣古典詩中的澎湖書寫（1661～1945）》，〔註26〕聚焦 1661 到 1945 年古典詩

〔註25〕　本文所引清澎湖詩多出諸方志，未免繁瑣不再加註出處。非出自方志者另再註說明。

〔註26〕　劉萱萱：《海洋、歷史與風土——臺灣古典詩中的澎湖書寫（1661～1945）》（國立中興大學臺灣文學與跨國文化研究所教學碩士在職專班碩士學位論文，2011 年）。

中以澎湖為材料的主題式論述。相關議題筆者 2003 年碩士論文《久保天隨及其《澎湖遊草》研究》、〔註 27〕2008 年 12 月發表之〈澎湖詩人吳爾聰及其詩作初探〉、〔註 28〕2009 年 3 月〈清代詩中「西嶼落霞」的書寫〉、〔註 29〕2009 年6 月〈清代方志對澎湖景觀的書寫——以傳統漢詩為研究對象（上）〉、〔註 30〕2009 年 9 月〈清代方志對澎湖景觀的書寫——以傳統漢詩為研究對象（中）〉、〔註 31〕2009 年 12 月〈清代方志對澎湖景觀的書寫——以傳統漢詩為研究對象（下）〉，〔註 32〕已有相關論述，劉萱萱論文只提及《久保天隨及其《澎湖遊草》研究》、及〈澎湖詩人吳爾聰及其詩作初探〉一文，在此做一說明。另外，筆者將此論文時間拉長至 2011 年，試圖比較不同時期的寫作差異。

又民國九十四年（2005）魏秀玲的碩士論文《蔡旨禪及其《旨禪詩畫集》研究》、〔註 33〕民國九十六年（2007）洪惠鈴碩士論文《蔡廷蘭研究》、〔註 34〕民國九十九年（2010）顏菊瑩的碩士論文《蕭永東研究——《以三六九小報》為探討文本》，〔註 35〕皆以一家詩文為研究對象，可資參考。

二、與澎湖相關之史地研究

《澎湖研究第一屆學術研討會論文輯》〔註 36〕發表的論文題目，涵蓋多元的澎湖面貌：如從海洋發展史上看澎湖的地位、中國文獻與「澎湖論」、研究

〔註 27〕 陳速換：《久保天隨及其《澎湖遊草》研究》（國立高雄師範大學國文教學碩士班碩士論文，2003 年）。

〔註 28〕 《硓𥑮石》第 53 期（澎湖縣馬公市：澎湖縣政府文化局，2008 年 12 月），頁80～107。

〔註 29〕 《臺灣文獻》季刊第 60 卷第 1 期（南投：臺灣省文獻委員會，2009 年 3 月），頁 47～86。

〔註 30〕 《硓𥑮石》第 55 期（澎湖縣馬公市：澎湖縣政府文化局，2009 年 6 月），頁2～13。

〔註 31〕 《硓𥑮石》第 56 期（澎湖縣馬公市：澎湖縣政府文化局，2009 年 9 月），頁113～125。

〔註 32〕 《硓𥑮石》第 57 期（澎湖縣馬公市：澎湖縣政府文化局，2009 年 12 月），頁108～122。

〔註 33〕 魏秀玲：《蔡旨禪及其《旨禪詩畫集》研究》（國立政治大學國文學系教學碩士班碩士論文，2005 年）。

〔註 34〕 洪惠鈴：《蔡廷蘭研究》（私立東海大學中國文學系碩士論文，2007 年）。

〔註 35〕 顏菊瑩：《蕭永東研究——《以三六九小報》為探討文本》（國立成功大學臺灣文學系碩士論文，2010 年）。

〔註 36〕 紀麗美總編輯：《澎湖研究第一屆學術研討會論文輯》（馬公市：澎湖文化局，2002 年 4 月）。

澎湖建築與聚落、澎湖村落五營信仰的探討、探討媽祖與澎湖開拓的關係等等，提供豐富的歷史、社會、地理資料。其中與澎湖古典文學發展相關的是徐慧鈺〈林豪之澎湖經歷初探──三任文石書院山長〉〔註37〕。該文介紹了林豪三次來澎湖的時間、教學特色，文中以數首詩互證，提供本文一定程度的參考資料，然於林豪《澎海草》之論述缺乏，此爲本論文所欲補充者。

　　《澎湖研究第三屆學術研討會論文輯》〔註38〕，專題探討澎湖自然地理，包括澎湖玄武岩石器製造場的發現及其在臺灣史前史上的意義、岩石在澎湖的文化角色之探討、澎湖的火山故事、澎湖玄武岩的成因及其在大陸東南地學上的意義等，提供筆者從地理學視野去論述詩中自然景觀的書寫角度。

　　戴寶村〈海洋視野下的澎湖〉，從海洋史看澎湖，提出澎湖自然、人文特色，有如下數點：（一）澎湖群島的地勢平坦，然東北季風強勁，雨量少，農業受到限制，但是澎湖灣卻是最佳的避風港灣，是船隻航行於臺灣海峽休息補給的地方。氣候條件影響生業的方式，也影響聚落的型態，從港澳的分布就可以看出此種地理環境的特色。（二）澎湖戰略地位與地緣的重要性。（三）漁業是澎湖最重要的產業活動，各式各樣的漁業生產活動，都使澎湖充滿濃厚的海洋氣息。（四）澎湖的港口航運、商業貿易活動與島民生活空間、聚落息息相關，許多聚落都面對港口而發展。（五）澎湖的海洋信仰文化十分發達，媽祖、王爺、水仙尊王等廟宇非常多。1696 年，澎湖已有祭拜水仙尊的廟宇，澎湖的郊商組織──「台廈郊」，甚至以水仙宮作爲其會館，這是商業的同業公會與宗教信仰的結合。而澎湖的媽祖廟，則是全台最古老的。〔註39〕戴寶村先生從海洋史看到了澎湖的特殊性，在古典詩中亦處處見。葉連鵬〈海洋文化與澎湖文學〉〔註40〕，由海洋文化定義和類型談起，談論澎湖的海洋文化及其與澎湖文學的關係。文中提出海洋文化與澎湖文學宜相輔相成，澎湖文學受到海洋文化的孕育支撐才能茁壯，而海洋文化需要澎湖文學

〔註37〕　同上註，頁 208～227。

〔註38〕　紀麗美總編輯：《澎湖研究第三屆學術研討會論文輯》（馬公市：澎湖文化局，2004 年 3 月）。

〔註39〕　參見戴寶村：〈海洋史視野下的澎湖〉，收於《世界海洋 vs.澎湖群島系列講座實錄》（台南市：國立臺灣歷史博物館籌備處，2004 年），頁 9～11。

〔註40〕　參見紀麗美總編輯：《澎湖研究第四屆學術研討會論文輯》（馬公市：澎湖文化局，2005 年 12 月），頁 117～131。

的推廣才能彰顯。

第四節　論文篇章結構

　　本論文由「澎湖背景」開啓論文討論之緒，進而討論「作家作品」，以建立澎湖古典詩史，並由此開展出「澎湖古典詩主題」的研究，期由這三大編建構起「澎湖古典詩」的完整架構。緣此研究思維，筆者設計出以下的篇章架構：

圖　緒論 1-4：澎湖古典詩研究架構

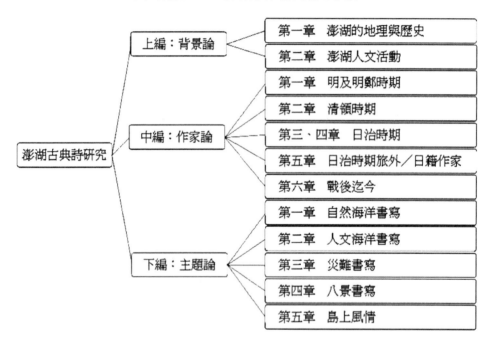

　　區域文學，深受一地之地理環境、開拓歷史、人文活動之影響，故探討澎湖古典詩之前，先論一地背景。第一章第一節介紹澎湖群島的地質土壤與地形、氣候、物產資源；第二節介紹與澎湖古典詩發展相關的歷史。從海上交通頻繁的宋、元談起，繼之明、清的移民開拓，以及日治到戰後的歷史，俾於掌握古典詩史事的書寫。第二章論述與澎湖古典詩發展相關的人文活動。第一節論述文教機構的設立對澎湖古典詩的影響；第二節論述澎湖詩社、漢學復興運動對澎湖古典詩的影響；第三節論述澎湖文獻委員會對澎湖古典

詩的推動；第四節論述一新社對澎湖古典詩的影響。透過這樣的背景論述，有助於讀者掌握澎湖古典詩發展的脈動與內涵。

　　了解澎湖古典詩創作的背景後，即進入詩文本的探討。詩文本關涉到創作者與創作主題。何者先論述？筆者希望先架構史的觀念，所以先將作家論擺在中編，主題論置於下編。以「紀傳體史書」的體例，論述澎湖古典詩各期重要作家作品，從中了解一時代的發展趨向，來建構澎湖古典詩的發展史。按澎湖古典詩發生先後論述，第一章析論明及明鄭時期澎湖重要作家作品。明嘉靖年間施德政賦〈醉仙巖題壁〉、〈橫海歌〉，李楊〈和施氏醉仙巖題壁韻〉，南居益〈視師中左〉。諸詩描繪前往澎湖征討海寇的史事，置於第一節探討。明末遺臣盧若騰、王忠孝渡臺，行經澎湖的相關詩作，以及永曆十八年（1664）三月，鄭經與馮錫範、陳永華等東徙，命黃廷斷後。東渡經過澎湖時，賦詩數首記錄心情，一併置於第二節探討。第二章論述清朝澎湖的重要作家作品。清時主要創作族群是遊宦文人，故置於第一節探討；在地詩人的崛起稍晚，故擺在第二節論述。此期重要遊宦作家，一位是乾隆期間通判，文石書院的創建者，培育士子無數，大量書寫澎湖的胡建偉。另一位是同、光年間，三度任文石書院山長，在澎期間賦有《澎海草》，第一位以專題書寫澎湖的林豪。筆者希望透過二人詩作，了解他們所建構的澎湖印象。關於在地詩人，查閱清代澎湖志書所輯錄作家，有乾嘉時的辛齊光、嘉道時的呂成家、蔡廷蘭，故第二節論析此三人的寫作特色及主題意識。

　　第三、四章析論日治時期重要在地作家作品。日治時，澎湖古典詩創作可謂巔峰期，在地詩人人數遽增。這些漢詩作家有出生於乙未割臺前和乙未割臺後，他們所受漢詩背景不同，故筆者將其分上、下兩章探討。乙未割臺、澎，澎湖有一群受過相當時日的儒學教育，且具有科考經驗的前清秀才，為維繫中國固有文化，紛紛設帳教學，培育更多人才，並創作漢詩。其中影響較著者有林介仁（1854～1933）、陳梅峯（1858～1935）、陳錫如（1866～1928）、吳爾聰（1872～1956），四位祖代作家，在第三章探討。乙未之變後出生者，接受祖代作家書房教育的培養，亦成為漢文化的繼承人與傳播者。其中詩作風格特殊的盧耀廷（1895～1965），就主題內容上來看是親近海洋的。壯年到高雄設帳、成立詩社，晚年回到自己的故鄉小池角，在鼻頭建造石滬，過著半漁半隱的生活，寫成一首首代表澎湖人的海洋詩篇，可說是彌足珍貴的海洋文學資產。詩中表現澎湖海的溫柔親切，迥異於清朝的大風

大雨大浪，盧耀廷的文學世界很值得探討。另一位是澎湖才女蔡旨禪（1900～1958），曾經到外設帳教學，活躍於詩壇。從她詩作中可鮮明地見到充滿自信，不讓鬚眉、孝養尊親、設帳教學、走在時代尖端、守貞不字、憂國憂民的多面女主角形象。她的文學世界也很值得探討，一併置於第四章探討。日治時期，除了在地作家外，有一批人稱「澎湖仙」的文人前往外地設帳，傳播漢學，在當地造成不小的影響。當時澎湖仙將澎湖漢學移植外地，因各人機緣不同，而前往不同區域，有的往來多處。本論文為凸顯澎湖仙對區域文學的影響，故以地區做為研究。以澎湖仙所到之處，分高雄、嘉義、屏東、台南、大陸地區，在第五章第一節論述。又乙未改隸，有一批日籍作家，以殖民地主的身分創作。特殊的歷史背景，使得澎湖在異族眼中呈現不同的景致，不論好與壞，都是歷史足跡，亦值得論述，將其置於第二節。其中，日籍作家作久保天隨，到澎湖史蹟考察，賦成《澎湖遊草》一書，最為重要，置於前，其餘日籍作家論述於後。

戰後，臺灣文學以新文學為主流，但是澎湖仍有文人不斷以古典詩來創作。日治時期詩社──「西瀛吟社」的活動仍持續進行著，成員有承自日治時代漢學教養的，如許保富、洪東碧、吳克文；還有一批跟隨國民政府來澎湖的文人，如賴潤輝、吳剛；以及戰後出生的，如陳國彥、陳鼎盛，各有專集傳世，影響當代較著，一併在第六章第一節探討。除前面所舉之在地作家外，戰後仍有少數澎湖籍文人活躍於外地，其中較著者有國學大師許成章和黃光品，另立一節探討。

從明朝迄今，分期探討，以見澎湖古典詩的殊相；然殊相中亦見共相，故筆者特闢下編主題論，期從人文歷史學、人文地理學、人文社會學、美學等多面的角度，探討詩人共同關注的主題，探討詩中呈現了些什麼澎湖特色？

特殊的地理與歷史，海洋書寫是最大特色。迴異於陸地的海上風光，自然成為海洋文學豐富的資糧，故自然海洋的書寫列於第一章探討。當人們參與其中，加入人類的情感，海洋不再僅僅是物質現象的存在而已。書寫時，文人注入許多元素，如神秘的海神信仰、海洋神話傳說、歷史涉海事蹟，使得大自然中的海水，不再是單純的海水。而航海中的人、器物、活動目的等等，也都成為詩人描寫的對象。人與海洋的對話，因詩人的著墨而多彩多姿，故特闢第二章探討人文海洋書寫。

海豐富了澎湖，卻也是災難的來源。颶風大浪常導致船難；鹹雨造成農作物損傷無數，無不與海相關。此外，低緩的平臺地形，不易凝聚水氣，久旱不雨造成農作物欠收；更甚者旱災、風災、鹹雨災接踵而至，饑荒連連，人民之苦，百倍於臺灣本島。這樣的災害，詩人也都做了記錄，道光年間，周凱等到澎湖賑災，而有一系列的詩作產出，值得探討。這些詩雖與海有關，但性質特殊，故另闢名為災難書寫，在第三章探討。

第四章則探討在地八景的書寫。清從高拱乾《臺灣府志》輯錄臺灣大八景詩起，掀起八景詩的書寫，一直到現在，澎湖仍有區域八景的相關創作，有的甚至小到一個村落，也有屬於該村的八景，其創作歷史可謂遠矣！本章從歷史最悠久的「西嶼落霞」探討起，進而探討澎湖地區八景書寫的沿革。

第五章探討島上風情。澎湖居民雖多來自福建，然因氣候、地理環境與之不同，物產遂異，生活習尚亦因之不盡相同，此皆清朝遊宦詩人筆下新鮮的題材。時至當代，區域文化崛起，在地詩人不斷題詠當地特色，不論是歷史、地理，還是物產，詩人竭盡所能的歌頌自己鄉土的美好。本章期以掌握時間脈動，探討詩人展現的澎湖風情。

最後結論，總結本論文的研究成果及缺失，並提出未來可以再努力及發展的方向。

上編　背景論

　　區域文學，深受一地之影響，因此探討澎湖古典詩之前，先探討其背景。
此編分就澎湖地理與歷史、澎湖人文活動二章，以見澎湖地理、歷史、人文
對澎湖古典詩發展之影響。

第一章　澎湖地理與歷史

第一節　澎湖的地理

　　中國古來有一句話「南船北馬」，說明著中國南北的差異。中國的南方富有川澤湖沼，氣候溫暖，物產豐盛，交通便利，人們可以安居樂業，種種的經濟生活亦極其安定。〔註1〕南方人思想，不必思索日常生活瑣碎事，故帶有浪漫色彩，代表的則是以老子為中心發生的「荊楚思想」，從楚辭一派的詩人的作品，可見一斑；北方則洪水氾濫，高山甚多，氣候寒冷，物產缺乏，交通又不便。人們孜孜謀日常生活之安定，故帶有務實精神，代表的則是以孔子為中心發生的「鄒魯思想」，代表文學則是《詩經》。〔註2〕從《離騷》、《詩經》的差異，可以窺見地理環境對文學的影響。

　　澎湖四面環海，交通不便，昔時僅靠舟楫，遇大風浪則停擺，氣候多風少雨，不利耕種，生活條件不佳。這樣的地理環境養成居民刻苦耐勞、樂天知命的性格。文學作品常反映如此地域特性，因此分析澎湖特殊的地理環境，俾使讀者更清晰掌握詩作傳達的訊息。此章分就：一、撒落臺灣海峽的珍珠——澎湖群島；二、地質構造與地形；三、氣候與土壤；四、物產資源述之。

一、撒落臺灣海峽的珍珠——澎湖群島

　　澎湖群島其數共有多少？歷來諸志所載略異，元汪大淵《島夷志略・彭湖》：「島分三十有六，巨細相間，坡隴相望，乃有七澳居其間，各得其名。」

〔註1〕參考黃得時：《評論集》（臺北：臺北縣立文化中心出版，1993年），頁29。
〔註2〕同上註，頁30。

〔註 3〕載澎湖三十六嶼。《明一統志・彭湖嶼》：「自府城東出海舟行三日抵彭湖嶼，在巨浸中，環島三十六。」〔註 4〕明弘治《八閩通志・彭湖嶼》：「出海門舟行三日始至，屹立巨浸之中，環島三十六，居民苫茅爲舍，皆業畊魚。」

〔註 5〕明萬曆《泉州府志・彭湖嶼》：「東出海門舟行二日程曰彭湖嶼，在巨浸中，環島三十六，昔人多僑寓其上，以苫茅爲廬舍。」明何喬遠《閩書・彭湖嶼》：「宋志彭湖嶼在巨浸中，環島三十六，人多僑寓其上，苫茅爲舍，……元島夷志島分三十有六，巨細相間，坡隴相望，乃有七澳居其間，各得其名。」

〔註 6〕顧祖禹《讀史方輿紀要・彭湖嶼》：「元志云：三十六島，巨細相間，坡隴相望，有七澳居其間。」〔註 7〕可見明朝承襲宋元之說，認爲澎湖有三十六島嶼。到清朝，認知的澎湖島嶼數有所更動，不只是三十六嶼之說，還增加了數種說法。王必昌《重修臺灣縣志》云：

> 澎湖，舊傳三十六島，本志載六十二澳。邑志載有砲臺塘汛者二港九澳，有民居者澳嶼凡一十五，無民居者澳嶼凡三十三。郡志所紀各異：高志計四十五嶼、三十二澳；劉志以嶼稱者三十六，以澳稱者三十；范志稱嶼五十，稱澳五十有五；序次俱各不同。〔註 8〕

總清代方志稱澎湖的島嶼數概有如下數說：(1)高拱乾《臺灣府志》載 45 嶼；(2)劉良璧《重修臺灣府志》載 36 嶼；(3)范咸《重修臺灣府志》載 50 嶼；(4)胡建偉《澎湖紀略》載 55 嶼；(5)王必昌《重修臺灣縣志》載 62 嶼。澎湖澳嶼總數，諸志各異，何以致此？《重修臺灣縣志》云：

> 大抵澎島錯綜羅布，離合迴環；或陸路可通，或海　間阻；向背曲折，遠近參差；圖不能備，志不能悉。〔註 9〕

澎湖島錯綜羅布、離合迴環、向背曲折、遠近參差，若非透過空中攝影，僅以船隻迴繞細數，恐將迷失在群島間，能統計出六十二島，實屬難得。《重修臺灣縣志》又云：

> 按海中島嶼最險要而迂迴者，莫如澎湖。險口不得方舟，內澳可容

〔註 3〕元・汪大淵著：《島夷志略》（臺北：臺灣商務，1981 年）。

〔註 4〕明・李賢等奉敕撰：《明一統志》（臺北：臺灣商務，1983 年）。

〔註 5〕明・黃仲昭纂修：《八閩通志》（北京市：書目文獻，1988 年）。

〔註 6〕明・何喬遠：《閩書》（福州市：福建人民出版社，1994～1995 年）。

〔註 7〕明・顧祖禹：《讀史方輿紀要》（臺北市：臺灣商務，1968 年）。

〔註 8〕王必昌：《重修臺灣縣志》（臺北市：臺灣銀行研究室），頁 39～40。

〔註 9〕同上註，頁 39～40。

千艘。閩海舊有三山之目，澎湖其一也。東則海壇，南則南澳，皆天設之險。澎湖大山嶼屹立巨浸中，縱橫各三十里，坐西北，向東南。西至媽宮澳新城港口，北至鼎灣澳，東至龍門港，南至蒔裏澳，俱陸路可通外，悉孤島環繞四週，巨細參錯，難以枚舉。故諸志所載多不同。〔註10〕

清領土中，海中島嶼最險要而迂迴者，莫如澎湖。險要之處不得停舟，內澳可容千艘，與海壇、南澳都是天設之險。大山嶼周圍孤島環繞，巨細參錯，難以枚舉，所以諸志所載多不同，此正足以說明澎湖地理環境的特殊性與重要性。而清詩人常以數字嵌於詩中代稱澎湖，諸詩中的澎湖島嶼數又是如何？筆者歸納有以下四種：

（一）稱三十六者

康熙年間：

陳昂〈詠僞鄭遺事〉云：「……官軍血戰滄坡沸，逆虜魂銷劫火灰（燒僞船二百餘艘）。澳嶼全收三十六，受降澎島戟門開。」

雍正年間：

1. 張湄〈泊澎湖〉云：「……澎湖環島三十六，歷歷人烟出漁屋。未須滄海成桑田，結網臨淵食粗足。我來收泊媽宮灣，舳艫屹立凝邱山。……」
2. 張湄〈澎湖〉云：「……三十六嶼如排衙，魚舍參差烟火賒。……」

乾隆年間：

1. 范咸〈二十六日晚泊澎湖〉云：「……澳島三十六，卷石非絕巘。……」
2. 錢琦〈巡臺御史錢琦詩〉云：「……三十六島鬱相望，漁莊蟹舍紛低昂。……」
3. 顏紹隆〈金雞曉霞〉云：「……過客驚看眼欲迷，澳島灣環三十六，曉占佳氣在金雞……」
4. 張五典〈澎湖〉云：「……三十六島知何似？數點煙矼數石磯……」
5. 范學洙〈澎湖三十六島歌〉云：「……臺灣水道千餘里，澎湖島嶼峙其中。島嶼瀠迴三十六，其間強半人居叢。……併此名爲三十六，天塹之險難言詮。……」
6. 孫霖〈渡海達鹿耳門，寄朱石君先生，卽次贈行原韻〉云：「……揚颿

三十六島過，精靈呵護煩天公。……」

嘉慶年間：

1. 吳性誠〈澎湖九日登高六首〉云：「……島嶼縱橫三十六，扶筇指點且開顏。……」

2. 吳玉麟〈渡海歌〉云：「……澎湖島嶼可指數，排衙六六環蔥蘢。……」（收於連橫《臺灣詩乘》）

3. 吳玉麟〈臺灣雜詩〉（二十首之三）云：「三十六島嶼排衙，掎角澎湖勢似蛇。……」（收於袁行雲《清人詩集敘錄》。）

道光年間：

1. 周凱〈留別八首和徐幼眉大令（必觀）見贈韻〉云：「……虎賁略地疆初闢（隋使虎賁將軍陳稜略地海上，得澎湖三十六島，名始著），鱷浪滔天戰未休。……」

2. 林樹梅〈乙酉侍任澎湖，丙戌冬月言歸，賦詩誌別〉云：「……澎山三十六，居處半漁寮。……」

3. 宋際春〈次前韻〉云：「……忽轉一帆天色異，澎山卅六朵浮來。」〔註11〕

（二）稱七十二者

康熙年間：

孫元衡〈澎湖〉：「七十二嶼稱澎湖，滄溟萬里開荒塗。嶼嶼盤紆互鈎帶……」

乾隆年間：

謝家樹：「……又見人間大洞庭，羅羅七十二山青。盂盤妥貼憑誰挈……」

（三）稱六十二者

乾隆年間：

董相〔註12〕：「……六十二澳南天開，紅毛城外潮如雷。半壁東寧立門

〔註11〕 宋際春有〈初見澎湖山〉二首，此詩是之二。參見宋際春：《宋拓耕詩文集》（《臺灣文獻匯刊》第四輯，第九冊，廈門：廈門大學出版社、九州出版社，2004年），頁192～193。

〔註12〕 董相詩輯於乾隆十七年王必昌編纂《重修臺灣縣志》，由此推董相年代不晚於乾隆十七年。

戶，眾島環列群星迴……」

（四）稱五十五者

道光年間：

　　劉伯琛〈渡海〉：「……澎湖列島五十五，田田蓮葉花中央。……」

　　從上歸納，清朝詩人常以三十六嶼稱代澎湖，顯見受元、明以來之影響。即便在康熙年間所認知的澎湖島嶼數已有七十二之說，卻仍承襲舊說。董相六十二嶼之說與王必昌編纂《重修臺灣縣志》同；劉伯琛五十五嶼之說與胡建偉編纂《澎湖紀略》同，可見諸說來自不同系統，同時也說明散落臺灣海峽的澎湖群島，水道迂迴，不易弄清。再看書寫內容，描繪島嶼外貌如煙缸，石磯、盂盤的特殊環境，島上風景則是「歷歷人烟出漁屋」。諸詩中以乾隆年間范學洙〈澎湖三十六島歌〉，對於澎湖群島描繪最為詳細，故不厭其煩全錄如下：

　　巨浸汪洋闊徼東，王靈無外幅幀通。置郡臺灣聲教訖，峯巒拱北水朝宗。臺灣水道千餘里，澎湖島嶼峙其中。島嶼瀠洄三十六，其間強半人居叢。中最高廣稱大山，縱橫三十餘里間。其東一嶼形如鼎，名曰香爐不可攀。西徧雁淨山對峙，向無居人水潺潺。沙墩之嶼亦西列，上皆飛沙形頗圓。北則奎壁勢崢嶸，下多龜鼈山以名。山外之嶼曰錠鉤，雞膳員貝鳥嶼橫。或因其壯及所產，厥名一定遂莫更。更有白沙嶼在傍，沙白漫漫石硜硜。屈爪吉貝居極北，羅列擁抱若長城。數嶼大山北門鑰，舟泊大山從此行。越而極西有目嶼，遠望渾似人眼形。目嶼之東號鐵碪，上有大石勢坦平。錯出其旁曰土地，中一神像石琢成。金山蜿蜓磅礴間，其色赤黃若金呈。空殼之嶼聯其左，物產中空因著稱。正西灣有西嶼頭，西嶼之西丁字門；橫於西嶼如丁字，巨浪排空勢若翻。轉北名為鎮海嶼，勝國屯兵作外藩。東為大倉一曠土，中無人家有平原。山雖旋繞直嶒嶁，總遜西嶼之聳軒。中為內外二塹地，往來舟艫若雲屯。西嶼頭後為四角，其勢方正如列垣。嶼形各異名不一，又有雞籠與桶盤。進此則為虎井嶼，望之應作伏虎觀。南乃花草嶼相連，嶼生花草始名焉。大貓小貓嶼相近，間多怪石恍貓礁。南嶼原有鮫人居，後以風濤居始遷。南嶼之北即頭巾，其西八罩名最傳；周環僅匝三里餘，迤左迤右皆人烟。

衡宇周密居相錯，雅有書聲曉夜喧。於今英俊多遊泮，澎島人文莫
之先。八罩對峙爲將軍，嶼以廟名不記年。南嶼東西有二嶼，東坪
西坪衣帶聯。二嶼下流號鐘仔，上窄下寬似鐘懸。由此而東西吉嶼，
一東一西望渺然；兩吉渡臺指南車，舍此難從別徑穿。併此名爲三
十六，天塹之險難言詮。當年僞鄭曾踞險，我軍雲集足投鞭；一戰
海氛風掃盡，鯨穴鮫窟滌腥膻。今日山青水綠外，處處商泊興漁船。
古云恃德不恃險，漫言隔涉此地偏。帝德覃敷梯航遠，長歌聊當輿
圖編。

詩題〈澎湖三十六島歌〉，六十二句古體長詩，實列三十六島之特徵，從詩人
眼中，看到了上帝撒落在臺灣海峽的珍珠——澎湖。前八句概括澎湖群島於
汪洋大海中，詩末十二句總結澎湖群島因地理位置險要，爲明鄭所據，經過
一戰，海上風雲已掃，今爲清所領，處處顯現的是民安樂利的昇平景象，所
恃爲德非險。范學洙刻意貶明揚清，以長歌將輿圖編，歌頌清帝德遠播海
疆，爲此詩特意書寫，亦爲清詩人常見之筆法——詩末不忘歌功頌德一番。
中間則羅列三十六島，從空間敘述島嶼的分布情形，描繪島與島的相關位
置，兼敘島嶼名稱由來，或地形特色，或物產特色，或人文特色，可當史料
看待。藉由詩所載，除了解乾隆年間熟知的三十六嶼爲何，及各嶼之特色
外，另與今貌對列，方知今昔之異：如「東爲大倉一曠土，中無人家有平
原」，知當時大倉爲無人島，而《澎湖廳志·澎湖全圖》標記上已有居民。由
詩中也見三十六嶼名稱，延用至今。澎湖究竟有多少島嶼？2005 年澎湖縣
政府委託李良輝博士與曾清涼博士，以全球定位系統（Global Position
System, GPS）、遙感探測（Remote Sensing, RS）及地理資訊系統（Geographic
Information Systems ,GIS）等 3S 技術的整合，重新調查之澎湖群島島嶼數，
共九十座。〔註13〕

二、地質土壤與地形

（一）地質土壤

澎湖之地質，以玄武岩爲主體。昔日之澎湖羣島，當爲一整塊之玄武岩
熔岩（lava）臺地，噴出時期約在第三紀鮮新期和第四紀洪積期之間（Pliocene

〔註13〕 李良輝、曾清涼：《澎湖群島島嶼數量委託清查計畫》（馬公市：澎湖縣政府，
2005 年 12 月）。

後期至 Pleistocene）；因逐漸受海水的侵蝕而分割，然後上升露出海面，成爲一臺平坦的島嶼。〔註14〕

土壤絕大部分皆由玄武岩風化碎裂而成，富含鈣長石與輝石，沖淋作用不強，故呈鹽基性；排水良好，土層淺薄，土層中間每有鐵質結核之沉積，土色以棕色爲最普遍。土壤肥沃度中庸，氧化鈣含量較豐富，氮、磷、鉀及有機質，均缺乏；有效的養分，則尙在中等以上。〔註15〕

各島嶼之中，惟花嶼之地質另成一系，全部由玢岩所組成。〔註16〕花嶼地勢稍有起伏，傾斜度較大，土壤除受風蝕外，尙受流水沖刷，故地表多呈溝狀，甚或完全裸露。在緩坡和臺地上，土層較深厚，居民築成梯田，土色多呈深紅，間有棕灰以至棕黃者。土中所含養分，不論氮、磷、鉀、鈣和有機質，皆缺乏，肥沃度較玄武岩分化而成的土壤爲低。〔註17〕

不論是玄武岩或玢岩所分化，因長達半年的風蝕，使得土壤磽薄，復無水源可資利用，故土壤之生產能力低。氣候惡劣、水源缺乏、土壤瘠薄，因此群島上的植物自然的演化出較抗風、耐旱的生態系。在清朝，澎湖多以農、漁爲業，常因欠收而需仰仗政府賑濟，此題材詩人亦常反映在詩中。

（二）地形

諸島多爲玄武岩熔岩的蝕餘平臺（basalt mesa 或 tepee-butte），地形低坦而單調，各島之海拔高度，自數公尺至七十多公尺不等。原始侵蝕面大致自西南向東北緩斜；西南角的貓嶼，最高點之海拔高度爲73公尺（全羣島之最高點），七美爲71公尺，花嶼爲56公尺，東嶼坪爲61公尺，八罩島爲53公尺，虎井嶼爲60公尺，漁翁島爲54公尺，馬公鎭爲48公尺，湖西爲43公尺，白沙島最高之瞭望山已降至38公尺，鳥嶼又降至24公尺，吉貝嶼爲18公尺，最東北之目斗嶼僅14公尺。至若大磽礁二磽礁等，高出海平面不過2公尺而已。在船中遠眺各島，除花嶼有較尖之凸峰外，其餘各島嶼皆極平坦，宛如浮于水面之倒覆木盤。

海岸參差曲折，附近多沙洲與暗礁；各島沿岸亦多有玄武岩懸崖，而尤

〔註14〕 參考李紹章編修：《澎湖縣志・卷一疆域志》（馬公市：澎湖縣政府出版，2000年再版一刷），頁14。

〔註15〕 參考陳正祥編修：《澎湖縣誌》（馬公市：澎湖縣政府出版），頁19。

〔註16〕 同上註，頁9〜10。

〔註17〕 同上註，頁19。

以西側和北側爲顯著。西側的多懸崖，和臺島原始侵蝕面的傾斜有關；北岸
多懸崖，則因冬半年東北風強烈，海水侵蝕特甚所致。〔註18〕航行曲折的水
道中，常讓習於陸地的遊宦文人驚心動魄。

臺島周圍海水深度約 40～60 公尺，珊瑚寄生甚盛，多爲標準之裾礁
（fringing reef），但因海峽中冬期相當寒冷，裾礁珊瑚常易枯死，而尤以北部
各島爲然。枯死之石灰珊瑚，潮落時歷歷可見，島民採用爲建築屋宇牆壁和
田畦防風牆的材料，稱之曰「老古石」。〔註19〕清陳廷憲〈澎湖雜詠〉二十首
之十二云：「浪激沙圓萬竅穿，犬牙相錯勝花磚。從茲版築成無用，百堵皆興
不費錢（海底亂石磊砢鬆脆，俗名老古石。拾運到家，俟鹹氣去盡，即成堅實，以築牆，比
屋皆然。）」記載清時澎民以老古石爲建材的特殊性。

三、氣候

（一）季風、颱風

澎湖群島的地形低且平，位於臺灣海峽中央，氣候深受季風的影響。澎
湖向以多風著名，爲當地氣候上最大的特徵，也是產業上最大的缺點。胡建
偉《澎湖紀略》云：

> 惟澎湖風信，不惟與内地不同，亦與他海迥異。周歲獨春夏風信稍
> 平，可以種植，然有風之日，已十居其五矣。一交秋分，直至冬底，
> 則無日無風，其不沸海覆舟，斯亦幸矣。臺志云：風之大而烈爲颶，
> 又甚者爲颱。颶則倏發倏止，颱常連日夜。其正二三四月發者爲颶，
> 五六七八月發者爲颱。九月則北風初烈。〔註20〕

澎湖風信除和内地不同，和其他海域不同，也和臺灣本島不同。整年春、夏
風信稍平。從秋分到冬末，每天幾乎都颳著風，飛沙走石，生活諸多不便。
清時船隻航行大海，常有被翻覆的危險。二、三、四月有颶風，五、六、七、
八月有颱風，九月則北風起到冬底，一年四季中都有強風肆虐的擔憂，農作
物不易栽種。胡建偉《澎湖紀略》又云：

> 至秋則西風時作，稍晴仍似夏日。冬日雖無祈寒，然風聲水聲，無
> 日不聒耳，甚至飛沙走石。

〔註18〕 參考陳正祥編修：《澎湖縣誌》（馬公市：澎湖縣政府出版），頁 8。
〔註19〕 同上註，頁 9。
〔註20〕 胡建偉：《澎湖紀略》（臺北市：臺灣銀行經濟研究室，1961 年）。

由於澎湖缺乏高山的屏障，冬天東北季風期，風速特強，每年強風日數高達100天。根據統計，十月至翌年一月，風速都維持在每秒六公尺以上。有時當結構完整的大陸冷氣團南下，風速達八級以上，瞬間陣風高達十二級左右，常起巨浪。如此多風的地區實在少見，因此歷來描繪澎湖大風大浪詩作甚夥。

（二）鹹雨

澎湖島嶼面積小，在夏季颱風過境，或冬期東北季風特強時，附近海上波濤洶湧，浪花飛沫隨風揚起，輕易可以深入各島內陸，此即《澎湖廳志》所謂的「鹹雨」：

> 颶風鼓浪，海水噴沫，漫空潑野被園穀，草木盡腐，俗名鹹雨，惟澎湖有之。〔註21〕

鹹雨漫空潑野，降落島上，園內的農作物，草木即見枯萎。雖為澎湖特有，卻非好事，它對澎湖的農業，造成極大威脅。《澎湖廳志》載：

> 嘉慶十六年辛未秋八月風，九月大風，下鹹雨為災，通判宋廷枋通報請卹，賑銀四千一百八十九兩。
>
> 咸豐元年辛亥三月初四日大風霾，下鹹雨，徐道援案奏道庫銀兩。
>
> 同治五年丙寅夏大旱，秋颱風下鹹雨三次，民大饑。
>
> 光緒七年辛巳夏不雨，……閏七月初七颱颶交作，下鹹雨，風過之處，樹木為焦……至十三四念一二等日，狂風連作，一月之間，下鹹雨三次，徧野如洗，洵非常災變也。
>
> 十八年壬辰八月颱風下鹹雨，是年地瓜薄收，花生十存二三。

從方志所載，清嘉慶十六年（1811）到光緒二十年（1894），八十二年中，澎湖就有十二年遇上嚴重的鹹雨災害，有時一年之內，還連下數次鹹雨，草木枯爛，澎民苦之。林豪〈鹹雨嘆〉即描繪澎民為鹹雨所苦的慘狀。

（三）雨量

澎湖群島年雨量約1000毫米左右，雨少的原因，不外乎：(1)地形平坦，不易產生地形雨；(2)地處雨影（rain shadow）地帶，部分水氣受阻；(3)受到海水影響，夏季地面不致過熱，無以形成旺盛的對流，故熱雷雨亦少。〔註22〕

〔註21〕林豪：《澎湖廳志》卷十一。
〔註22〕陳正祥編修：《澎湖縣誌》（馬公市：澎湖縣政府出版），頁16。

雨量的分配不平均，80% 集中在四月至九月（夏期），以颱風雨為主。
20% 分布在十月至三月（冬期），旱期長達 180 天。

本已缺水，又在陽光照射與東北季風強烈吹襲之下，雨量的蒸發量每
年高達 1800 毫米，幾為年雨量的一倍。全年之中，除六、七兩月外，其餘
各月之蒸發量，皆大於雨量，由以冬期為甚。冬期半年土壤缺水，地表乾
燥，每颳大風，遍野塵土飛揚；土壤表層之細沙，隨風而去，地力乃愈演愈
瘠。〔註23〕

氣候以及土壤等諸多因素，造成澎湖饑荒頻頻，清朝遊宦詩人對於惡劣
的生存條件，常給予憐憫的關懷。

四、物產資源

（一）海產

漁產居澎湖物產的首位。澎湖不利農業發展，幸四面環海，魚產豐富，
居民逐向海洋尋求出路。遠在元代以前，閩南漁人，為便於在臺灣海峽作
業，即常利用澎湖列島環境，作為寄泊、汲水、避風等根據地。〔註24〕康熙
年間林光謙《澎湖記略》云：「澎湖初無水田可種，人或採捕為生，或治圃以
自給。」胡建偉《澎湖紀略》載：「澎湖以海為田，男子日則乘潮掀網，夜則
往海捕釣。女人亦終日隨潮長落，赴海防拾取蝦蟹螺蛤之屬，名曰討海」。
周凱《內自訟齋文集》：「澎湖大海一島，土地确瘠，漁釣為生者半。」說明
清時澎民過著採捕、漁釣的討海生活。因漁船尚未動力化，漁民活動範圍
甚少越出十海浬以外，可謂沿岸漁業時期。澎湖漁場，隨漁具的進步而漸次
拓展，今漁船動力化，出航作業可遠及九十海浬之臺灣堆，為近海漁業時
期。〔註25〕

清時沿海漁場，馬公灣內，春夏之交，新生幼魚群集，大案山為最著名
的灣內漁業區，澎湖古八景之一「案山漁火」，即漁民夜間在港內捕撈，燈火
繁盛的寫照。該處出產蛤螺、九蝦、丁香、鰻仔及鬐魚等。〔註26〕除此區
外，良文港、鎖管港、山水等地沿岸出產蝦、小管及底棲魚類。香爐嶼、陽

〔註23〕同上註，頁 17。
〔註24〕張默予編纂：《澎湖縣誌‧物產志》（馬公市：澎湖縣文獻委員會出版，1972
年），頁 67。
〔註25〕同上註，頁 69。
〔註26〕同上註，頁 70。

嶼、陰嶼，夏季出產龍尖、髻魚等，冬季出產鰭魚。虎井、桶盤、雞籠等島嶼間，出產髻魚、烏尾冬等。赤崁、後寮、通梁以北至姑婆嶼，吉貝島之間，出產丁香、鰮、小管、鰭魚等。吉貝島石滬內產象耳魚。鳥嶼、員貝嶼，到毛司嶼、毛常嶼、白沙嶼、屈爪嶼一帶，出產鯛魚。西嶼北部合界、橫礁、小門，南至內垵、外垵，漁場廣闊，出產鰹、鯧、鰮及小管，較遠處有沙魚，〔註27〕以及珊瑚。除了各式各樣的魚外，「淺坪」產有海螺。周凱有詠物詩二十四首，詠海中生物占多數，有蚌瓢、空青、海馬、醋鱉、龍蟲、龍蝨、帽華螺、馬陰螺、氣魚、扁魚、胎魚、鸚歌魚、燕子魚、丁香魚、琵琶魚、珊瑚樹、石拒魚（八爪章魚）、龍占魚（龍尖）、木理蛤、鐵樹枝。

（二）文石

澎湖的礦物，有文石、黏土礦物、碳酸鹽、橄欖石、石英砂、褐鐵礦、泥炭等，其中以文石的價值最高，開採最盛，成為澎湖最著名的礦物。

玄武岩凝固時，熔岩內部的氣體會逸出形成氣孔狀的小孔洞，在多孔狀的玄武岩中，比較容易覓得文石類的礦物，因為這些孔洞就是文石類礦物生成的溫床。文石主要是由鈣、鎂、鐵、錳的碳酸鹽及蛋白石、褐鐵礦等所組成，具有同心圓構造，因有各色交間之美麗紋彩，可以藝術雕刻或原石欣賞，或經琢磨加工製成各種裝飾品，如戒指、胸飾、手鐲、耳環等。

文石的開採歷史已近百年，據澎湖縣誌記載，清朝已有開採，當時產地以漁翁島外垵及小池角二處為主，有不少詩作歌詠。其後各島嶼陸續也有文石礦床發現，盛產期在臺灣光復前後。將軍嶼、望安島、風櫃、龍門、通梁龜山等地都陸續有開採的記錄。各處所出產的文石，其顏色、花紋不同，售價也因花紋顏色而高低有別，今仍為澎湖著名的觀光特產。

（三）農產

《澎湖廳志》載清曾於西嶼試種水稻，但因缺水、氣候不宜而未成功。食糧栽種遂以耐旱的落花生、蕃薯、高粱為主。云：

> 澎湖斥鹵不宜稻，僅種雜糧，而地瓜花生為盛。每歲暮春種花生，時附種梁黍於其旁；迨五六月間，花生漸長，則梁黍已熟矣。至八九月，而花生方熟。地瓜種于三四月，至中秋後，亦漸次收成，切

〔註27〕張默予編纂：《澎湖縣誌‧物產志》（馬公市：澎湖縣文獻委員會出版，1972年），頁69～71。

片晒乾,以儲來歲之食。取二者藤蔓枝葉,以飼牛,以作薪,利亦

薄焉。〔註28〕

每年暮春種花生,並在行與行之間種高梁。五、六月間,高梁成熟了,就先收成高梁。花生要到八、九月成熟方收成。地瓜則三、四月種,中秋以後就可逐漸收成,然後切片晒乾貯存,作爲來年的糧食。花生、地瓜藤蔓可用來飼養牛,曬乾也可當燃料,可謂物盡其用。清人多歌詠。今澎湖多從臺灣本島進口米糧,土地多荒廢,頂多在宅邊種些花生、地瓜,自家食用。

蔬果方面,澎湖因氣候關係,果樹不易栽種,而適合栽種喜沙質土壤,雨水宜少的瓜類,以家寶瓜、香瓜最著。家寶瓜,果形細長,外皮淺綠色,果肉橙色,脆而多汁。香瓜或稱網瓜,果形多數橢圓,表面有網脈,成熟時外皮成鵝黃色,重約一公斤,有特殊香味。

蔬菜類以「澎湖茉瓜」最知名,俗諺:「澎湖茉瓜雜念」,外形十個稜角,肉質甜美又脆,烹調後仍保有鮮綠的顏色。今人多歌詠。

(四)畜產

畜產方面,澎湖昔時向以養豬最普遍;黃牛次之,山羊又次之。其中以黃牛最特殊,除供島民耕作與搬運之用外,牠的排泄物——牛糞,是島民的柴火。在外地人眼中,這是極爲新奇之事,清詩多題詠,如陳廷憲〈澎湖雜詠二十首〉之十六云:「更從牛後傳薪火,曝向斜陽勝採樵(澎無薪木,民以牛糞晒乾炊爨,呼爲牛柴。)」,徐必觀〈牛柴〉詩云:「近時牛後同薪桂,鼻觀微聞百草馨」,把牛糞曬乾當薪火,還有一股清草的馨香味。

山羊之飼養,明、清時頗多,由《泉州府志》:「以畋漁爲業,地宜牧牛羊,散食山谷間,各勞耳爲記。明洪武初,徙其民於近郭,遂墟其地。」〔註29〕胡建偉〈十三澳〉附題〈通梁澳〉:「釣來煙雨龜蒙棹,牧遍阿池卜式羊」可見。據李紹章編修《澎湖縣志·開拓志》載:「1950～54 五年平均統計,全縣共有山羊989隻,平均每10農戶有山羊一隻。」〔註30〕今農家飼養者不多。

〔註28〕林豪:《澎湖廳志》卷九。

〔註29〕清·郭賡武等重修:《泉州府志》(臺北市:臺灣銀行經濟研究室,1967年8月)。

〔註30〕李紹章編修:《澎湖縣志·開拓志》,頁32。

第二節　澎湖的歷史

　　李紹章編修《澎湖縣志・開拓志》載：「澎湖有人類定居，年代已甚久遠；惟澎湖之漢族先住民，於明洪武年盡徙大陸，……臺灣、澎湖古代史中，遺有長期闕遺，俟諸後人漸次發現。近年臺灣考古人類學家蔚起，先住民遺跡遺物普遍出土，其對於『古史無徵』之補苴，將有若干極富價值之貢獻。」〔註31〕最早記述澎湖有先住民遺物出土者，始於日人伊能嘉矩，《臺灣文化志》云：

　　　　臺灣山地與平野及澎湖島，存有石器時代遺跡，發現各種石器、骨
　　　　器、及土器等遺物。澎湖島湖西庄青螺虎頭山，發現過古代石斧。
　　　〔註32〕（台北博物館有陳列）

伊能嘉矩雖曾來澎湖實地調查，惟非考古之專家，故對澎湖出土遺物，僅略予介紹報導，未能做有系統之深入論述。日人國分直一，由《臺灣文化志》所述澎湖先住民遺跡情形，引起調查動機，分別於昭和十五（1940）、十六年（1941），兩次來澎湖發掘遺物，經其發現三處：一、湖西鄉良文港警察派出所西方海濱，有繩紋土器片，赤色無紋土器片，及硬質砂岩石斧斷片，砂岩磨製石器等。二、白沙鄉中屯村永安橋南山坡間，有無文陶器片。三、白沙鄉後寮村望山北坡間，有無文陶器片、及有耳陶器片、并獸骨等。〔註33〕林朝棨教授於民國四十一年（1952）及四十二年（1953），兩度至澎湖調查地質，亦發現較早及較晚之貝塚二十六處，並於貝塚中出土先住民之遺物。又臺南文獻委員會江家錦，於考察澎湖歷史文物時，亦曾在湖西鄉良文港，搜得彩陶器片及獸骨等數件。

　　之後又發現五代十國期間，或其前後，漢民族首度觸及澎湖。這項認識在文獻裡面沒有任何線索，然在考古上有兩項重要發現：一是漢民族活動的零星遺跡，另一是大量漢族文物的遺留。在遺跡方面，考古學者在澎湖西嶼的內垵，望安島的水垵，以及白沙島蒔頭山，〔註34〕發現漢族活動的遺跡。

〔註31〕李紹章編修：《澎湖縣志・開拓志》，頁30。

〔註32〕伊能嘉矩著、江慶林等譯：《臺灣文化志》（中譯本）（南投縣：臺灣省文獻委員會，1991年）。

〔註33〕同上註，頁30～31。國分直一〈就澎湖島良文港之先史遺跡〉一文發表於《南方民族》第6卷第4期。

〔註34〕參考 ang Cheng-hwa: "Archaeology of The P'eng-Hu Islands", Taipei: Institute of History and Philology, Academia Sinica, 1992, p.228, 483。

這三處遺址的早期遺留顯示：漢人最早來到澎湖的年代，最遲當不晚過北宋，極可能在唐末或唐宋之間；其時，來自大陸東南沿海的漁民，把澎湖當作一個臨時性的漁業基地或休憩地。〔註35〕在文物遺留方面，陳信雄先生發現五代十國時期的瓷器，這是目前發現遺留在澎湖最早的漢族文物。〔註36〕

　　而漢人與澎湖接觸頻繁，自南宋始。以下從澎湖海上交通頻繁的宋、元時期介紹起，接著介紹明末的移民開拓，清朝的統治，日本的異文化統治，迄戰後至今，分期略述之。

一、澎湖海上交通頻繁的宋、元時期

　　據陳信雄教授研究，澎湖首見於文獻，是在宋代，元代繼之。宋元文獻被認為記錄澎湖者，加上明清文獻述及宋元的澎湖，總共十一條，其內容，製表如下：

表 上編 1-1：文獻記錄之宋元澎湖資料表

編號	紀　元	西元	紀　　　事	出　　處	說　　明
1	北宋宣和二年左右	1120	泉距京師五十有四驛，連海外之國三十有六島。	南宋・王象之《輿地紀勝》	所指之地有多種可能。
2	南宋孝宗乾道七年	1171	郡實瀕海，中有沙洲數萬畝號平湖，忽然島夷號毗舍耶者奄至，盡刈所種。海中大洲號平湖，邦人就植粟、麥、麻，有毗舍耶蠻揚颿奄至，肌體漆黑。	南宋・樓鑰《攻媿集》南宋・周必大《周益文忠集》	「平湖」所指是否為澎湖尚有爭論。
3	南宋寧末嘉定十一年	1218	永寧寨，……直望東洋一日一夜可至彭湖。彭湖之人遇夜不敢舉煙，以為流求國望見，必來作過。	宋・真德秀《西山真文忠公文集》	記錄澎湖的最早文獻。指出澎湖的位置並明言有人居住。
4	南宋理宗寶慶元年	1225	泉有海島曰彭湖，隸晉江縣，與其國〈毗耶舍〉密邇，煙火相望。	南宋・趙汝適《諸蕃志》	指出地緣關係。
5	南宋理宗寶慶三年	1227	環島三十六，（自泉晉江東出海間，舟行三日，抵彭湖嶼，在巨浸中）……泉之外府。	南宋・王象之《輿地紀勝》	後十餘年，祝穆撰《方輿勝覽》，內容不出《輿地紀勝》。

〔註35〕同上註，頁 228、483。

〔註36〕陳信雄：《越窯在澎湖：五代十國時期大量越窯精品的發現》（臺南市：文山出版，1994 年）。

6	南宋		聞之彭湖在宋時，編戶甚蕃。	明・陳學伊〈諭西夷記〉	明人記宋事。收入沈有容輯《閩海贈言》，《臺灣文獻叢刊》第56種。
7	元世祖至元二九年	1292	命楊祥、吳志斗、阮鑿往使瑠求，曾至彭湖。	明・宋濂等編纂《元史》卷210	顯示元初閩人知有「彭湖」。但使節團曾否到達澎湖，並無確證。文中於澎湖情況並無一字描述。
8	元英宗至治二年以前	1322以前	爲國建長策，此行非偶然。止戈方見武，入海不求仙。朱絨爲郎日，金符出使年。早歸承聖渥，圖像上凌煙。	趙孟頫《松雪齋文集》「送吳禮部奉旨詣彭湖」詩	趙孟頫，卒於元英宗至治二年（1332）。
9	元順帝至正初年	1341前後	陳信惠……授山魁、彭湖、盧溪三寨巡檢。	《泉州府志》（乾隆版）卷54	見於記載「彭湖」最早職官。
10	元順帝至正九年	1349	彭湖……島分卅有六……有七澳居其間……自泉州順風二晝一夜可至……泉人結茅爲屋居之……工商興販……地隸泉州晉江縣至元年間立巡檢司。	元・汪大淵《島夷志略》	澎湖有詳確文獻記錄之始。
11	〈宋元〉		三十六島……貿易至者歲常數十艘，爲泉外府。	清・顧祖禹《讀史方輿紀要》	明清之際的著作。

（本表轉引陳信雄〈澎湖歷史發展的獨特性——獨特的分期與特性〉，「出處」欄略爲補充）
〔註37〕

　　上表第一條、第二條（宋代資料），以及第八條（元代資料），都沒有足夠的訊息以確認其眞實性，而第六條和第十一條爲明清文獻，因此眞正可信的宋代文獻有三條（表之3、4、5），元代文獻也是三條（表之7、9、10）。

　　三條宋代文獻皆爲南宋記錄，記錄中道出「彭湖」之名，指出「彭湖」方位在永寧寨、晉江之東，表明有人居住，隸屬於泉州晉江縣。

　　元代資料三條，首條（表之第七條）元初史料，顯示元初閩人知有「彭湖」，但元初之人是否曾經到達「彭湖」，則無以確認。元末兩條史料最爲珍貴，第九條知元末爲「彭湖」設治置官，第十條以一百七十六字詳記澎湖島數，港澳數目，泉州出航所費時日，泉民移居，結茅爲屋，風土民情，工商興販，設置巡檢司等事。〔註38〕

〔註37〕陳信雄：〈澎湖歷史發展的獨特性——獨特的分期與特性〉，《硓𥑮石》第1期，1995年12月，頁30～31。
〔註38〕同上註，頁31。

　　除文獻中所記載南宋、元代與澎湖之關係外，陳信雄教授在澎湖的十八座島上採集並發掘了宋元時期的中國陶瓷一萬多件。包括青瓷四千餘件，白瓷一百多件，青白瓷五十餘件，黑釉瓷八百多件，紅陶漁網墜八百多件，建築材料五十件，以及日用陶器三千餘件。經過其研究斷定，其年代最早的爲南宋隆興二年（1164），年代最晚的爲元至治三年（1323），前後一百六十年。大部分爲福建產品（百分之八十五），少部份來自浙江（百分之十二）等地。泉州是當時中國第一大港，很可能就是這批陶瓷的出口港。從南宋孝宗隆興二年（1164），經過元代，並延伸到明初洪武二十年（1387），從西元 1164 年到西元 1387 年，二百二十三年，澎湖主要作爲對外貿易的轉運站。〔註39〕

　　從出土的文物更清楚的知道宋、元代時期，中華民族在澎湖這塊土地活動之頻繁，海上交通之盛況。這樣一座島嶼怎能說他文化貧瘠呢？實是中國歷史所載多爲陸地發生之事，海上的活動常被遺漏。

二、明清的移民開拓

　　明洪武二十一年（1388），湯和行視閩粵海防，以澎湖孤懸海外，難以防守，於是盡徙島民於彰泉二府間。〔註40〕從明廷撤銷澎湖巡檢司，遷民返回福建後，澎湖無漢人移入，直到明末萬曆九年（1581）才有第一批移民二十人，自金門來，以農、漁爲生，定居下。〔註41〕這一百九十四年之中，前面一百六十六年澎湖未見人跡，後面的二十八年始見零零星星的海寇和官兵的蹤影。〔註42〕

　　從萬曆九年（1581）起，澎湖移民迅速增加，朝廷因人口之繁多，並爲防禦倭患，於萬曆二十年（1592）設置澎湖遊兵。至天啓二年（1622），荷蘭人佔據澎湖時，據記載曾徵用船隻六百艘，居民數千人築城，僅役死者即達千五百人以上，可見當時澎湖人口已不少。天啓四年（1624），荷人敗退臺灣後，移民益多。崇禎年福建荒旱，饑民相率來澎，逐漸形成澎湖島上之各個

〔註39〕陳信雄：《澎湖宋元陶瓷》（馬公市：澎湖縣立文化中，1985 年）。陳信雄：〈澎湖歷史發展的獨特性──獨特的分期與特性〉，《硓𥑮石》第 1 期，1995 年 12 月，頁 32。

〔註40〕李紹章編修：《澎湖縣志・開拓志》，頁 36。

〔註41〕同上註，頁 48。

〔註42〕陳信雄：〈澎湖歷史發展的獨特性──獨特的分期與特性〉，《硓𥑮石》第 1 期，1995 年 12 月，頁 33。

聚落。明末清初，鄭成功據海上抗清，永曆二十二年（康熙七年，1668）四月，施琅於疏陳海上情形云：「查自故明時，原住澎湖百姓，有五、六千人。」〔註43〕當時已有五、六千人住澎湖。

澎湖設治，始自至元年間（十四紀中葉）；臺灣設治，晚至永曆十五年（清順治十八年，1661）鄭成功開府「東都」時。兩地設治的時間相距達三百八十年之久。澎湖於臺灣未收入中國版圖前，屬於福建泉州府所轄，迨鄭成功東征以後，澎湖才隸屬臺灣，相沿迄於今日。〔註44〕在漢族移民社會的形成過程中，建立了與中國大陸相一致的社會、政治、經濟和文化教育模式。就地理形勢觀：自我國大陸渡海東向臺灣，無論探險、征伐、殖民、貿易等，均須經由澎湖列島，尤其帆船時代逐島航行，更爲必然之途徑。臺灣島之開發，即以鄰近澎湖列島之臺南地區爲最先，係明顯之證。故研究兩地早期歷史，不惟澎湖、臺灣應作整體之觀察，甚至臺灣之經始事蹟，尚多存於澎湖文獻中，〔註45〕因此探討臺灣文化，應從海上澎湖文化談起。以往研究深受中原內陸文化影響，常忽略海洋文化所扮演的角色，今應重新審視之。

康熙二十二年（1683），清政權打敗鄭氏政權後，臺灣、澎湖入清版圖，隨即設府置縣，均按清王朝的地方政府建制，並且循例設置府學、縣學，倡興儒學，開科取士，在政治結構和文教建制上，都納入清王朝的系統之中。在統一的行政、法制和文化制約下，有著相同的價值取向和道德規範。中原一整套宗族制度、鄉紳結構、文化思想、教育體制等，便也很自然的移植至臺、澎。而澎湖於清時是臺灣的門戶，蔣毓英《臺灣府志》：「澎湖一島乃臺郡之門戶，門戶固守則堂奧清寧，是所謂扼塞之大者。」〔註46〕足見澎湖戰略地位顯要。清初澎湖設巡檢，歸臺灣縣轄。

巡檢一職，本掌理地方治安及海泊稽查等。至於一切刑名錢穀案件，俱歸臺灣縣辦理。惟澎湖地當臺灣之門戶，軍事之重鎮，武員有水師副將、遊擊、都司、守備、千把總等，衙署林立；而文員僅一巡檢，所有稽查地方，監放兵餉，管理倉儲等由文官職司，巡檢官秩低微，不足彈壓。又澎湖列島棋佈，港灣紛歧，即地方治安，與稽查海泊等，亦非巡檢所堪勝任，故有升

〔註43〕 李紹章編修：《澎湖縣志・人民志》，頁48。
〔註44〕 同上註，頁40。
〔註45〕 同上註，頁29。
〔註46〕 蔣毓英：《臺灣府志》（北京：中華書局影印版，1985年5月），頁242。

格廳治之議。

康熙六十年（1721），臺灣朱一貴起事，總兵歐陽凱戰死，道、府各官潛逃，臺灣全陷，惟澎湖一地據守。南澳總兵藍廷珍，在澎聚兵東征，七日之內光復臺郡，部臣議撤臺灣總兵，移設澎湖，藍廷珍族弟藍鼎元作書反對，〔註47〕認為部臣不了解海外情形，把澎湖看得太重。他以澎湖「山不能生樹木，地不能生米粟」，若遇風「一二月舟楫不通」，物資無法送達，則「不待戰自斃矣」為由，反對撤臺灣總兵，移設澎湖。雖如此，但澎湖鎖鑰臺灣之形勢愈著。事定後，清廷為加強臺灣之治理，雍正五年（1727）移駐分巡臺廈道案內，將臺廈道改為臺灣道，以專責臺灣之安撫；同時并升澎湖巡檢治區，為臺灣府澎湖海防糧捕廳，廳設通判，負地方人民政事與協辦海防之責。澎湖設廳以後，隸臺灣府轄，已非一縣之附庸。廳通判號稱分府，官秩在知縣以上（知縣正七品，通判正六品）。〔註48〕胡建偉《澎湖紀略》曰：

> 通判乃郡守之副，然分防專駐，有民人政事之責，則亦與州縣無甚異焉。……況澎島為廈台居中要區，實乃海疆重寄，非振刷精神，時時刻刻遇事留心體訪，不知不覺，職分之所虧已多矣。〔註49〕

通判是郡守之副，但已分防專駐，需負責當地人民政事，職權和州縣長無多大差異。治理澎湖更為特別，因居臺廈間，地理位置重要，為海疆重寄，通判更需振刷精神，時時刻刻遇事留心體訪。設立廳治後，經歷任通判的努力，澎湖漸繁庶，文教漸興，規制漸備，遂為海外樂土。〔註50〕

澎湖人口的增加，可從澳社的發展看出。澎民多居澳邊，行政區亦以澳稱之。〔註51〕林豪《澎湖廳志》云：

〔註47〕 藍鼎元云：「部臣不識海外情形，憑意妄斷，看得澎湖太重，意以前癸亥平臺，止在澎湖戰勝，便爾歸降；今夏澎湖未失，至臺郡七日可復，是以澎湖一區，為可控制全台，乃有此議……澎湖不過海外一撮沙堆，山不能生樹木，地不能生米粟……一草一木，皆需台廈，若一二月舟楫不通，則不待戰自斃矣。」（藍鼎元：《東征集》，臺北市：臺灣銀行經濟研究室，1958年）。

〔註48〕 李紹章編修：《澎湖縣志・開拓志》（馬公市：澎湖文獻委員會，1960年），頁45～46。

〔註49〕 胡建偉：《澎湖紀略》（臺北市：臺灣銀行經濟研究室，1961年）。

〔註50〕 李紹章編修：《澎湖縣志・開拓志》（馬公市：澎湖文獻委員會，1960年），頁46。

〔註51〕 澳在澎湖有二指，一是指與社連稱，同於內郡坊里的聚落，澎民多居澳邊（有民居之澳社）；一是指與嶼連稱之水灣處，未全有人居（含有人居與無人居之

《禹貢》曰：「九州攸同，四隩既宅」。《釋文》云：「隩與澳同，水
隈也」。蓋言九州底定，凡水隈之地，皆可安而居。澎湖人民，依水
爲家，傍涯作室，非澳而何哉？若夫社，即內郡所謂坊里是也。澳
社之與坊里，名異而實同。〔註52〕

澎湖人民依水而居，澎湖稱爲澳社，內郡稱坊里，名稱雖異而實同。據乾隆
十七年（1752）王必昌《重修臺灣縣志》載澎湖有九澳：

東西衛（薛裏澳附）、林投澳、奎壁澳、鼎灣澳（通梁澳附）、鎮海
澳（吉貝澳附）、瓦硐澳、赤嵌澳、西嶼澳、網垵澳（水垵澳附）。
〔註53〕

咸豐年間沈鑅〈丁巳九月二十日泊澎湖即景〉云：

……廟謨神算蕩鯨氛，隸入版圖建司牧（康熙二十二年，靖海侯施琅率舟
師克捷，鄭氏投誠，設巡檢駐箚其地。雍正五年，以微員不勝彈壓，於添設廈門道
員案內改設廳官）。滄海爰等桑田饒，以畋以漁足生育。即今涵煦近百
年，食租衣稅歸純樸。宅澳旋增一十三（初靖臺陽，招徠安集，僅有九澳。
雍正五年因人物繁庶，又增四澳，共七十五社云）……

此詩載澎湖澳社由康熙二十二年（1683）初靖臺陽的九澳，到雍正五年
（1727）因人物日益繁庶，又增四澳爲十三澳，七十五社。可見澎湖人口在
清朝統治時，有明顯增加。對於清人而言，這原是海疆荒州，經其治理而日
漸富庶，故清詩描繪澎湖澳社，總透露著一股德化遠被的驕傲。林豪《澎湖
廳志》也載：

康熙二十二年平臺而後，招徠安集，以漁以佃，人始有樂土之安，而
澳社興焉。其時澳僅有九，至雍正五年，生齒漸繁，又增薛裏、通
梁、吉貝、水垵四澳。統計有三澳，〔註54〕分爲八十二社。〔註55〕

《澎湖廳志》載康熙二十二年（1683）平臺後，招徠安集，以漁以佃，澎
湖初有九澳。王必昌《重修臺灣縣志》括號中之薛裏、通梁、吉貝、水垵，
即是沈鑅、林豪言雍正五年（1727）人口漸繁所增加的四澳。〔註56〕林豪《澎

澳嶼）。

〔註52〕 林豪：《澎湖廳志》（臺北市：臺灣銀行經濟研究室，1963年），頁78～82。

〔註53〕 王必昌：《重修臺灣縣志》（臺北市：臺灣銀行經濟研究室），頁28。

〔註54〕 林豪：《澎湖廳志》，頁78。謂澎湖澳「統計有三澳」，應是「十三」之誤。

〔註55〕 林豪：《澎湖廳志》，頁78～82。

〔註56〕 澎湖「社」數，沈鑅言七十五，與林豪所載八十二不同。

湖廳志》詳載澎湖十三澳社數目及位置。〔註 57〕到光緒年間，澎湖共有東西澳、崎裏澳、林投澳、奎璧澳、鼎灣澳、瓦硐澳、鎮海澳、赤嵌澳、通梁澳、吉貝澳、西嶼澳、網垵澳、水垵澳十三澳，澳下分社，共有八十五社。〔註 58〕人口集中於媽宮社，西嶼小池角亦有千餘家，人口僅次於媽宮社。《澎湖廳志》詳載清朝以來澎湖戶口增衍情形，〔註 59〕澎湖人口自初入清版圖至雍正五年（1727）已有增加，到乾隆初編審人丁，已又增二十倍之數；《澎湖紀略》時稍有增益；至《澎湖續編》道光八年（1828）丁冊，則較《府志》又增三倍；《澎湖廳志》復逾前數，十三澳總計六萬七千五百四十丁口。〔註 60〕林豪言澎民移民臺灣本島，之前因土薄爲患，光緒年間則地力經營已盡，遂有人滿之患，而不得不外出謀生，此乃時勢使然。〔註 61〕據載澎民多渡臺謀生，尤以高雄爲多，蓋工作機會多。這也促使日治時期澎湖「漢學仙」多前往高雄設帳，雖爲謀生，卻也將澎湖漢學往外傳播。

康熙六十年（1721），澎湖總兵未設成，到光緒十三年（1887）清法之役後，澎湖軍事地位益顯重要。清從臺灣巡撫劉銘傳之請，終在澎湖設總兵，疏云：

> 澎湖本設副將一員，從前防務係歸廳協會辦，遇有事故，既請命於鎮道，復受制於通判，處處牽制，不能有爲……現當海上多事之秋，今昔情形不同，該處爲閩台門戶，似非特設重鎮，不足以資守禦……擬將澎湖副將與海壇鎮對調，各就現有弁兵略爲變通，無須再添額兵，所費無幾，將來海上有事，聲援隔絕之際，稍可自立。

劉銘傳以澎湖僅設副將一員，遇有事故，還需請命於鎮道，復受制於通判，處處受牽制，不能有所作爲。現當海上多事之秋，今昔情形不同，澎湖爲閩臺門戶，不設重鎮，不足以守禦。清廷遂從其請，將海壇鎮總兵改設於澎湖，並建造媽宮城。〔註 62〕但是清廷勢力漸弱，已抵不過外侮，最後將臺、澎割讓給日本。

〔註 57〕 林豪：《澎湖廳志》，頁 78～82。
〔註 58〕 此段所載社數，細數之共八十五社，而非八十二。
〔註 59〕 林豪：《澎湖廳志》，頁 85～86。
〔註 60〕 同上註，頁 87。
〔註 61〕 同上註，頁 88。
〔註 62〕 李紹章編修：《澎湖縣志·開拓志》（馬公市：澎湖縣政府出版，2000 年，再版一刷），頁 42。

三、日治到戰後

　　〈馬關條約〉第二條（丙）簽訂著：「澎湖列島，即英國格林尼次東經百十九度起，至百二十度止；及北緯二十三度起，至二十四度之間諸島嶼。」〔註63〕決定了澎湖被日本統治的命運。

　　清光緒二十年（1894），滿清政府因朝鮮事件，與日本發生甲午戰爭。戰敗的清廷於光緒二十一年（明治二十八年，1895）四月十七日，由李鴻章與伊藤博文代表簽訂中日馬關條約，將臺、澎割讓給日本，迄於民國三十四年（昭和二十年，1945），日本二次大戰投降止。

　　在雙方交涉議和之際，光緒二十一年（1895）三月二十日，日本伊東中將就率領聯合艦隊到達澎湖將軍澳，二十三日由良文港（龍門）裡正角登陸，二十五日佔領全澎湖，並任命海軍少將田中綱常為「澎湖列島行政廳長官」，施行軍政，四月十七日，李鴻章與伊藤博文簽訂馬關條約，正式割讓臺灣澎湖與日本，六月二十八日全臺置三縣一廳，澎湖稱為「澎湖島廳」。1896年五月廢止軍政。1898年六月改稱「澎湖廳」，直屬於臺灣總督府。

　　1903年設澎湖要塞司令部，整理測天島海軍軍區，鞏固殖民地防務。1913年設立電燈株式會社，首開澎湖電化先聲。1920年「澎湖廳」改為「澎湖郡」改隸屬高雄州；日本人以諧音將「媽宮」改成「馬公」，並沿用到現在。1913～1920年，鼓勵日商來澎經營各種商業。1926年重在澎湖設置「澎湖廳」，隸屬於臺灣總督府。1941年兒童初等教育之公學改為國民學校。1943年設立馬公高等女學校等。〔註64〕

　　日本統治臺、澎，採以高壓手段，嚴密控制，人民淪為次等公民，未能享有與日人相同的待遇。警察權力極為廣泛，廳以下之行政，概由警察承擔，警察管區即為行政區域。迨臺民自治風潮澎湃，為緩和民氣，日臺灣總督改由文官充任，創設所謂「地方自治制度」，規定以州、市、街、庄為地方公共團體。澎湖設有街、庄自治單位，行政之區劃始與警察管區脫離。〔註65〕

　　日本領有臺灣初期，漢詩格外興盛，此與首批來臺的日本官員有某些程度的關聯。這批官員多擁有深厚漢學素養，善於漢詩文寫作。他們以北京語

〔註63〕　參見王曉波編：《台胞抗日文獻選》（臺北市：海峽學術出版社，1998年），頁3～4。

〔註64〕　參考李紹章編修：《澎湖縣志・政事志》（馬公市：澎湖縣政府出版，2000年，再版一刷），頁88。

〔註65〕　同上註，頁88。

或漢字的筆談，與臺灣紳商交驩酬唱。臺灣紳商學子在版圖易色後，經過短時間的抉擇折騰後，大部分決定順應時勢入籍日本，少數士子內渡中原。這群原本讀書想參加科舉，能文字又才學自見的文士，經過日本官員的策動，轉變為詩人，一時漢詩風雅唱和，竟成為一種時代風潮。而這群人也成為日本初期總督府中央與地方的政治、經濟、文化、教育等各領域的重要分子。〔註66〕於澎湖亦是如此，1896 年 9 月任澎湖島司（支廳長）的伊集院兼良，在任上曾作「澎湖豐年歌」，紳商二十餘人唱和。〔註67〕當時士紳亦有轉任澎湖要職者，如陳梅峯，除任湖西庄長外，亦極力維護漢文化，與友人成立詩社與漢學研究會，以捍衛中國固有文化。

民國三十四年（1945）八月十五日，二次大戰結束，日本宣佈無條件投降，國民政府任命陳儀為臺灣省行政長官，以臺灣行政長官公署為最高行政機關，臺澎再回中國統治，十二月二十五日，改為「澎湖縣」。民國三十五年（1946）一月二十一日正式成立澎湖縣政府，首任官派縣長傅緯武，並將縣治設於馬公鎮。民國三十九年（1950）首屆民選議會成立。民國四十年（1951）一月七日，李玉林當選首屆民選縣長。

戰後，以闡揚三民主義、培養民族文化、適合國家與本省需要、獎勵學術研究、以及實施教育機會均等的五大教育方針。此時，臺灣的教育政策

〔註66〕 參考楊永彬〈日本領臺初期日臺官紳詩文唱和〉，收入若林正文、吳密察主編：《臺灣重層近代化論文集》（臺北市：播種文化有限公司，2000 年），頁110～111。

〔註67〕 明治二十九年（1896）九月轉任澎湖島司（支廳長）的伊集院兼良，作〈澎湖豐年歌〉，紳商二十餘人唱和，包括謝贊（號東山居士，1896 年廳雇員，1897年廳參事、紳章）、蔡汝璧（號蘊輝、玉成，貢生，1897 年廳參事、紳章）、陳錫命（字省三，生員，漢塾師，1900 年紳章）、洪明廷（亦書明庭，生員，1897 年臨門辦務署參事、紳章）、趙階（字獻廷，號思堯，生員，漢塾師，1900年紳章）、高攀（號桂亭，生員，1897 年紳章）、張鵬（字吉卿，號耆南，生員，漢塾師，1898 年國語傳習所漢學教師，1900 年紳章）、許凌雲（字卓夫，生員，1897 年大赤崁辦務署參事、紳章）、吳文仁（字言其，號竟成，生員，1900 年紳章、鄉長）、呂淵如（號子蘭，生員，1900 年鄉長、紳章）、洪捷元（號伯魁，生員，漢塾師，1900 年紳章）、許樹林（生員，1897 年網垵辦務署參事、1900 年紳章），以及掛名某鄉紳士但未明確身份者，如許眷孚（號命卿）、鄭用修（號琢如）、洪桐雲、陳朝聘（字品三）、康賁予、楊鳳儀、黃文几（號宴瓊）、許翰卿等，澎湖詩文儒士多在其內。（參考楊永彬〈日本領臺初期日臺官紳詩文唱和〉，收入若林正文、吳密察主編：《臺灣重層近代化論文集》，臺北市：播種文化有限公司，2000 年，頁 139。）

是立基於中華民國教育宗旨，《中華民國憲法》教育文化條文和三民主義；以民族文化及國語的推行為首要的教育重點，增進教育機會均等為主要的目標，目的在清除五十年的殖民統治所澱積的日本文化，和不平等的教育政策。〔註 68〕此期新文學盛行，然古典詩未因此而消失，仍有一些愛好古典詩者，以素樸的語言，創作著鄉土風情。

〔註68〕參見李雄揮、程大學、司琦：《重修臺灣省通志・卷六文教志・學校教育篇》，頁 895。

第二章　澎湖人文活動

第一節　文教機構的設立

　　澎湖文治化社會的形成，除了經濟、政治等社會環境的塑造外，最重要的關鍵應是漢文化的傳播，而漢文化傳播的載體，正是各類官方及民間文教機構。〔註1〕臺灣的學校教育始於十七世紀的荷西時代，只是當時各種條件未臻成熟，並沒有明顯的建樹。到明鄭時期，從鄭成功掌政到其子鄭經繼任，四年之間（1661～1665），漢人的開墾業已就緒，溫飽無慮，參軍陳永華建言設立學校，以教化人民，此後臺灣才有比較制式的教育。〔註2〕但是澎湖與臺灣本島一水之隔，水惡、路遙，交通不便，民眾到臺灣受學所費不貲，真正影響澎湖學風的是私塾（書房）教育。以下論述影響澎湖古典詩發展的重要文教機構——書房、社學、書院的設置情形。

一、書房

　　澎湖地區漢文化的傳播機構，始於漢民族播遷來澎，設帳授學之私塾，澎人名曰書房，此為澎湖教育之始。澎湖私塾始於何時？待考。據《澎湖縣志》載：

　　　　澎湖早有移民，寓賢之於海島，私塾教育，尤為普遍。而明鄭時代，

〔註1〕　參考黃美娥：《清代臺灣竹塹地區傳統文學研究》，輔仁大學中文研究所博士論文，1999 年 7 月，頁 33。
〔註2〕　參見洪炎秋：〈臺灣教育演進史略〉，收於《中原文化與臺灣》（臺北市：臺北市文獻委員會，1971 年），頁 445～447。

如盧若騰之寓澎湖，講學、著作之風，成爲創導。使澎湖之私塾書房，益加起色。

迨滿清佔領澎湖，私塾書房，乃由人員極少之巡檢，改設爲「社學」。〔註3〕

本段文字爲目前所見論及澎湖最早教育情形之紀錄，文中以澎湖地區漢文化的傳播，始於盧若騰寓澎湖講學。然就《臺灣外記》載：

康熙二年，清兵攻下金門、廈門。次年，春三月初二，盧若騰與王忠孝、沈佺期、許吉燝等同舟入臺，至澎湖。初微恙遂寓太武山下，不二日病亟，夢黃衣神持刺來謁。忽問今是何日，侍者以三月十九對；蹶然曰：「是先帝殉難之日也。」一慟而絕。臨終，命題其墓曰：「有明自許先生盧公之墓」，年六十有七。

盧若騰本欲至臺灣，到澎湖身體微恙，寓居澎湖太武山下（今屬湖西鄉），就《臺灣外記》所載，盧若騰住澎湖十七天即病逝，斷無講學之可能。若就蔣毓英《臺灣府志》言盧若騰：「越明年卒，時年六十有五。」則有可能。二書所載盧若騰到澎湖時間一致，但卒年說法不同，此影響盧若騰是否在澎湖講學之論。而道光五年（1825），林廷福至澎湖任右營遊擊，林樹梅隨父到澎湖，詩云：「奇書浴性靈」，後註「余在澎訪得盧牧洲先生遺文數冊」，據此推知盧若騰詩文曾在澎湖流傳。今未可斷定盧若騰有否設塾講學，然其學行確實影響澎湖。

再就明黃仲昭〔註4〕纂修《八閩通志》，有二則關於澎湖之記載，其一爲卷之七地理，山川「泉州府晉江縣」，下云：

彭湖嶼：出海門舟行三日始至，屹立巨浸之中，環島三十六，居民苫茅爲舍，皆業畊魚。……國朝洪武間，徙其民于近郭，其地遂墟。

〔註3〕 參見陳知青撰：《澎湖縣志‧教育志》（澎湖縣，澎湖文獻委員會，1973 年），頁 62。

〔註4〕 黃仲昭名潛，以字行；福建莆田人。生於明宣宗宣德十年（1435），卒於明武宗正德三年（1508）。明憲宗成化二年（1466）進士，授編修，以直諫被杖，謫官。明孝宗弘治元年（1488）起爲江西提學僉事。久之，乞歸。仲昭爲明代「修志專家」之一，共纂修方志五部：八閩通志、延平府志（已佚）、邵武府志（二十五卷）、南平縣志（已佚）、興化府志（五十四卷，與周瑛同修），並著有未軒集若干卷。（參見鄭喜夫〈八閩通志關於澎湖之記載——兼介元代彭湖巡檢陳信惠傳二篇〉，《硓𥑮石》，澎湖縣立文化中心，1997 年 7 月，頁 2。）

上二嶼俱府城東。

其二爲卷之八十古蹟「泉州府晉江縣」，下云：

> 彭湖巡檢司：在府城東南，三十五都海島中。元時建。國朝洪武二
> 十年，徙其民於近郭，巡檢司遂廢。

從此二則資料中，可確知至少在明成化末、弘治初（1484～1489），今澎湖縣之地隸泉州府晉江縣，屬三十五都。蓋《八閩通志》纂修於成化末、弘治初，將「彭湖嶼」列於晉江縣之山川，而「彭湖巡檢司」列爲晉江縣古蹟，且言明在「三十五都海島中」。〔註5〕證實元時巡檢司辦公處就蓋在澎湖，明時建築仍存。再據《八閩通志》中載有陳信惠傳，陳信惠爲目前所知臺澎最早之職官。按陳信惠爲元代唯一可考之彭湖巡檢司巡檢，富文學，有才能，學優而仕，居官多惠政，後老疾謝事。其人品學、才幹、進退出處，俱不唯無可疵議之點，且實多值得稱述之處。〔註6〕陳信惠到澎湖，定會與他人往來，若無特地設帳教學，澎民必也可從其談吐中獲得文學滋養。澎湖文教於此時應有所啓蒙，當不迨盧若騰寓澎。甚爲遺憾者，至今未見志書及相關資料載當時文教之情形。

康熙二十二年（1683）起，開發澎湖，興文教，設書房、社學、書院。時澎湖地區究竟出現多少私塾及業師，確切數字無可考。《澎湖縣志》依《臺灣省通志》之資料，所編列光緒二十三（1897）、二十四（1898）兩年澎湖書房調查比較表如下：

表 上編 2-1：光緒二十三年澎湖書房調查比較表

地　區	書房數目	學生人數	學費最高額	備　　　　　註
澎湖島廳	81	919	1,838,000	學生人數全臺佔第九名
臺南縣	138	1,828	6,123,000	
全臺合計	1、127	17,066	53,047,000	

〔註5〕 參見鄭喜夫：〈八閩通志關於澎湖之記載——兼介元代彭湖巡檢陳信惠傳二篇〉，《硓𥑮石》，澎湖縣立文化中心，1997年7月，頁3。

〔註6〕 參見鄭喜夫：〈八閩通志關於澎湖之記載——兼介元代彭湖巡檢陳信惠傳二篇〉，《硓𥑮石》，澎湖縣立文化中心，1997年7月，頁5。《八閩通志》、萬曆重修《泉州府志》及明何喬遠編撰之《閩書》有陳信惠傳，內容無甚出入。

表 上編 2-1：光緒二十四年澎湖書房調查比較表

地　區	書房數目	教師人數	學生人數	學費最高額	備　　　　　註
澎湖廳	95	95	1,646	2,930,830	塾師 8 人、秀才 8 人、儒生 3 人、童生 79 人、無資格 5 人（當時師資是民間自聘）
鳳山縣	195	195	2,823	9,212,000	
全臺計	1,707	1,707	29,876	80,154,540	

　　澎湖彈丸之地，但受私塾教育者，比例不低。又根據明治三十二年（1899）統計顯示，澎湖廳的塾館在日治初期已遍布各鄉；其中，在日治之前就已設帳約占 1／3，多數設立於嘉慶年間（實際數目可能還不止此數）；塾師多由童生擔任，俱有秀才身分的也有六人。〔註7〕這些塾師進入日本時代，有的以詩聞名，如陳梅峯、林介仁、吳爾聰、陳玉堂等。而學生從塾師學得哪些內容？澎湖文獻委員顏其碩敘書房教育云：

> 書房：係民間自延蒙師以教蒙童者，多利用祖廟或民家爲之。學生自帶桌椅，脩金厚薄不等。學齡、修業年限及課程，均無定制。常依學生希望，隨意教授。其教科書不外三字經、千字文、四書、尺牘、瓊林、古文、詩經而已。……自早至暮，不分時間，由教師對學生個別教學讀法，學生各自複習，至中午放課前各讀一遍。下午上課後，先習字一小時，再各自溫習，至下午放課前背誦一次。然後由教師解釋或指示在家復習之教材。〔註8〕

書房教育係以一人講授課業爲主，由民間自行延聘教師；〔註9〕授課地點多利用祖廟或民家；收費沒有統一標準；入學年齡不限；修業年限及課程，也都沒有定制；授課時間自早至暮；教學方法依學生需求，個別教授讀書法，學生各自複習，至中午放課前各讀一遍。下午上課後，先習字一小時，再各自溫習，至下午放課前背誦一次，然後由教師解釋或指示在家復習之教材。教科書爲三字經、千字文、四書、尺牘、瓊林、古文、詩經，這些都是奠定識字寫作的基礎。

〔註7〕　參考許雪姬總編纂：《澎湖縣志・教育志》（馬公市：澎湖縣政府，2005 年），頁 11。

〔註8〕　參見陳知青撰述：《澎湖縣志・教育志》，頁 63。

〔註9〕　清時書房的功能，除使一般子弟具有讀書識字能力外，協助學子進一步求取功名是極大之要務，業師苟能取得科舉功名身分，更能信服學子。

　　改隸之際，書房因爲戰禍而幾瀕於廢滅，等到臺灣人的反抗紛紛被鎮壓之後，書房才又漸次勃興。當時日人在臺灣除設應急的國語（日語）傳習所外，尚未建立新學制，於是總督府在著手調查書房等傳統的教育設施，進一步提議利用書房來灌輸日本的國家意識，培養日本的國民精神。明治三十一年（1898），總督府計劃以地方費設立公學校來取代國語傳習所時，也認爲書房乃是塑造臺灣人的思想規範——孔孟道德——的主要場所，與其禁絕而喪失民心，不如因勢利用，以書房教師充當公學校教師，課程也遷就現實，以一半的時間教漢文的句讀，因而擬定了「再興書院，利用書房，以圖國語（日語）之普及」的學政方針。當然，日人就此將書房納入管理，明治三十一年（1898）11月10日頒布了「關於書房義塾規程」，責成各地方州、廳據此分別訂定書房、義塾施行細則、舉辦書房教師講習會、書房教師檢定考試等，來逐步加強書房管理。〔註10〕然而實際上的管理效果並不好，明治三十六年（1903），臺灣書房的數目大約有公學校的十倍，學生人數也比公學校的學生多了四千餘人。〔註11〕

　　到大正六年（1917），公學校雖然已遍及澎湖各庄，書房教育依然在許多村莊占有一定的影響力。有些書房則根本沒有向州廳立案，卻仍然繼續存在。直到1930年代初期，公學校都只有3／10的就學率，很多學童都仍然一面上公學校，一面上書房，〔註12〕學童多半以半天入公學校受教，半天到書房學習漢文的方式，同時接受新式教育的洗禮，及漢文化的薰陶。臺灣的書房教育，因有才德的塾師逐漸凋零而沒落時，澎湖的私塾卻在昭和年間一度遽增，〔註13〕形成極特殊的情形，卻也說明了書房在澎湖漢學的影響力。

二、社學

　　社學，是舊制教育的公立小學。社學始於明洪武倣周禮詔天下：「每五十家設社學一所，延秀才之有學行者，訓迪軍民子弟。」〔註14〕漢人初移民來澎者，皆以私塾方式，教育啓蒙；迨滿清統治臺、澎乃有社學之創。政治力

〔註10〕　參考許雪姬總編纂：《澎湖縣志・教育志》，頁31。
〔註11〕　參考臺灣教育會編：《臺灣教育沿革誌》，頁15～24、236。
〔註12〕　參考許雪姬總編纂：《澎湖縣志・教育志》，頁31。
〔註13〕　同上註，頁31～32。
〔註14〕　參見胡建偉：《澎湖紀略》（臺北市：臺灣銀行經濟研究室，1961年）。

量所及，乃改私塾而爲社學。〔註15〕

　　清初澎湖設十二任巡檢司，巡檢惟十八員部屬，能成立澎湖十三澳數十社學，大抵由私塾書房改設。迨雍正五年（1727），設廳而任通判，自有更多僚屬，足資督促各澳社之社學。〔註16〕胡建偉《澎湖紀略》文事紀中載：

> 至本朝平定澎、臺，教育之廣，更遠迄於荒陬遐島。即裸人番社，亦莫不設有社學，何第中土而已耶！以故澎湖一十三澳，俱有塾以訓童蒙。大澳三、五處，小澳亦不下二、三處；雞窗燈火，大非蜑雨蠻烟之舊矣。但學必有師，師必有法，然後教可成而學可興。易曰：「蒙以養正，聖功也。」社學雖小，實乃大學之根柢。此時入手一差，後即難挽，不可不愼也。〔註17〕

清初澎湖成立社學，由書房改設而成，據《澎湖紀略》：「以故澎湖一十三澳，俱有塾以訓童蒙。大澳三、五處，小澳亦不下二、三處」推知乾隆三十一年（1766）前，澎湖十三澳有四十餘所書房，社學亦不下於此，由此見澎湖初等教育已頗可觀。雞窗燈火，朗朗讀書聲，禮樂教化，使得澎湖大非昔日之蜑雨蠻烟，見教化之功。惟社學是大學的根柢，基礎教育極爲重要，得愼選師資，見胡建偉對教育的用心。胡建偉繼之又言：

> 必如呂司寇所云：「選社師務取年四十以上、良心未喪（必有良心，始不誤人弟）、志向頗端之士，不拘已未入學。如果見識近正，音韻不差、文理粗通、講解亦是者，撥爲社師。」此擇師之法也。〔註18〕

通判胡建偉根據呂司寇〔註19〕所言做爲社學實施之方針。選師之條件爲：社師務取年紀四十以上者，個人修養注重志向端正，有良善之心，方不誤人子弟。若有見識近正，音韻不差、文理粗通、講解是者，也可撥爲社師，遂見師資以品德優者居先。而當時上課的內容、功能爲何？以及如何教導學生學習？據《澎湖紀略》載，仍承襲呂司寇之說：

> 「初入社學，八歲以下者，先讀『三字經』以習見聞，『百家姓』以

〔註15〕　參考陳知青撰述：《澎湖縣志・教育志》，頁64。
〔註16〕　參見《澎湖縣志・教育志》，頁65。《澎湖縣志・教育志》載雍正六年設澎湖廳通判，宜更正爲雍正五年。
〔註17〕　參見胡建偉：《澎湖紀略》。
〔註18〕　參見胡建偉：《澎湖紀略》。
〔註19〕　呂司寇（1536～1618），指呂坤，字叔簡，號新吾，寧陵人，明嘉靖進士，仕至少司寇。

便日用；『千字文』亦有義理，刊布社學，令之學習。念書先要數字，次要聯句，次要一句緊一句；眼既定則字不差，心不走則書易入；句漸緊則書易熟，遍數多則久不忘。每講書，就教童子向自家身上體貼；這句話與你相干不相干？這章書你能學不能學？仍將可法，可戒故事，說與兩條，令之猛省。他日違犯，即以所教之書責之，庶幾有益身心。至於作文寫字，歌詩習禮，但足以長其德性；而又有五禁以防其佻達，十戒以飭其行檢。」此教之法也。榕門陳中堂稱呂司寇因人設教，即知即行爲懇切而精要；眞篤論也。余竊取其法而行之。〔註20〕

社學所教之課程有：三字經，百家姓、千字文，與書房教材相近。透過這三種教材，讓學生擴展見聞、能日用、明義理。平時亦宣講「聖諭廣訓」〔註21〕，《澎湖紀略》載：「童子……能熟念「聖諭廣訓」者，即給予紙筆。」〔註22〕熟背者還頒給紙筆做爲獎勵。教學的方法，則由淺入深，循序漸進：先教童子數字，次要聯句，次要一句緊扣一句；眼既定則字不差，心不走則書易入；句漸緊則書易熟，遍數多則久不忘。而且要注意學生的品德教育，以書中所講之理爲行爲準則。每講書，就教童子向自家身上體貼，反省這句話與你相干不相干？這章書你能學不能學？還要將可效法，可鑑戒的故事，列舉幾條，令童子猛省。他日違犯，便以所教之書責之，這樣才有益童子身心。另亦要求學生作文寫字，歌詩習禮，以增長德性；防範學生錯誤行爲者：有五禁以防止學生佻達，十戒以飭拶學生行爲要檢點。那五禁？那十戒？據呂新吾〈社學要略〉載：「一禁成群戲耍。二禁彼此相罵。三禁毀人筆墨書籍。四禁搬唆傾害。五禁有恃凌人。」爲五禁。「一戒說謊。二戒口饞。三戒村語媟言。四戒愛人財物。五戒講人長短。六戒看人婦女。七戒交結邪人。八戒衣服華美。九戒捏寫是非。十戒性暴氣高。」〔註23〕爲十戒。總括而言，社學極重視品德教育，因此擇師後，對塾師教學品質的要求，也相當嚴格，定期、不定期

〔註20〕參見胡建偉：《澎湖紀略》（臺北市：臺灣銀行經濟研究室，1961 年）。

〔註21〕「聖諭廣訓」：清雍正二年（1724）出版的官修典籍，教化民眾，訓諭世人守法、應知的道理、應有的德行，以安定社會秩序。源於康熙《聖諭十六條》，雍正繼位後加以推衍解釋。清廷在各地推行宣講，並定爲考試內容。

〔註22〕參見胡建偉：《澎湖紀略》。

〔註23〕參見明・呂坤撰：《呂新吾先生去偽齋文集　十卷》，四庫全書存目叢書・集部 161，別集類（臺南縣：莊嚴文化，1997 年）。

的督察，以確保學生權益。《澎湖紀略》載：

> 每歲於二月中旬傳齊澎屬社師，考較一次。並仿程純公之法，於因
> 事入鄉時，親諧塾館，將兒童所讀之書正其句讀。若教不善者，則
> 易置焉；其勤而得法者，旌獎之。〔註24〕

每年二月中旬傳齊澎屬社師，定期考較一次。還有隨時督察的，通判有事入鄉時，便親諧塾館督導，除修正兒童所讀之書的句讀外，對於教不好的社師，就更換；勤而得法的，就旌獎，可謂賞罰分明。對於表現優良的學生也一定給予獎賞，《澎湖紀略》載：

> 童子能背書、能解說，並能熟念「聖諭廣訓」者，即給予紙筆，以
> 爲鼓勵。否則，訓誨之，使有勸、有恥。社學之教，庶幾由是而興
> 乎！〔註25〕

童子學習狀況良好的，能背、能解說，就贈予紙筆，以資鼓勵。反之，不認眞學習，未能熟讀的則訓誨他，使其心有所恥，能改過用功。胡建偉所督導的社學，其用心不下於今之國民小學教育，亦見清朝教育如何在澎湖扎根，使其成爲「海濱鄒魯」。

三、書院

中國書院教育，自漢初肇始，唐代奠基，盛行於兩宋，元明清初，大遭打擊，迨及滿清中葉，頗爲發展。清代治臺，規模舊制，迭有興革，除重建文廟外，續在臺灣各地設立儒學、書院、義學、社學等，以傳播儒家文化，培育地方人才。儒學是清代官方設在各府、州、縣、廳的正式學校，但是儒學在臺灣各地並非齊頭式的進行，相對於清初一府三縣設置儒學的迅速，清廷對澎湖地區就顯得非常不積極。〔註26〕澎湖隸清以來，未有儒學之設，〔註27〕亦即無庠序之教。澎湖高等教育要待到胡建偉設立書院始，書院之教

〔註24〕　參見胡建偉：《澎湖紀略》。

〔註25〕　同上註。

〔註26〕　康熙二十三年（1684）臺灣納入版圖之初，設臺灣府、臺灣縣、鳳山縣及諸羅縣，在府縣治成立的隔年就分別設了四個儒學。設於雍正元年（1723）的淡水廳，遲至嘉慶二十二年（1817）才設儒學；雍正五年（1727）設立的澎湖廳，則始終沒有等到任何一所儒學。（參考蘇碩斌：《看不見與看得見的臺北》，臺北縣：左岸文化，2005年，頁95。）

〔註27〕　吳爾聰三篇刻石〈文石書院沿革大要〉載日治時，將文石書院改爲孔子廟。（參見《澎湖縣志・教育志》，頁45。）

育，可謂清朝澎湖教育之重心，作育英才，傳遞文化，蔚起文風，其功德之重，自當千萬倍於「科舉」。〔註28〕

　　乾隆三十一年（1766），胡建偉任澎湖通判時，在文澳捐建「文石書院」。《澎湖紀略》言：

> 若夫右文重士，則國朝實有度越千古者焉。如會城鼇峰書院，於康熙五十年聖祖仁皇帝親灑宸翰，御賜「三山養秀」匾額……雍正十一年又命各省書院延師督課，頒賜帑金一千兩，永資膏火。書院之教，從此益興。……乾隆元年，當今皇帝御極之初，即頒諭旨，慎延講席，選擇生徒，肄業其中。並令酌仿　朱子白鹿洞規條，立之儀節；仿分年讀書方法，予之課程。……復於乾隆五年以學者入德之方，在乎辨志為己，訓飭大學諸生。大哉王言，誠萬世為學之標準也。〔註29〕

清朝書院興盛，並非官學未修，而是皇帝重視書院教育。乾隆特別頒諭旨，要慎延講席，仿朱子白鹿洞規條等。清書院介於官學與鄉學之間，補正式官學之不足，為半官半民之設置。〔註30〕清廷政府對於這種地方書院的設置，歷來表示重視，曾經諭示：「書院之制，所以導進人才，廣學校所不及。」〔註31〕自康熙四十三年（1704）始設，至光緒十九年（1893）止，臺灣的書院計三十七所。〔註32〕

　　書院是清時臺灣的文運中心，由各地方首長管理，書院主講稱山長，乾隆二十一年（1756）改為院長。主講由地方首長聘請，有時首長自行擔任。據《臺灣省通志‧教育志》所載，澎湖之文石書院，名列第十一；以地區而論，僅次於「臺南、彰化、雲林、嘉義、新竹」，為全臺第六地區；且在書院

〔註28〕 參見陳知青撰：《澎湖縣志‧教育志》，頁32。
〔註29〕 參見胡建偉：《澎湖紀略》。
〔註30〕 《臺灣省通志‧教育志》：「書院乃介於官學與鄉學之間者，在補正式官學之不足。」
〔註31〕 參見陳培桂：《淡水廳志‧學校志‧規訓》（臺北市：臺灣銀行經濟研究室，1993年），頁121。
〔註32〕 《臺灣省通志‧教育志》載：「書院……地方長官、如道臺、知府、知縣及各關係者分別管理之。其主講者原曰山長，迨乾隆二十一年（1756），改為院長。舉行月課，發給膏伙。為臺灣文運之中心。始設於康熙四十三年（1704），迨光緒十九年（1893），本省先後設立之書院，計三十又七所。」（參見張炳楠監修李汝和等修：《臺灣省通志‧教育志》，南投縣，臺灣省文獻委員會，民國58～62年。）

教育盛行初期——乾隆年間即已設置，地位實爲重要。又爲清朝澎湖培育人才的教育機構，意義尤爲重大。

　　文石書院於乾隆三十一年（1766）孟冬十月開始興建，迄於民國五十二年（1963）拆除改建至聖廟，前後共計二百零三年，教化無數人，對於澎湖地區文教的傳播，影響可謂無遠弗屆。胡建偉設置文石書院前，澎湖只有生員七人，〔註33〕胡別駕任內新進十三名。道光二十四年（1844），培成「開澎第一進士」蔡廷蘭，詩文有名於時。清末秀才陳梅峯、陳錫如、林介仁等進入日治時期，成爲全臺知名的詩人和教育家。終清之際，澎湖產生一位進士，辛齊光（嘉慶十八年欽賜舉人）、鄭步蟾（咸豐二年）、郭鶚翔（同治九年）三位舉人，二百位以上的秀才，澎湖文風興盛，實淵源於文石書院作興教育、培植人才之力。

第二節　詩社與漢學復興運動

　　臺灣漢詩的發展，自明末沈斯庵開始萌芽，歷經清代早中期遊宦人士的培育與滋潤，在清末的斐亭詩社與牡丹詩社初見茁壯，日治時期讀書人藉詩發洩其苦悶，加以統治當局的刻意籠絡，臺灣傳統漢詩乃有風起雲湧的趨勢，詩社林立，寫下臺灣文學史上輝煌的一頁。

　　當時漢詩儼然成爲當時臺灣社會的全民運動，而追本溯源，民間的書房教育，實是扮演幕後推手的重要角色，〔註 34〕而這群幕後推手即是一批無法再參加科考的前清秀才。他們設立詩社，以學詩爲名避免日人之干涉。澎湖第一個成立的詩社即爲清代之秀才、貢生、童生，如馬公之蔡汝壁、許縉纓、林維藩、高遜人、陳錫如、蔡錫三、林裕堂、鮑迪三；湖西之陳梅峯、吳爾聰、陳鑑堂、洪少陵；白沙之許凌雲；西嶼之楊棋等前輩爲核心，影響所及，促使後輩奮而繼起。〔註35〕平日在自己的鄉里教學，擊鉢會時則羣聚於孔廟，待至門生羽翼漸豐，又再輔導成立另一詩社。區區澎湖，日治時期曾同時存在西瀛吟社、蓮社、小瀛吟社、文峰吟社四個詩社，不可不謂枝繁葉茂；還成立「漢學研究會」，期漢學不墜。甚感驕傲的是，全臺第一個女性詩社——

〔註33〕參見胡建偉：《澎湖紀略》。
〔註34〕參見林文龍：〈詩人張達修手稿學齋旅稿初探〉，《臺灣文獻》第 60 卷第 1 期，2009 年 3 月 31 日。
〔註35〕參考莊東撰述：《澎湖縣誌‧文化志》，頁 79。

蓮社，誕生於澎湖。以下就成立先後介紹之：

一、西瀛吟社

日治時期的臺灣，詩風既盛，漢詩人口也分佈至各階層，上至達官紳富，下至販夫走卒，其普及眞是前所未有。當年太虛法師來臺，見臺灣詩社林立，不禁讚歎云：「覺延平故國雖淪異化，而夏聲猶振；回顧中原，乃反若已消沈於殊俗者，憮然久之！」〔註36〕澎遺老，愛國鄉賢，茂才碩彦，蔡汝璧、陳梅峯、陳錫如諸先生也聞風響應，不落人後，廣集志同道合者，也成立詩社。但是創社於何時？詩社名稱爲何？文獻所載各異，諸家說法不同，各執一說，莫衷一是。

詩社名稱有言「澎湖詩社」，有言「澎瀛吟社」，有言「西瀛吟社」。至於創社時間，文獻記載極爲紛亂，有言創於民前七年、民前五年、民前一年、民國八年。諸說紛紜，筆者遂就此問題，深入翻閱、考證史料，再細究諸論得宜否？

（一）詩社異名

茲將所載及此詩社名稱之文獻，臚列於下：

1. 與詩社最直接的文獻是陳錫如的〈西瀛詩社緒言〉〔註37〕：

文章與世道而轉移，詩學歷古今而不變，士生今日，勢異當年，既不能以時文制藝，弋取功名，亦何妨以詩詞歌賦，實徵學問，此有志之士，所以聞風興起，冀維持漢學於不墜者也。臺澎自改隸以來，文風丕變，詩學勃興。台北有瀛社，台中有櫟社，臺南有南社，新竹有竹社，此外又有羅山吟社、瀛東小社，以及蘭社霧社、螺峰吟社等。彼此唱酬聯絡一氣，甚盛事也。我澎雖海中島嶼，僻處西偏，而考當日之文風學術，尚獲有海濱鄒魯之稱，今則台地吟壇高築，詩幟飄揚，而我澎獨偃旗息鼓，寂寂無聞，是先輩文學之聲名，至吾輩而漸減淨盡。興思及此，慚愧良多。不佞生斯長斯，才疏學淺，

〔註36〕參見林文龍：〈省文獻會與漢詩關係初探〉，《臺灣文獻》第 59 卷第 2 期，頁139～140。臺灣銀行經濟研究室編：《臺灣詩薈雜文鈔》（臺北市：臺灣銀行經濟研究室，1966 年），頁 52。

〔註37〕莊東撰述：《澎湖縣誌・文化志》書〈西瀛吟社序言〉。據吳爾聰先生遺留文稿有此篇文章，題爲〈西瀛詩社緒言〉；《留鴻軒詩文集附女弟子詩鈔》一書所錄題目亦爲〈西瀛詩社緒言〉，但皆未註錄撰寫年代。

自知雕蟲技拙，刻鵠未能，第以承先有志，啓後爲懷，爰與蔡廣文
汝璧、陳茂才梅峰兩先生，暨友人陳君鑒堂、吳君爾聰、蔡君錫三、
鮑君迪三等，首倡集議，廣招我澎之文人學士、品行端方者，計四
十餘人組織一詩會，名曰西瀛吟社，每月按期聚會一次，擬題限韻，
輪流值東，使各社友相關而善，旦夕揣摩，功名雖無望，而學問則
有成，不特可與台島諸詩社，並駕齊驅，而我澎之文學，亦得藉此
延一線於將來，詩社之設，不外乎是。〔註38〕

就創辦人之一陳錫如此文所言，計四十餘人組織一詩會，名曰西瀛吟社，最
是清楚不過了。

2. 蔡旨禪〈留鴻軒詩文集附女弟子詩鈔序〉云：

吾師紫髯翁諱鍾靈字錫如別號近市居士……專以維持漢學爲己任，
己未歲倡設西瀛吟社於故里……〔註39〕（標點筆者所加）

蔡旨禪是陳錫如的女弟子，《留鴻軒詩文集附女弟子詩鈔》是她和同門蔡雲
錦、蔡月華共同編集而成，在序文中明言其師，己未歲（大正八年，1919）
在澎湖倡設「西瀛吟社」，所用名稱與其師相同。

3. 《澎湖縣誌‧文化志》載吳爾聰、高雲、紀雙抱、郭石頭，民國四十
年六月十一日之重興西瀛吟社啓文，〈重興西瀛吟社啓〉：

台澎自甲午割讓後，台地詩社驟然林立，吾澎蔡汝璧廣文、高遊仁、
陳梅峯兩茂才，與諸宿儒遺老，亦創一社相與唱和，初名澎湖詩社，
後改稱西瀛吟社。

就〈重興西瀛吟社啓〉文所載，澎湖首創詩社初名爲「澎湖詩社」，後改稱「西
瀛吟社」。這是「澎湖詩社」異名之首見。

4. 民國六十二年第七任西瀛吟社社長顏其碩將數十年社員心血累篇成
冊，定名《西瀛詩叢》第一輯。〔註40〕五月十五日撰〈西瀛詩叢跋〉：

西瀛吟社，係由本澎忠貞宿儒，故蔡汝璧、陳梅峯、陳錫如諸先生
等，爲保存固有文化，涵養民族精神起見，於距今六十餘年前之日
據時代所創設。

文首直稱「西瀛吟社」。

〔註38〕 參見陳錫如：《留鴻軒詩文集附女弟子詩鈔》（高雄市：荃洲吟社，昭和二
年）。
〔註39〕 同上註。
〔註40〕 參考許雪姬編纂：《續修澎湖縣志》，頁31。

5. 《澎湖縣誌・文化志》第四章「文化事業」載：

> 西瀛吟社：
>
> 本詩社創立於民前五年，為本縣最早成立，而維持最久之詩社，至
> 今仍在繼續活動。〔註41〕

《澎湖縣誌・文化志》以「西瀛吟社」稱澎湖首創詩社。

　　以上文獻所載，就當事人所言，正式創社是命名為「西瀛吟社」，但就〈重興西瀛吟社啟〉所言，筆者推論蔡汝璧、陳梅峯、陳錫如諸先生在正式對外公開之前，早有雛形，初名澎湖詩社。「西瀛吟社」創設後，諸儒士輔導弟子另又結社，但因儒師相繼去逝，最後還是合併為一，歸於西瀛吟社。後人談到澎湖詩社，所指就是西瀛吟社；西瀛吟社就是澎湖的詩社，二者異名同指。

（二）詩社成立時間

　　西瀛吟社成立的年代眾說紛紜，就澎湖縣西瀛吟詩會出版之《西瀛詩叢》，主張民前七年，目前詩社成員皆據此。《澎湖縣誌・文化志》載，成於民前五年。胡巨川據高攀氏有「絕筆於今十七年」之句，指為割臺後第十七年；以及大正十三年（1924）《臺南詩報》〈澎湖通訊〉一文，有辛亥年之語，主張創於民前一年，引起軒然大波。下舉諸說以窺其貌。

1. 《澎湖縣誌・文化志》之說

　　就《澎湖縣誌・文化志》所載關於該詩社之成立時間頗為混亂，前載成立於民前五年（1907），所引證據卻顯示民前一年（1911），以及民前七年（1905），前後不一致。〈文化事業・漢學復興運動與詩社之創立・西瀛吟社〉云：

> 本詩社創立於民前五年，為本縣最早成立，而維持最久之詩社，至
> 今仍在繼續活動。〔註42〕

就該文所言，西瀛詩社創立於民國前五年（1907），但是在文後又云：

> 當吟社成立首次集會之時，有馬公鎮人高攀氏成七絕一首，充分流
> 露其當時之心情。詩云：絕筆於今十七年，文章遭劫亶自然，〔註43〕

〔註41〕 莊東撰述：《澎湖縣誌・文化志》，頁 76。

〔註42〕 莊東撰述：《澎湖縣誌・文化志》，頁 76。

〔註43〕 胡巨川〈澎湖縣詩社淺探〉：「文章遭劫亶其（川註：『自』字應為『其』）然」，
　　　　將「亶自然」改為「亶其然」（刊於《硓𥑮石》第 26 期，澎湖縣立文化局季

丁期怡好開吟社，運會從茲亦轉焉。

高攀爲光緒十四年生員，若就此詩：「絕筆於今十七年」之文意判斷，當從 1895 年臺澎割讓與日本起，往後推十七年，該詩社當成立於 1911 年，亦即民前一年。此與前所說「民前五年」自相矛盾。後文又言：

> 茲錄其有關文徵三篇以資參閱，……其一，西瀛吟社序言……臺澎自改隸以來，文風不變，詩學勃興。台北有瀛社，台中有櫟社，臺南有南社，新竹有竹社，此外又有羅山吟社、瀛東小社，以及蘭社霧社、螺峰吟社等。彼此唱酬聯絡一氣，甚盛事也。我澎雖海中島嶼，僻處西偏，而考當日之文風學術，尚獲有海濱鄒魯之稱，今則台地吟壇高築，詩幟飄揚，而我澎獨偃旗息鼓，寂寂無聞，是先輩文學之聲名，至吾輩而漸滅淨盡。興思及此，慚愧良多。……廣招我澎之文人學士、品行端方者，計四十餘人組織一詩會，名曰西瀛吟社，……

民前七年　陳錫如　作

篇末署爲「民前七年陳錫如作」，不知所據何處，《留鴻軒詩文集附女弟子詩鈔》中〈西瀛詩社緒言〉以及澎湖宿儒吳爾聰所留下的文稿〈西瀛詩社緒言〉，皆未註錄撰寫年代。《澎湖縣誌・文化志》註明此文作於民前七年，那該社成立時間又與前說民前五年不符。再據上文所言，西瀛吟社組成時，瀛社、櫟社、南社、竹社，羅山吟社、瀛東小社，蘭社霧社、螺峰吟社已成立。櫟社成立於民前十年（1902），最早。但是南社成立於民前六年（1906），瀛社成立於民前三年（1909），羅山吟社成立於民前一年（1911）。民前七年（1905），這些詩社都還沒有成立，陳錫如不可能列出他們的名字。西瀛吟社之成立當不早於上述諸詩社，何以文後記載陳錫如撰文時間是在民前七年（1905），與內文時間出入，不允合。

《澎湖縣誌・文化志》未詳實考證，言民前五年（1907）成立，所引文徵卻是民前一年（1911）以及民前七年（1905），自相矛盾。所言民前五年（1907）創社，不知據何？未註明。

2. 紀雙抱之說

紀雙抱書匾「澎湖西瀛吟社」，懸掛在「一新社清虛閣」（今「澎湖縣西

刊，2002 年 3 月，頁 103）筆者認爲「亶自然」義無不通，應保留原引文，除非有新出土文物加以爲證，否則不宜更動。

瀛吟社」社址），匾右上方特題註云：

> 民前七年（光緒三十一年乙巳）首創澎湖詩
> 社　民前五年（光緒三十三年丁未）改稱西
> 瀛吟社

從註文見紀雙抱紀西瀛吟社在民前七年（1905）時
稱澎湖詩社，民前五年（1907）改稱為西瀛吟社。
看來《澎湖縣誌・文化志》所說或源於此。

3. 蔡旨禪之說

蔡旨禪〈留鴻軒詩文集附女弟子詩鈔序〉云：

> 吾師紫髯翁，……己未歲倡設西瀛吟社於故
> 里。〔註44〕

據陳錫如女弟子蔡旨禪所言，「西瀛吟社」創於己
未歲，即大正八年（民國八年，1919），這一時間
又與上述年代不同。這是後人未曾論及的年代。

4. 顏其碩之說

顏其碩將數十年社員心血累篇成冊，定名《西
瀛詩叢》第一輯。〔註45〕五月十五日撰〈西瀛詩叢
跋〉：

> 西瀛吟社，……附西瀛吟社歷任社長副社長一覽
> 自民前一年至民國元年　社長　蔡汝璧

顏其碩所記歷任社長副社長，是從民前一年記起，透露他所認知的西瀛吟社，
成立於此年。

5. 吳克文之說

現今吟社成員最普遍的看法是成立於民國前七年（1905），吳克文〈慶祝
西瀛吟社創立八十週年紀念特刊〉序文云：

> 如吾澎湖，亦於民前七年（光緒乙巳年）十一月，由地方宿儒蔡汝
> 璧、林介仁、陳梅峯、陳錫如等諸老師，因鑒於當時，為日人所侵
> 據，基於民族大義，恐漢學之式微，……發起設立詩社之舉，……

圖 上編 2-2：紀雙抱
「澎湖西瀛吟社」匾

〔註44〕參見陳錫如：《留鴻軒詩文集附女弟子詩鈔》（高雄市：苓洲吟社，昭和二年
　　　　十二月十一日發行）。
〔註45〕參考許雪姬編纂：《續修澎湖縣志》，頁31。

立組織一詩社，初名「澎湖詩社」，旋易名「西瀛吟社」。〔註46〕

「由地方宿儒蔡汝璧、林介仁、陳梅峯、陳錫如等諸老師……立組織一詩社」，此段文字與陳錫如〈西瀛詩社緒言〉有出入，吳克文多列出林介仁。就林介仁「丙午年在馬巷下山頭鄉柏葉堂祠堂啓館聯」，斷定民國前七年（1905），林介仁人還在福建。

6.胡巨川之說

學者賴子清〈古今臺灣詩文社〉認為西瀛吟社創立於民前二年（1910）〔註47〕；廖雪蘭言創立時間為民前一年（1911）〔註48〕，但皆未註明所據。胡巨川先生〈澎湖縣詩社淺探〉一文持民前一年（1911）的說法。胡巨川詳閱當時報章雜誌，作一番考證。〔註49〕然其論亦有多處待商榷，論述於下：

（1）胡巨川〈澎湖縣詩社淺探〉云：

> 陳錫如所寫的那篇文章的題目，並不是像《縣誌》所引的〈西瀛吟社序言〉。在陳錫如的《留鴻軒詩文集附女弟子詩鈔》一書中的題目是〈西瀛詩社緒言〉，也就是說，他是在為西瀛的詩社寫一些來龍去脈，並不是為「西瀛吟社」的創立寫「序言」。〔註50〕

胡巨川將緒言與序言意思加以區別，認為陳錫如所寫的那篇文章，應該是「緒言」，而不是「序言」。進一步論說他是在為西瀛的詩社寫一些來龍去脈，並不是為『西瀛吟社』的創立寫『序言』，此處值得商榷。就此篇文章內容來看，就是為『西瀛吟社』的創立所寫，陳錫如〈西瀛詩社緒言〉結語「詩社之設，不外乎是，此啓。」可證。可看到的是用「緒」字，而不用「序」字，有特意區別寫在詩文集前後的「序」。此是交待西瀛吟社成立的原因，故用「緒」

〔註46〕 參見《慶祝西瀛吟社創立八十週年紀念特刊》（澎湖縣：澎湖縣西瀛吟詩會，民國七十三年歲次甲子十一月出版）。

〔註47〕 參見賴子清：〈古今臺灣詩文社〉，《臺灣文獻》第 10 卷與第 11 卷第 3 期，民國 48 及 49 年。

〔註48〕 參見廖一瑾：《臺灣詩史》第二章〈臺灣之詩社〉（臺北市：文史哲出版社，1998 年），頁 37。廖氏此欄資料訛誤處：在「社員及事略」欄寫著「蔡、陳等三人邀集地方人士所創立，時假文石書院開擊缽吟會。」「主持人」寫「蔡汝璧、陳梅峯、陳錫如」，就此看應是指「澎湖縣西瀛吟社」，但是在「詩社」欄卻寫「羅山吟社」，「地點」欄寫「嘉義縣」。

〔註49〕 胡巨川：〈澎湖縣詩社淺探〉，《硓𥑮石》第 26 期，澎湖縣立文化局季刊，2002年 3 月，頁 102～107。

〔註50〕 胡巨川：〈澎湖縣詩社淺探〉，《硓𥑮石》第 26 期，澎湖縣立文化局季刊，2002年 3 月，頁 104。

字。下文胡巨川又云：

> 而他這篇「緒言」也絕對不是《縣誌》編者所加附註所說的「民前
> 七年陳錫如作」，因爲他在文中說：「臺澎自改隸以來，文風丕（川
> 註：「不」字應爲「丕」）〔註51〕變，詩學勃興。臺北有瀛社，臺中
> 有櫟社，臺南有南社，新竹有竹社，此外又有羅山吟社、瀛東小社、
> 以及蘭社、霧社、螺峰吟社等。」依據賴子清〈古今臺灣詩文社〉
> 一文的研探，南社創立於光緒三十二年即民國前六年（1906），瀛社
> 創立於宣統元年即民國前三年（1909），羅山吟社創立於宣統三年即
> 民國前一年（1911）。亦即，民國前七年（1905），這些詩社都還沒
> 有成立，陳錫如不可能列出他們的名字。〔註52〕

至此所論甚是。就陳錫如文中所言四十餘人所組織之詩會「西瀛吟社」，當不
早於民前七年。而陳錫如〈西瀛詩社緒言〉應該不是寫於民前七年，那應該
是寫於何時呢？胡氏認爲極可能是在民國十四年（1925），其論述如下：

> 《留鴻軒詩文集》上中兩卷都是文集，是按論、說、議、策；辯、
> 記、檄、序的文體別編排的，同體則多依時序排列。這篇緒言排在
> 他民國十一年〈旗津吟社徵詩初集序〉及十二年〈旗津吟社徵詩續
> 集跋〉之後，應當是寫於他回澎過60大壽並在澎湖的留鴻軒廣收男
> 女弟子，教授詩文之際。也就是他和陳梅峯重整西瀛吟社之後。極
> 可能是在民國十四年乙丑，寫有乙丑的干支紀年，《縣誌》編者可能
> 因字跡模糊或其他原因，如認爲不可能寫於乙丑年而誤爲乙巳，才
> 會說「民前七年陳錫如作」。〔註53〕

胡巨川言：「《留鴻軒詩文集》上中兩卷都是文集，是按論、說、議、策；辯、
記、檄、序的文體別編排的，同體則多依時序排列」，據以推論〈西瀛詩社緒
言〉寫在〈旗津吟社徵詩初集序〉及〈旗津吟社徵詩續集跋〉之後。筆者查
閱《留鴻軒詩文集》並未完全依時序排列，其〈驅除孟賊檄　仿驅鱷魚文〉一
文寫於大正十五年（1926），卻置於〈驅疫鬼檄〉（寫於大正九年）之前。胡
巨川這樣的推論，證據太薄弱。

〔註51〕 此處胡氏可能誤看，原文本來就是寫「文風丕變」。
〔註52〕 胡巨川：〈澎湖縣詩社淺探〉，《硓𥑮石》第 26 期，澎湖縣立文化局季刊，2002
　　　　年 3 月，頁 104。
〔註53〕 胡巨川：〈澎湖縣詩社淺探〉，《硓𥑮石》第 26 期，澎湖縣立文化局季刊，2002
　　　　年 3 月，頁 104。

(2)胡巨川引用大正十三年（1924）5 月 29 日的《臺南新報》7999 號，
　　一則與澎湖詩社相關的文字，云：

> 自辛亥年陳梅峯、陳錫如兩氏，赴南社大會有感，回澎後，遂創設
> 澎瀛吟社。每月以一律一絕爲課。成立有八年之久，後因各主幹者，
> 或住民國，或寓臺陽，故擊鉢雖常開，而月課則停歇。本年，陳錫
> 如氏自旗津歸來，與陳梅峯氏倡首，重整旗鼓，再開筆戰。本期課
> 題爲澎湖文石，七絕陽韻，限六月十五日交馬公街埔仔尾書房鮑梁
> 臣處。凡屬我澎人士僑臺者，當速投稿爲盼。（新式標點符號爲筆者
> 所加）

胡巨川據此段文字作了四點論斷：第一、澎湖之所以能有詩社是陳梅峯和陳
錫如參加了南社的大會後才創立的。第二、澎湖的第一個詩社叫做「澎瀛吟
社」，不是「澎湖詩社」或「西瀛吟社」。第三、澎瀛吟社係創立於辛亥年，
即民前一年。第四、澎瀛吟社成立之後，活動了八年之久，到民國七年左右
停止。

　　關於第一點說法，陳錫如和陳梅峯參加了南社大會，有感於臺灣本島諸
多詩社成立，而澎島尚未成立，遂興起成立詩社之願。在陳錫如〈西瀛詩社
緒言〉中雖未明言是因參加南社大會後有此念，但就緒文所言，受臺島諸多
詩社成立的刺激，遂起創社之念，有可能是參加了這大會，受到啓發。胡巨
川所言此點可理解。

　　至於第二點說法，僅就此則資料即斷定澎湖的第一個詩社叫做「澎瀛吟
社」，不是「澎湖詩社」或「西瀛吟社」，筆者認爲可再商榷。報章雜誌刊登
新聞，嘗未查證，時有資料訛誤現象。據《澎湖廳志》所載：「澎湖一名澎
瀛，猶言澎海也；或謂之西瀛，以臺灣別號東瀛，澎在台西，故稱西瀛也。」
〔註 54〕即以具有大海或池中義之「瀛」爲通用地名詞，以相關位置「西」或
「澎」爲專用地名詞，與臺灣本島對稱之。〔註 55〕澎湖、澎瀛、西瀛所指一
也，若未加考察詩社之名，以地名冠於前成爲一種泛稱，其所指可能是「回
澎湖創立詩社」，而非一專有名詞。胡巨川又言：

> 前節《臺南新報》民國 13 年 5 月 29 日的報導之後，並沒有看到澎

〔註 54〕 參見林豪纂輯：《澎湖廳志》（臺北市：臺灣銀行經濟研究室，1963 年 6 月）。
〔註 55〕 參見洪敏麟：《重修臺灣省通志・卷三・住民志・地名沿革篇》（臺中市：臺
　　　　　灣省文獻委員會，1995 年）。

瀛吟社將重新後的〈澎湖文石〉課題選錄送刊。直到 10 月 30 日，又有 8153 號〈澎湖特訊〉云：「吟社擊鉢　　西瀛吟社，去十三日開擊鉢吟會於天后宮後樓，社員二十餘人。題□夷看護婦，方詠格詩鐘，計得六十餘聯，推李修文、陳梅峯爲左右詞宗。評選後左右元爲鮑迪三、歐水晶所獲。然後開筵暢飲，至夕陽而散去。」也就是說，假設澎湖的第一個詩社是澎湖詩社或澎瀛吟社，在民國 13 年重整以後，就已改名爲西瀛吟社了。此後，《臺南新報》上，在民國 13 年 11 月 14 日，14 年 3 月 6 日、3 月 17 日、11 月 12 日都有西瀛吟社的報導，「西瀛吟社」這個名字終於定下來了。另一種假設是《臺南新報》前此的報導中，「澎」字是「西」字之誤，那麼，澎湖根本就沒有所謂「澎湖詩社」或「澎瀛吟社」的存在，而一直祇有一個西瀛吟社也說不定。〔註56〕

胡巨川在此作了兩項推測：一是澎湖的第一個詩社是澎湖詩社或澎瀛吟社，在民國十三年（1924）重整以後，就已改名爲西瀛吟社了。二是《臺南新報》的報導中，「澎」字是「西」字之誤，那麼，澎湖根本就沒有所謂「澎湖詩社」或「澎瀛吟社」的存在，而一直祇有一個西瀛吟社。此一推斷與上文「澎湖的第一個詩社叫做『澎瀛吟社』，不是『澎湖詩社』或『西瀛吟社』」，又自相矛盾。

關於第三論點，言澎瀛吟社係創立於辛亥年，即民前一年（1911）。若就報紙所載，而否定當事人紀雙抱、蔡旨禪之說，實亦讓人心有不安。但令人困擾的是，何以此二人之說又不同？

就一生與西瀛詩社關係密切的澎湖耆老紀雙抱，許雪姬編纂《續修澎湖縣志‧人物志》云：

> 紀雙抱（1891.10.20～1985.1.7），字經才，號全德。文澳雙頭掛社人（今馬公市興仁里）。九歲失怙，於「居易堂書院」從林介仁、吳爾聰學習。十八歲學成，任教於興仁、薛裡、媽宮三書房。十九歲加入西瀛吟社傳播詩學，歷經 76 年持續不輟。〔註57〕

若所載無誤，紀雙抱十九歲，正是明治四十二年（1909），足見最遲民前三年

〔註56〕　胡巨川：〈澎湖縣詩社淺探〉，《硓𥑮石》第 26 期，澎湖縣立文化局季刊，2002 年 3 月，頁 107。

〔註57〕　參見許雪姬編纂，《續修澎湖縣志‧人物志》，頁 51。

（1909）澎湖詩社已成立，當不晚至民前一年才成立。八十七歲於匾右上方特別標註的年代，當事人的親身經歷，似乎可信。但是與紀雙抱同期的蔡旨禪，寫於大正十五年（1926）的〈留鴻軒詩文集附女弟子詩鈔序〉，記載的卻是「己未」年（1919）。何者才是西瀛吟社創設的年代？實讓人墜於五里霧中。

就今西瀛吟社活動場所，「一新社」所遺留下來文物，以及當時文獻記載，和從清朝、日治文人延續至今的子嗣之口述歷史，筆者認為：不管是澎湖詩社，澎瀛詩社或西瀛詩社，西瀛吟社創社始末，大概可掌握的是，日治時期，澎湖文壇先輩蔡汝璧、陳錫如、陳梅峯等人有感於臺灣各地已有許多詩社成立，而澎湖自古即是個文風鼎盛的地方，怎麼可以任其荒廢，如此將愧對澎湖先賢，因此召集澎湖文士假舊文石書院成立詩社，開擊鉢吟會。陳錫如有〈文石書院雅集〉二首，云：「漢學銷沉已有年，今朝唱詠亦奇緣。吟壇高築明倫地，重見文風振海邊。」、「文章高閣束多年，且喜今朝重結緣。舊是胡公興學地，同聲唱和樂無邊。」〔註 58〕能夠重拾漢學，吟詠創作，詩人喜悅之情見於言表。

吟社成員以清代的秀才、貢生、童生，諸前輩為核心，吸引了大批文士加入，成立之時共有成員四十餘人。澎湖知名的文人幾乎都加入了這個組織，吟社的成立，實為地方上之大事，也展現了澎湖人在詩壇上的實力。

詩社成立後，由蔡汝璧擔任首任社長，每月按期聚會一次，其間每逢孔廟春、秋祭典之日，均集合於文石書院舊址，舉行聯吟大會。透過詩社活動，按期聚會吟詩，保存固有文化，涵養民族精神，使不忘祖國的根源。受日人統治五十年，日人一心想摧毀大漢民族的精神，施行皇民化政策，卻未得逞，吟社功不可沒。

《臺灣詩薈》第四號（民國十三年五月）「騷壇紀事」欄載：

西瀛吟社（澎湖）　為陳梅峯陳錫如二氏所主宰。設立己〔註 59〕十餘年。現有社員六十餘人。其中旅寓各處。隸籍於旗津萍香礪研等社。然仍互通聲氣。四月十五日。假舊文石書院。開擊鉢會。題為詩將。得詩數十首。獲首選者為陳月樵陳瑾堂二氏。〔註 60〕

〔註 58〕詩見於陳錫如：《留鴻軒詩文集附女弟子詩鈔》。
〔註 59〕按：「己」應為「已」之誤。
〔註 60〕參見連橫：《臺灣詩薈》（南投市：臺灣文獻委員會，1992 年），頁 269～270。

載澎湖西瀛吟社除假文石書院開擊鉢會外，枝葉亦繁衍於外，社員旅寓各處，在當地又成立詩社，並與母體澎湖互通聲氣，形成熱絡的文學網。

　　1945 年臺灣脫離了日人統治，澎湖耆宿吳爾聰亦再三的鼓吹需設漢文私塾，以俾臺澎青年得爲我國完全國民。〈漢文復興芻言〉一文云：

　　日本治臺多行愚民政策，廢臺灣公學校漢文科，並禁設漢文私塾，
　　雖當時僕在全廳教員會席上，提出反對抗議，終歸無效。臺灣友人
　　台中州霧峯林獻堂先生亦對督府民政長官提出漢文存在之必要，意
　　見仍無效果。自是以後台澎之青年目不識丁者到處皆是，誠爲遺
　　憾。今台澎既已收回，愚見以爲宜令各村開設漢文私塾，以補救
　　之，俾台澎青年得爲我國完全國民，實爲當務之急也。僕不揣冒昧
　　謹獻芻言，以冀千慮一得爲，若得長官俯納一、二，則僕之萬分光
　　榮也。〔註61〕

吳爾聰憤慨的表示日本治臺多行愚民政策，廢除臺灣公學校漢文科，並禁止設立漢文私塾。當時吳爾聰在全廳教員會席上，提出抗議，但仍無效。臺中州霧峯林獻堂先生亦對督府民政長官提出漢文存在之必要，意見仍無效果，臺澎青年目不識丁者到處皆是。今臺、澎既已收回，吳爾聰大聲疾呼，宜令各村開設漢文私塾，教導青年識漢字。先輩對於保存漢文化，不遺餘力。

　　第二次世界大戰時，因國際情勢日趨緊迫，詩社不得不停止活動。迨光復後，爲響應全國詩人大會之舉，民國四十年（1951）六月，復由吳爾聰與高雲、紀雙抱、郭石頭諸名士，發起重興詩社。西瀛吟社亦在其手中繼續成長。

　　戰後臺灣文學的大環境，白話文學興盛，又因日治時期的詩學中堅分子逐漸凋零，古典詩隨之勢微，西瀛吟社亦因社長吳爾聰民國四十五年（1956）十一月去世，一度走向分裂。光復後學校教育制度也趨完備，書房之漢學教育沒落，澎民漢學基礎大不如清代、日治時期，古典詩創作亦隨之大不如昔。雖如此，西瀛吟社還是繼續維持著，仍有一批由日治走到民國的詩人，不斷的爲漢詩努力，並積極參與澎湖文獻之保存。民國四十八年（1959），莊東擔任社長，極力爭取活動經費，改以每月用通信方式，按時出題徵詩，經評選後將成績印贈社友及有關方面，並刊登於報紙、雜誌，廣爲宣揚。民國五十八年（1969）八月起，爲期增進社友連繫，直接交換意見，藉收切磋觀摩之

──────────────
〔註61〕參見吳爾聰先生遺稿。

效，乃改通信徵詩爲擊鉢吟會。戰後詩社負起復興中華文化，宣揚國粹，特別加強提倡振興國學，轉移社會風氣，著重配合國策，課題每注意選擇富有宣傳政令，改善陋習或陶冶德性之題目。顏其碩等集刊西瀛吟社民國五十年（1961）以後之擊鉢詩作，題爲「西瀛詩叢第一集」。

西瀛吟社可謂臺、澎數一數二的常青詩社。日治臺灣本島的詩社，到戰後多已不存在或分裂，但澎湖的西瀛吟社至今仍每月固定有擊鉢吟會，陸續亦有詩集印行。近些年來，臺灣著重地方特色發展，各地方掀起文化工作室，發揚各地文化特色，曾任西瀛吟社社長的陳鼎盛與陳國彥，致力於書寫澎湖特產、風情，如澎湖茱瓜、家寶瓜、花生糖、黑糖糕、牽罟、石滬、蒙面女郎等等，題材大爲擴展，使得澎湖古典詩展現另一生命氣息，頗有揚帆再起之勢。

二、漢學研究會

西瀛吟社成立不久，同仁又發起創立漢學研究會，對日人意圖同化臺胞之政策，有莫大之抵制作用。日治五十年之久，而一般民間習俗尚能保舊有風範者，首推漢學復興運動之功。〔註62〕筆者不憚其煩全錄吳爾聰〈創立漢學研究會旨趣書〉〔註63〕，以俾了解其概：

> 聖道衰替之秋，曲學爭鳴之會，凡腳根未定，識力未堅者，鮮不爲異說所惑，而尤以青年爲甚。苟非奉聖賢爲依歸，以詩書爲甲胄，以禮義爲干櫓，而欲與外界惡思想戰，惡學說戰，厥道無由。漢學爲東洋文化之祖，輝耀五大部州，彪炳四千餘載，大則天經地義，小至草木禽魚皆備載于聖經賢傳；而且所言之理，通諸古今不謬，施之中外不悖，吾人宜守爲箴規，拳拳服膺而弗失者也。無如我臺改隸以來，世人多重新學，輕舊學，祇求日用普通知識，不修漢文專科。四書、六經久已束諸高閣。雖邇來詩社林立，如爲雨後春筍，亦祇吟咏風月，寄興遣懷，而于聖賢微言奧旨，仍隔諸五里霧中也。嗚呼！當此漢學絕續之交，即聖人道統興亡之局，不有人焉起而維持之，必至泯焉漸滅，後之人雖欲研究之，孰從而研究哉？然聖道隆污，士人有責，僕因不揣棉力，爰邀二三同志募集人員，欲組織

〔註62〕參考莊東撰述：《澎湖縣誌・文化志》，頁78～79。
〔註63〕莊東撰述《澎湖縣誌・文化志》中錄有此文，文末加註「年月與作者不詳、待考」，筆者閱讀吳爾聰遺稿時發現此文是吳爾聰所撰。

一漢學研究會，以經書爲主，以詩詞爲副，互相切磋，交換學識，
則所以促進文學之向上者以此；所以引導思想之善化者亦以此；則
所以捍衛先聖之至道者亦無不以此。今當募集伊始，聊擬數言，俾
知立意之所在焉。

在新、舊文學激辯中，澎湖之文人學士，身雖在異族統治的環境中，心仍思
漢，一心想重振舊學於衰頹，遂組織漢學研究會，鼓吹聖賢微言奧旨。〔註64〕
此篇傳達澎湖文人重要思想：

(1) 在新舊文學激辯中，仍堅持舊學。

(2) 重視漢學的原因是，漢學爲東洋文化之祖，輝耀五大部州，彪炳四千
　　餘載，大則天經地義，小至草木禽魚皆備載于聖經賢傳，四書，六經
　　中。

(3) 奉聖賢爲依歸，以詩書爲甲冑，以禮義爲干櫓，才能與外界惡思想
　　戰，惡學說戰。

(4) 反對新學的原因是，祇求日用普通知識，不修漢文專科，不足以抵抗
　　外界惡思想，惡學說。

(5) 對於詩社林立，但只有祇吟咏風月，寄興遣懷，而于聖賢微言奧旨，
　　未加闡揚，深表不滿。此指導著澎湖文人的創作方向。

三、蓮社

澎湖詩教之復興，由於西瀛吟社之成立而趨積極，活動亦趨活潑，後輩
受其啓發鼓舞，紛起成立詩社。陳錫如女弟子發起，開擊鉢女詩會，柬邀諸
女士出席。淡芳齋張、蔡兩女士，首先贊成，還有齋女陳淑貞聞信，遠從彰
化歸來。大正十四年（1925）中秋後二日，陳錫如與康吟都之女弟子，〔註65〕

〔註64〕葉連鵬於〈斷裂？！再生──日治時期澎湖古典文學發展析論〉表示：「除了
　　　詩社外，據《澎湖縣誌・文化志》的記載，在日治時期澎湖還有一個叫作「漢
　　　學研究會」的團體。……關於漢學研究會的成立旨趣，我們可從〈漢學研究
　　　會旨趣書〉一文得知其梗概。……《澎湖縣誌・文化志》提及該會的存在，
　　　並登錄〈漢學研究會旨趣書〉一文，而該會實際成立於何時？何處？有哪些
　　　確切的成員？我們一概不清楚，可見該會的知名度和影響力都不可能太大，
　　　不過日本統治澎湖51年之久，而澎湖一般民間習俗和漢學傳統尚能保持舊有
　　　風範，跟這個漢學復興運動也許多少有些關係。」（《文化研究月報》第 25
　　　期，2003 年 3 月 15 日）吳爾聰先生生前文稿的再現，葉連鵬之惑可解。
〔註65〕大正十五年（1926）一月九日《臺灣日日新報》〈翰墨因緣〉載：「擊鉢趣
　　　聞……陳錫如、康吟都兩氏女弟子，合組蓮社，成立擊鉢，甚爲盛況。」

十餘人在澎湖留鴻軒舉行擊缽會，並共議組織女詩社，成立了全臺第一閨秀詩社——蓮社。大正十四年（1925）十月十四日《臺灣日日新報》〈翰墨因緣〉記載了此次盛會，云：

> **釵裙擊缽**
>
> 邇來漢學振興，詩學愈盛，不特青年男子熱心講求，即弱質閨人，亦多有潛心研究者。如馬公街公學卒業後之女生，從師習漢文吟詠者，實繁有徒。者番留鴻軒諸女生發起，開擊缽女詩會，柬邀諸女士出席，則有淡芳齋張、蔡兩女士，首先贊成，更有齋女陳淑貞聞信，遠自彰化歸來會。乃於中秋後二日，開於留鴻書軒，到者十餘人，觀者如其數。銀光鬢影，掩映一堂。詩題拈〈中秋月〉尤韻，詩鐘拈〈月吟〉魁斗格，限二點鐘交卷。諸女士得題後，黛眉鼇鎖，鉤碎芳心，制勝爭奇，不肯相讓。脫稿後計各得三十餘首，錄呈紫髯翁選取，詩元蔡雲錦，眼林芷香，花同人。詩鐘由吟都氏選取，元陳玉杯，眼蔡瓊音，花蔡雲錦。諸女士共議組織一女詩社，顏曰蓮社，以便花晨月夕，相與切磋吟詠。女子亦知崇學詩，誠漢學重興之象也。

當天擊缽詩作由紫髯翁陳錫如選取，詩鐘則由康吟都選取。當天參加名冊，文獻未明載，然從此則報導，確切可知名單有陳淑貞、蔡雲錦、林芷香、陳玉杯、蔡瓊音。此外，陳錫如女弟子林淑姝賦有〈蓮社成立有感〉云：「騷壇拔幟本鬚眉，巾幗何能別樹旗。此日得成蓮社立，苦心締造感吾師。」〈釵裙擊缽〉云：「詞場鏖戰仰鬚眉，拔幟登壇共鬥詩。不信裙釵兒女子，也能擊缽效爭奇。」蔡曉烟亦賦有〈祝蓮社成立〉云：「蓮社於今成立時，花晨月夕共吟詩。留鴻教澤流傳遠，遍及男兒又女兒。」〈釵裙擊缽〉云：「釵光鬢影滿屏帷，銅缽敲來共賦詩。自昔澎山無此舉，破天荒正在斯時。」〔註66〕可知林淑姝、蔡曉烟亦是蓮社一員。詩中並見女子能成立詩社，與男性一相抗衡，實屬不易。能同男性一樣擊缽吟詩，心情自是雀躍不已，也讓時人大開眼界；當然，這一切都得歸功於幕後的推手——恩師的教導。

　　蓮社活動多久，文獻未明載。據林友笛詩題〈恭祝蓮社成立十三週年社

〔註66〕 林淑姝〈蓮社成立有感〉、〈釵裙擊缽〉；蔡曉烟〈祝蓮社成立〉、〈釵裙擊缽〉；蔡雲錦亦賦有〈蓮社成立誌喜〉、〈釵裙擊缽〉；林芷香〈蓮社成立誌慶〉、〈釵裙擊缽〉（收於陳錫如：《留鴻軒詩文集附女弟子詩鈔》）。

慶〉〔註67〕，知蓮社至少活動十三年之久，推見該社在澎湖活動力僅次於西瀛吟社。

四、小瀛吟社

繼蓮社之後，據《澎湖縣誌》所載，大正十五年（1926），由馬公之陳少陵、高宗萬、黃根棟、陳果明諸人之發起，組織「小瀛吟社」，繼續有七、八年之活動。〔註68〕賴子清〈古今臺灣詩文社（二）〉言此社成立於昭和五年（1930），由陳世英、吳爾聰等，倡設小瀛吟社，社運持續約十年，社員鮑弼臣等十數名，推舉陳世英為代表，以還俗尼為題，向全島徵詩。〔註69〕二者載成立時間及社員不同，並存以備考。

五、文峰吟社

昭和六年（1931）前後，由陳果明、莊安邦、許武佐等人（均為文澳里人）組織「文峰吟社」，有四、五年之活動。後因西瀛吟社諸前輩先後作古，故「小瀛」「文峰」兩社與西瀛吟社合流，共同為澎湖漢詩之復興而努力。明則應時應景，吟風咏月，暗則藉題表示對日人之不滿，對民族文化之發揚，頗多貢獻。〔註70〕

第三節　澎湖文獻委員會與漢詩

一、澎湖文獻委員會之漢詩傳播

中國歷代有完善的史館修史制度，形成了為前朝修史的傳統。修史之目的，固然有許多冠冕堂皇的說辭，而籠絡前朝遺老，消磨其敵對意識，可能

〔註67〕〈恭祝蓮社成立十三週年社慶〉共四首：「擊鉢會群賢，豪吟興欲仙，詩星朗朗照瓊筵。人拔萃，社號蓮，風雅信無邊。（其一）騷客樂無窮，詩雄句更工，鉢聲斷續響當空。人扢雅，幟揚風，士氣壯如虹。（其二）詩狂興更酣，人喜頌終南，社慶年逢周十三。興文化，漫空談，逸趣好深探。（其三）猿鶴欲忘形，吟聲蓊地聽，儘堪蓮社繼蘭亭。烹陸羽，醉劉伶，韻事永盤銘。（其四）」參見林友笛著、鄭定國主編：《林友笛詩文集》（臺北市：文史哲出版社，2008 年），頁 350。
〔註68〕參考莊東撰述：《澎湖縣誌‧文化志》，頁 79。
〔註69〕參見賴子清：〈古今臺灣詩文社（二）〉，《臺灣文獻》第 10 卷第 3 期，1959 年 9 月版，頁 84。
〔註70〕參考莊東撰述：《澎湖縣誌‧文化志》，頁 79～80。

才是統治者所重視的。以《明史》及《清史稿》修史爲例，便是遺老修史的最具體的事證。〔註71〕

澎湖縣文獻委員會的來由，最早應自民國三十七年（1948）六月一日臺灣省通志館之成立談起。通志館成立的前一年二月二十八日，臺灣發生了「二二八事件」，由臺北蔓延到臺灣全島，至三月中旬國軍掌控全局，並展開鎮壓。之後的「清鄉」運動，使許多地方仕紳遭到殺身之禍或牢獄之災，人心惶惶。在這種時空背景之下，通志館的成立，網羅了各地仕紳、知名文人，參與編纂臺灣省通志，其實正是歷代遺老修史模式的翻版。通志館網羅的這些人，大都於日治時期從事漢詩創作，甚至是詩社領導階層。〔註72〕

之後，省通志館依據內政部於民國三十五年（1946）頒布的「各省市縣文獻委員會組織規程」，民國三十八年（1949）七月一日改組爲臺灣文獻委員會，同時也撤銷了原有的顧問委員會。這次的改組，委員編制是九人至十五人，但有七人屬於職務上的兼任，包括省參議會議長、臺灣大學校長、民政廳長、教育廳長、省立師範學院院長、省圖書館館長、省博物館館長。其次，編纂、協纂各五人至七入，另秘書二人（一人爲主任秘書）。此外，顧問委員會撤銷之後，改爲兼任顧問，與兼任委員，都是無給職。〔註73〕從名單得知這些都是當時能詩者。〔註74〕省文獻會成立之後，各縣市也依據此一規定，先後成立文獻委員會，當時全省有二十一縣市，於民國四十年（1951）率先成立的有臺南市、高雄市、澎湖縣等三縣市，次年成立的有十三縣市；民國四十二年（1953），再成立者五縣，〔註75〕至此臺灣省各縣市已全面成立文獻委員會，展開修志工作。

各縣市文獻委員會的成立，絕大多數都由該縣縣長擔任主任委員，再由主任委員遴聘委員，委員的產生，並無嚴格限制，主要成員不外乎府內一級主管、縣內機關首長、學者專家、地方耆老或名望之士，一如省通志館網羅不少漢詩人爲縣市文獻委員。〔註76〕從民國六十一年（1972）澎湖文獻委員會之成員看，亦依此模式運作。主任委員爲縣長；副主任委員是澎湖縣政府

〔註71〕 參考林文龍：〈省文獻會與漢詩關係初探〉，《臺灣文獻》第59卷第2期，頁139。
〔註72〕 同上註，頁139。
〔註73〕 參見《臺灣省文獻委員會志》，頁14、26。
〔註74〕 參考林文龍：〈省文獻會與漢詩關係初探〉，頁150。
〔註75〕 參考《臺灣省文獻委員會志》，頁27～28。
〔註76〕 參考林文龍：〈省文獻會與漢詩關係初探〉，頁161。

主任秘書；委員兼秘書是澎湖縣政府民政局長；委員莊東（仕紳）、顏其碩（仕
紳）、鄭暻文（馬公二信合作社理事主席）、郭自得（馬公二信合作社總務）、
蔡團圓（澎湖縣議會副議長代議長）、陳知青（省立馬公高級中學教員）、蔡
平立（馬公一信合作社公共關係室主任）、涂育延（澎湖縣政府主計主任）、
陸觀沂（澎湖縣政府財政科長）、馮漢光（澎湖縣政府建設局長）、范功勤（澎
湖縣政府教育局長）、王昌定（澎湖縣政府秘書）共十二人。顧問王大爲（縣
立馬公國中校長）、高夢遷（士紳）、方思溫（白沙鄉代表會秘書）、高武雄、
高順賢、楊詩言、梁新人、呂隱臥共八人。〔註77〕

　　這兩份名單建構了澎湖文獻會的研究撰稿群，成員多是當時極富聲望的
社會賢達，涵蓋政界、財經界、教育界、藝文界的知名人士。而主要撰述者
顏其碩、莊東、陳知青，是澎湖騷壇德高望重的漢詩碩彥。顧問中方思溫、
紀雙抱、莊九、呂隱臥等亦都是飽學之士。莊東、顏其碩、莊九、呂隱臥、
紀雙抱還都擔任過西瀛吟社社長，主導澎湖漢詩之發展。澎湖文獻委員會如
同臺灣文獻委員會，亦網羅了地方仕紳、知名文人，這些人大都從事漢詩創
作，甚至是詩社領導人物，自然在修纂之餘，文獻館也成了詩友酬唱吁喁的
園地。民國六十二年（1973）五月間，顏其碩將吟社所有社員之詩稿整輯，
提交澎湖縣文獻委員會，彙爲文獻專刊，定名爲「西瀛詩叢第一集」。〔註78〕
民國五十年（1961）以前，詩社作品已散佚，民國五十年（1961）後作品，
尚幸存留，亦因顏其碩等有心整理出版，不致再散佚，得以留傳至今。民國
六十二年（1973）顏其碩撰〈西瀛詩叢跋〉，扼要說明西瀛詩社興衰與有心人
士振興澎湖文運的努力，爲詩社乃至澎湖文學發展留下珍貴史料。這些文獻
委員會成員深厚的漢詩背景，對漢詩的推動，發揮一定的影響力。

二、澎湖文獻委員會成員之漢詩淵源

　　下文分述澎湖文獻委員會成員背景，以見其對澎湖漢詩注入之活力。

（一）紀雙抱（1891～1985）

　　紀雙抱雙頭掛人（今馬公市興仁里），字經才，號全德。文澳雙頭掛社人
（今馬公市興仁里）。九歲失怙，於「居易堂書院」從林介仁、吳爾聰學習。

〔註77〕 參考《澎湖縣誌・人物志》澎湖縣縣長蔣祖武序，《澎湖縣誌・人物志》、《澎
　　　　湖縣誌・教育志》卷後之澎湖縣文獻委員會委員名錄，及版本頁得知。
〔註78〕 參見《西瀛詩叢》第二集，頁2。

十八歲學成，任教於興仁、崎裡、媽宮三書房。大正二年（民國二年，1913）進入媽宮公學校任教，先後達三十四年之久。民國三十四年（1945）九月為馬公國民學校首任校長。民國三十七年（1948）轉任省立馬公中學，任專任書法教師。民國五十三年（1964）退休。擔任教職達五十四年，期間曾受教育部長、省府主席、教育廳長、省教育會理事長、縣府機關表彰達十七次之多。書法造詣深，任教期間特別注重國文及書法教育。〔註79〕書法自成一家，「一新社」留有許多墨跡。前文已言紀雙抱十九歲就加入西瀛吟社傳播詩學，歷經七十六年持續不輟，〔註80〕為西瀛吟社大老。民國四十年（1951）「重興西瀛吟社啓」乙事，是發起人之一。為人溫文謙和，儒雅之士，是吟社壽星與砥柱。〔註81〕

（二）顏其碩（1900～1977）

　　顏其碩字助德，別號小池漁翁。澎湖西嶼小池角人。家世半農半漁，父母勉力供學，就讀小池角公學校期間，課餘先後入顏品香、顏天威、郭榮林私塾習漢文。臺灣總督府國語學校師範部乙科畢業後，歷任澎湖廳下媽宮、隘門、內垵、小池角等公學校教員，凡八年餘；期間曾從宿儒陳梅峯學作詩文。昭和二年（民國十六年，1927），普通文官考試及格，由教員轉入澎湖廳為教育行政人員，從此定居馬公；後轉為文書類職員。戰後，初任澎湖縣政府科員兼文書股長、統計股長，民國三十九年（1950）升任主計室副主任，翌年升為主任，以迄五十年（1961）退休。縣府任職期間，屢倡續修縣志，民國四十七年（1958）春，膺任澎湖縣志編纂委員。〔註82〕退休後，吟詠垂釣之餘，從事詩教、文獻、修譜等文化工作。民國五十五年（1966）六月膺選為西瀛吟社社長第七任社長，至民國五十九年（1970）六月，任期四年。〔註83〕

（三）莊東（1903～1984）

　　莊東，馬公市東文里人。畢業於臺灣總督府台南師範學校，曾在望安、

〔註79〕 參考許雪姬編纂：《續修澎湖縣志‧人物志》，頁51。

〔註80〕 參考許雪姬編纂：《續修澎湖縣志‧人物志》，頁51。

〔註81〕 參考澎湖縣西瀛吟社編：《西瀛吟社詩穗百年慶專輯》（澎湖縣：澎湖縣西瀛吟社，2005年），頁70。

〔註82〕 參見顏其碩：《陋巷吟草》序前之略歷（臺北縣：龍文出版社，2001年）。

〔註83〕 參考《西瀛詩叢》第二集，頁2。

石泉、馬公等國校任教，任教二十餘年。民國三十五年（1946）實施地方自
治之後，當選縣議員及議長，對地方建設頗有貢獻。民國四十八年（1959）
任西瀛吟社社長，至民國五十五年（1966）。酷愛書法、繪畫、攝影、音樂、
雕刻，以才藝遊歷日本，多獲優勝為澎爭光，人稱「澎湖才子」。〔註84〕

（四）莊九（？～1972）

莊九，字安邦，馬公市東文里人。自幼從名師林介仁、吳爾聰研修國學。
日治時期曾在高雄為律師書記，後返澎湖，在文澳開設私塾。光復後受聘石
泉國校任教，至民國五十九年（1970）退休。一度從事辦報工作，民國五十
九年（1970）任西瀛吟社社長，至民國六十一年（1972）。〔註85〕

（五）呂隱臥（？～？）

呂隱臥，字易達，民國六十一年（1972）擔任西瀛吟社社長，至民國六
十五年（1976），任期四年，活動力強。後榮陞財政部南區國有財產局（高雄
市）服務，經常參加全國詩人大會徵詩，常獲佳績，亦常與吟社詞長聯絡，
積極參與每期課題。〔註86〕

（六）方思溫（1917～2001）

方思溫，白沙鄉瓦桐村人。擔任鄉民代表會秘書，對地方興革頗有建樹。
在白沙縣設國學私塾，培育不少人才，如呂德發〔註87〕、陳國彥〔註88〕、張
鈴三等詞長。〔註89〕足見澎湖文獻委員會成員除為澎湖文獻的保留、編纂盡
心盡力外，對於澎湖漢詩的推展功勞亦不小。

第四節　一新社與漢詩

澎湖首開之鸞堂「一新社聖真寶殿樂善堂」，位於今馬公市光復里新村
路 18 號，澎湖諸多鸞堂由此分出。其源於咸豐元年（1851），澎地舉人和生
員有鑑於地方風俗敗壞，災疫頻仍，乃開設「普勸社」，崇奉聖帝真君牌位，

〔註84〕 參考澎湖縣西瀛吟社編：《西瀛吟社詩穗百年慶專輯》，頁 65～66。
〔註85〕 同上註，頁 66。
〔註86〕 同上註，頁 66～67。
〔註87〕 呂德發，澎湖白沙鄉瓦硐村人，於近體詩、現代詩之徵詩比賽，常有佳作。
〔註88〕 陳國彥，澎湖白沙鄉通梁人，民國 92 年 9 月擔任西瀛吟社社長。
〔註89〕 參考澎湖縣西瀛吟社編：《西瀛吟社詩穗百年慶專輯》，頁 70。

竭誠宣講，勸善化俗。〔註90〕咸豐三年（1853）澎湖籍士子赴大陸應考，在泉州公善社親見迎神降鸞之舉，〔註91〕回澎後結合普勸社社員於同年六月三日合同焚疏在媽宮街設壇，崇奉三教祖師及關帝聖君，首創木筆沙盤扶鸞。〔註92〕

　　同治三年（1864），蘇清景自祖籍福建省、泉州府、馬巷廳，恭請「太醫院慈濟眞君」金身一尊來澎開基，同奉「普勸社」內，施方濟世。〔註93〕

　　光緒十一年（1885）春，因遭兵燹（1884年清法戰爭，1885年春波及澎湖），〔註94〕宣講暫停，自是世風又日墜，聖教復淪亡。諸講生，亦大半淪亡。許梦等，身列膠庠，見義勇爲，不忍坐視頹廢。乃於光緒十三年（1887）鳩資重整社中。〔註95〕該年正月十三日午時，玉旨准將「普勸社」易名爲「一新社」。意取《尚書》：「舊染污俗，咸與維新」，使民一一去邪從正，時時革故鼎新。〔註96〕

　　光緒十七年（1891）歲次辛卯正月十五夜，於「一新社」內，另開設一鸞堂，玉帝賜號「樂善堂」。意取「爲善最樂」，三月十五正式開堂，當時首先降駕的是「三教祖師孔、李、釋」，三位神明同降詩。〔註97〕六月將爲全臺

〔註90〕 參見《覺悟選新》卷二土部（澎湖縣馬公鎮，全台鸞務開基一新社聖眞寶殿樂善堂，民前二十一年（光緒十七年）辛卯三月首著第一集，民前三年（宣統元年）巳酉正月重刊，民國六十七年歲次戊午正月再版），頁4。

〔註91〕 清代流行末劫觀，宣稱玉帝降災懲罰人類道德淪喪，三恩主（關聖帝君、孚佑帝君、司命眞君）不忍人間遭劫，遂藉飛鸞代天宣化，勸人行善。（參考李世偉：《日據時代臺灣儒教的結社與活動》，臺北市：文津出版社，1999年。）

〔註92〕 參見一新社樂善堂編：《聖眞大會雅集·第三卷》（澎湖縣：1983年），頁5～6。根據臺灣大百科全書指出：「臺灣的鸞堂是清末從大陸傳來，現知最早創建者爲宜蘭醒世堂，至晚在1890年（光緒十六年）便已創立。」（參考「臺灣大百科全書」網站：http://taiwanpedia.culture.tw/）然據遺留史料證明澎湖鸞堂成於咸豐三年癸丑（1853），比宜蘭早37年。

〔註93〕 此段敘述見於《覺悟選新·卷二土部》，頁9。

〔註94〕 中法戰役在澎湖的戰場，從1885年3月29日開始，至3月31日結束，前後三天。澎湖被法軍佔領至8月31日止。期間包含法軍將領孤拔在內，法軍傷亡近千人，其中絕大部分爲病死。（參考葉振輝：〈中法戰爭澎湖之役〉，《硓砧石》第20期，澎湖縣文化局季刊，2000年9月，頁35～61；鄭紹裘：《懷古敍舊話澎湖》，澎湖縣：文化中心，1997年，頁172～173）

〔註95〕 參見《覺悟選新》卷一匏部，頁46～47。

〔註96〕 參見《覺悟選新》卷二土部，頁6～7。

〔註97〕 參見《覺悟選新》卷二土部，頁9。

首著善書，頒行寰宇，為世人警勸。「樂善堂」鸞務主內，專為「著書」與「濟世」；而「一新社」主外，專行「宣講」與「救濟」。〔註98〕此時為該堂鼎盛期。

光緒二十年（1894）甲午戰爭，因避兵燹，於光緒二十一年（1895）春，一新社諸文人學士，將鸞堂暫移至文澳民家，光緒二十一年（1895）即遷回。民國五十六年（1967）重建，民國七十九年（1990）新建「清虛閣」，至此奠基為今貌。

乙未割臺，進入日治時代，「一新社」在澎湖社會與文教仍扮演重要角色。明治三十二年（1899）至明治三十四年（1901），因為時人染鴉片癮極重，明治三十四年（1891）五月，林介仁等一新社諸君到城隍廟，申請為澎民救改鴉片煙毒，一新社樂善堂遂重整盤筆。透過鸞堂的宗教力量，為民解除鴉片癮，成效卓著，因而轟動全澎各鄉社，鄉社遂紛紛成立善堂。〔註99〕在昔日醫藥不發達的時代，神蹟式的宗教醫療，具有安頓人心的功效，也是信仰得以盛行的主因，澎湖鸞堂何以特別興盛，與此關係密切，當然還需有一群熱心的人士穿針引線。而戒鴉片影響臺灣總督府財庫收入，日本當局開始偵查、取締，但澎民還是有辦法於暗中進行。1901年六月十五日，玉帝龍心大喜，從此將此堂升號為「聖真寶殿」。〔註100〕在1903年將這些乩文集合成書，為臺灣撰作的第一部善書《覺悟選新》，〔註101〕全書共分匏、土、革、木、石、金、絲、竹八卷，乃取八節，均有正音化俗之義。〔註102〕每卷平均有四十五張摺頁左右，即九十頁左右。就書中所載，表達之文學形式有：（一）詩（二）諭（三）頌（四）讚（五）歌（六）勸善文等文體，行述因果示警。從書之形式與內容觀之，對古典詩之推廣有相當之影響。筆者至「一新社」田野調查，發現右牆上懸掛著有功人士玉照，旁述其事蹟；對牆掛著歷代管理人玉照，旁標示著任期；社內亦存有澎湖詩學相關之史料，細讀之，發現從滿清至民國，參與鸞務者多為文人學士，足見鸞堂是文人活動的一個重要空間，且是詩學傳播之重要場域，今澎湖「西瀛詩社」社址還設於此。又澎湖各地

〔註98〕此段敘述見於《覺悟選新》卷二土部，頁5～9。

〔註99〕澎湖鸞堂之發展，可參見許玉河，《澎湖鸞堂之研究》之第二章，頁14～72。

〔註100〕此段敘述見於《覺悟選新》卷七絲部，頁5～19。

〔註101〕臺灣現在各地鸞堂大都承認澎湖的一新社和《覺悟選新》是全臺灣最早的鸞堂和善書，即所謂「全臺鸞務開基，首著一部善書」。

〔註102〕參見《覺悟選新》卷一匏部，頁21。

設立「善堂」，多由此傳播，〔註103〕石泉「日新社養善堂」於1899年著造《濟世金丹》，媽宮天上聖母降筆：「吾神目擊心傷，不忍斯民墜落苦海大費救世婆心處處開壇顯化，先覺悟於於一新，繼化俗乎向善，今又濟世金丹等書疊出，……」1901年紅羅「集會所向善堂」開堂著造《化俗新編》，一新社宣講生康吟都為該書作跋：「我澎自二位恩主開樂善堂著造覺悟選新一書，起誘眾生，實開島一未有之奇，……」〔註104〕此二堂為澎湖日治初期設立的鸞堂，均尊崇一新社之歷史地位。爾後設立的其他鸞堂，蓋由一新社分香出去，他社常在鸞書提及一新社以及《覺悟選新》之重要性。〔註105〕

下文分就「一新社聖真寶殿樂善堂」成員之漢詩淵源，與提升文風，探討一新社與澎湖漢詩之關係。

一、鸞堂成員之漢詩淵源

上已概述鸞堂之歷史演進，此分就「普勸社」與「一新社、樂善堂」兩時期之重要成員，論其與漢詩之關係。

（一）普勸社時期重要成員

從咸豐三年（1853）創立「普勸社」至光緒十一年（1885）春，因遭兵燹，宣講暫停，歷時三十二年，此期重要成員，據懸掛於今「一新社」牆上之有功人士玉照，知有黃淮普、蘇清邊、吳等、鄭教，四人皆名重一時的士紳，其中黃卿雲〔註106〕尤著。

〔註103〕參見《覺悟選新》卷八竹部，附錄。

〔註104〕參見紅羅罩集會所向善堂編：《化俗新編》卷一。

〔註105〕參考許玉河：《澎湖鸞堂之研究》（台南市：國立臺南師範學院臺灣文化研究所碩士論文，2004年1月），頁29。

〔註106〕黃卿雲：黃公諱淮普字卿雲號濟時（即本社社員黃玉壺之先祖父）（生于道光二十八年戊申）自幼天資聰敏，篤志苦學，光緒六年庚子（三十三歲）考取進群庠生，翌年設帳於鄉里教學，後考取捷補貢生，補試訓導，又布政使考驗合格，委署彰化縣儒學教諭，光緒十九年癸巳（四十六歲）恩科鄉試合格，榮陞五學闈務，至甲午中日戰爭（四十七歲）退居林下。一生孝親友弟，祀神崇聖，樂善好施，重新文石書院，創立先賢祠贊助鸞堂等，一切義舉，無不竭力勇為，且當時「普勸社」、「一新社」之大興宣講，由其提倡，並藉政府之力，大為宣導，得以普遍全台澎，其功亦大。（照片二側文字，筆者抄錄「一新社」壁上有功人士玉照旁之事蹟說明。此資料極重要，記載著一新社之創社歷史，然紙已泛黃將碎，筆者建議廟方能將其數位化，期能永久保存。標點為筆者所加。）

　　黃卿雲（1848.04～1909.06），馬公鎮長安里人，五品軍功黃步梯長子，賦性聰慧，篤志儒學。林豪三度來澎任文石書院山長，第一次爲同治八年（1869）至九年（1870）；第二次爲光緒四年（1878），蔡麟祥署澎湖通判，﹝註107﹞留心文獻，與紳士蔡玉成議修廳乘，乃以厚禮羅致林豪主講席，代爲屬草，成《澎湖廳志》十六卷。﹝註108﹞第三次爲光緒十八年（1892），並續修《澎湖廳志》。林豪任山長時，黃卿雲受教於門下，林豪賦有〈與諸生蔡汝璧黃卿雲論文十首〉，﹝註109﹞指導諸生讀書寫作上之迷津。光緒五年（1879）刻林豪箋註戴湘圃《戴氏戒滛詩》三十首，﹝註110﹞書前陳維新序，提供光緒年間澎湖地區善書傳播之狀況：

> 歲戊寅鷺島林卓人孝廉復主吾澎文石書院，課藝之暇相與講論陰隲果報之理。時余方襄刻　文昌帝君自解陰隲文及快回頭二種甫成，林君因出所注戴氏戒淫詩三十首見示，余愛其義取勸戒而詞甚工雅，足使聰明才士愛玩不釋，因其詞以思其義，庶幾有所感發乎！林君既爲評語，於後發明作詩之旨，並詳注來歷，使讀者一目了然。復因其意有未盡，爲續詠五十餘首，搆題謀篇悉仿其例。林君之於是書，可爲勤矣。友人葉伯楨自任刊行之役，余因鳩集微貲屬其印佈多本，以廣其傳云爾。澎湖陳維新謹識。﹝註111﹞

從此段序中獲得相當寶貴的訊息：

（1）光緒四年（1878）林豪到澎湖文石書院講學。

（2）林豪在課藝之暇，還致力於講論陰隲果報的道理。陰隲果報的思想植於民心，使得當地社會秩序、民風相對穩定。

（3）陳維新亦在光緒四年（1878）刻《文昌帝君自解陰隲文》、《快回頭》兩種勸善書，足見晚清澎湖士紳對於社會教化之貢獻。

﹝註107﹞參見林豪編纂：《澎湖廳志》，頁193。

﹝註108﹞參考林豪編纂：《澎湖廳志》，頁227。

﹝註109﹞參見林豪：《誦清堂詩集》。從詩題中知黃卿雲受教於林豪。同治八年（1869）林豪首次至澎任文石書院山長，黃卿雲時年二十二；林豪第二次主講文石書院時（光緒四年至七年），黃卿雲年三十一。《澎湖縣誌・教育志》載黃卿雲爲光緒六年考取郡庠生，目前資料未能斷定黃卿雲是否於同治八年就受教於林豪；但可肯定者，光緒四年至七年，黃卿雲應受教於林豪。

﹝註110﹞林豪箋釋戴湘圃《戴氏戒滛詩》書名頁，以半頁題版刻時間、藏版處，載此書「版存在廈門新街仔郁文齋圖書處」。筆者所見爲吳爾聰所珍存。

﹝註111﹞參見林豪箋釋戴湘圃《戴氏戒滛詩》三十首，筆者所見爲吳爾聰所珍存。（標點爲筆者所加）

(4) 林豪因戴湘圃詩意有未盡，還仿其例續詠五十餘首，此多爲學者所忽略。此亦見林豪對於社會民風之教育，用心甚深。林豪透過《戴氏戒淫詩》之「義取勸戒而詞甚工雅」，將文學與勸善思想一併傳播出去。

(5) 就今之史料尙無直接證據可證明林豪是否參與普勸社之活動，然從林豪與黃卿雲之師生關係，以及此文所載林豪對社會風氣教化之用心，推測林豪勸善行爲必深深影響弟子。見當時讀書人非常注重品德教育。

光緒六年（1880）黃卿雲考取郡庠生後，設帳於鄉里教授生徒。光緒十五年（1889）由增生報捐訓導以勞績准先委用，擢署彰化縣學教諭，臺、澎改隸時，仍在其職。光緒十八年（1892），臺灣議修通治，原林豪所修澎湖廳乘稿本存於臺南海東書院，通判潘文鳳奉令訪而致之，又因內容有缺漏，乃請林豪再操舊業。是年季冬，林豪第三次到澎湖，〔註112〕黃卿雲與蔡汝璧等人襄助完成。〔註113〕明治三十四年（1901）黃卿雲授紳章，次年（1902）遊歷日本，考察其文化。明治四十二年（1909）赴金門，八月病終，歿於其地。一生樂善好施，尤以重修文石書院及城隍廟，創立先賢祠、育嬰堂、重設義倉，協修澎湖廳志等，厥功甚偉。〔註114〕黃卿雲除篤志儒學，教導後輩外，又於光緒十年（1884），清法戰起，爲籌海防，與郭鶚翔、蔡玉成舉辦民團，自備資斧相守望。〔註115〕允文允武，實是澎地之能人。

（二）一新社、樂善堂時期重要成員

光緒十一年（1885）避中法兵燹，宣講暫停，至光緒十三年（1887），再興宣講，據《覺悟選新》載玉旨准將「普勸社」易名爲「一新社」。光緒十七年（1891）於「一新社」內，另開設一鸞堂，玉帝賜號「樂善堂」至今（2010），歷時一百二十四年，經清末、日治、民國，其重要成員分述如下：

1. 清末（1887～1894）

據光緒十四年（1888）二月二十六日申請成立「一新社」宣講活動的呈文，〔註116〕內載申請人員有：林介仁（媽宮，光緒二年生員）、許棼（白沙後

〔註112〕林豪有詩〈壬辰季冬將之澎湖留別里中親友〉，壬辰年爲光緒十八年。
〔註113〕參考林豪編纂：《澎湖廳志・潘序》，頁3。
〔註114〕參考顏其碩、莊東撰述：《澎湖縣誌・人物志》，頁51～54。
〔註115〕參見陳知青撰述：《澎湖縣誌・教育志》，頁23。
〔註116〕參見《覺悟選新》卷一鮑部，頁46～47。

寮，光緒元年乙亥廩生）、黃濟時（媽宮，光緒六年生員）、鄭祖年（媽宮啓明，光緒十四年生員）、郭丕謨（光緒年間生員）、高攀（媽宮啓明，光緒十四年生員）等人的身份是「生員」；郭鶚志、高昇、許占魁（八罩，光緒元年乙亥候補，光緒十八年由文生報捐）、陳秉衡等人是「童生」、八品頂戴林陞，〔註117〕爲當時文士。再看光緒十七年（1891）正月十五日，一新社樂善堂派定職位人選，有：

> 董事兼堂主林介仁，知客生黃濟川，正鸞生黃逢時、蘇根攀，幫鸞生蔡徵功、鄭祖儀，副鸞生吳騰飛、許世忠、蕭鴻禧，唱鸞生李時霖、王邦樞，錄鸞生鄭祖揚、郭廷光、楊廷瀾、郭清獻，迎禮生陳秉昭、吳品分，行禮生鮑顯星、蘇清景、鄭祖基，謄錄生紀秉修、林其昌，請鸞生蘇桂芬、郭丕承，效用生陳睿明、林懷治、謝鴻恩，效用生郭丕觀、陳步青、洪汝明，督講生鄭祖基，司講生蔡徵功，宣講生李時霖、黃逢時、郭清，宣講生吳騰飛、郭丕觀、許世忠，助講生蕭鴻禧、楊廷瀾、黃濟川，助講生鮑顯星、陳睿明、陳步青，助講生林長青、洪汝明、謝鴻恩，助講生郭鶚志、高昇，助講生許棻、陳秉衡，救濟部勸捐生鄭祖年、郭丕謨、陳長澤，救濟部勸捐生蘇清景、吳品分、鄭創垂。〔註118〕

明顯可見，此次參與人員是光緒十四年（1888）申請成立「一新社」那一批人的再擴大，其中不乏一家兄弟皆參與的，如錄鸞生鄭祖揚，救濟部勸捐生鄭祖年，幫鸞生鄭祖儀，三人皆爲澎地名舉人鄭步蟾〔註119〕之子，文學素養

〔註117〕參見陳知青撰述：《澎湖縣誌・教育志》，頁17～21。顏其碩、莊東撰述：《澎湖縣誌・人物志》，頁51～52。

〔註118〕參見《覺悟選新》卷一匏部，頁36～37。（內部各種職位以扶乩的辦法派定）

〔註119〕鄭步蟾（1833.02～1877），字圜秋，號桂樵，澎湖縣馬公鎮人，祖籍福建省漳州府龍溪縣古郡社。賦性聰慧，體格魁梧，學識淵博，機智超群，年僅二十則考中咸豐壬子科（1852）舉人第五十八名，中舉後，在本縣爲文石書院山長，職掌文教要務，培養英才，凡事以身作則，善誘後學，使西瀛成爲海濱鄒魯，尤富有博愛精神，熱心公益事業，如修茸文石書院登瀛樓，創築中屯下澤上半段石堤，堤傍建福德祠，以便行人憩息或饑荒時辦理賑務等，樂善好施，不遺餘力，後更報捐候補同知分發廣東，加捐四品銜，於同治癸酉年（1873）赴粵就任，光緒丁丑年（1877）請假省親回澎，不幸在籍得病，歿時，年僅四十有八。現在馬公東甲北極殿存有楹聯一對，文曰：「天眷西瀛奚止帡幪東甲，帝尊南面攸宜樞紐北辰」則步蟾所親撰。（參見顏其碩、莊東撰述：《澎湖縣誌・人物志》，頁53。）

頗深，一家奉獻鸞堂。

再看光緒八年（1882）林豪編輯《澎湖廳志》手稿本卷首所載纂修姓氏，總校：舉人大挑二等郭鶚翔本廳人、增廣生陳維新。總辦志局事：生員蔡玉成本廳人。檢案：生員王祖德蘇州人、軍功五品頂戴謝鴻思〔註120〕本廳人。採訪：廩膳生薛元英本廳人、增廣生陳雁標、生員洪捷元、許晉纓、洪純仁、黃濟時、陳錫命、林維藩、蔡時文、李煥章、洪清奇、呂作甘、徐癸山、許家修、陳澂元、軍功五品頂戴蔡榮賢。〔註121〕以及光緒十八年（1892）《澎湖廳志》修訂本所載纂修姓名，協修：候選訓導蔡玉成（本廳人）、補用訓導署臺灣府彰化縣教諭黃濟時。採訪總校：大挑教諭署臺灣府學教授郭鶚翔（本廳舉人）、增廣生陳維新（本廳人）、廩膳生薛元英、生員徐癸山。採訪分校：候選訓導許占魁（本廳人）、廩膳生陳雁標、廩膳生許棼、廩膳生洪朝陽、生員洪捷元、林維藩（介仁）、洪純仁、許晉纓、蔡時文、李煥章、許家修、陳徵湖、陳錫命、鄭祖年、呂作甘、陳精華、高攀、劉承命、黃文衡、許樹林、洪清奇、黃欽明。〔註122〕由兩次編修《澎湖廳志》之參與名單與《覺悟選新》所載相關成員，兩相對照，發現重疊者甚夥，足見光緒年間，澎湖一新社的活動，在基本性質上，仍是由地方知識份子所領導的一種社會教育活動。〔註123〕

鸞堂之重量級人士，除前文所介紹之黃濟時外，林介仁亦是。林介仁（1854～1933），號維藩，澎湖著名漢詩人。馬公鎮長安里人，自幼聰慧過人，九歲至二十歲，就讀於澎湖之老師宿儒，二十歲至二十二歲，更就當時之文石書院山長金門舉人林豪深造，於是學業大進。光緒元年（1854），時年二十二，考取秀才，〔註124〕自是在家設帳授徒，開始其育英之天職。乙未（1895）滄桑之變，小春攜眷避亂福建龍溪縣烏嶼，以及福建廈門同安馬巷山頭鄉，以舌耕糊口。〔註125〕明治三十四年（1901）回馬公鎮，參與鸞堂戒

〔註120〕據《覺悟選新》所載爲謝鴻恩，《澎湖廳志》手稿本書爲「思」，應爲筆誤。
〔註121〕參見林豪編纂：《澎湖廳志》，頁30～32。
〔註122〕參見林豪編纂：《澎湖廳志》，頁5。
〔註123〕宋光宇〈解讀清末在臺灣撰作的善書《覺悟選新》〉已敘述明白，此文不再贅述。（載於《硓𥑮石》，澎湖縣立文化中心季刊，1997年6月，頁54。）
〔註124〕參考陳國彥編：《西瀛吟社詩穗》（澎湖縣：澎湖縣西瀛吟社，2005年，頁64）。顏其碩、莊東撰述：《澎湖縣誌・人物志》，頁51載林介仁在光緒六年庚辰（1880）考取秀才。
〔註125〕參考《林介仁聯對》手稿。《西瀛吟社詩穗》載林介仁乙未（1895）攜眷避難至

鴉片活動。〔註126〕明治三十九年（1906）又出現在福建，有副對聯小序云：「丙午年在馬巷下山頭鄉柏葉堂祠堂啓館聯」爲證。〔註127〕

就所存手稿看，林介仁乙未（1895）小春到廈門，1901年人在澎湖，1906年在廈門講學。爾後除大正元年（1912）至三年（1914），曾往廈門、上海等處遊歷；大正七年（1918）至十年（1921），曾在高雄市鹽埕區設教外，均在澎湖望安、案山、馬公等處設帳講學。其治學方法，則講求實用，因才施教。門下高足有高恭、郭石頭、王明發等。林介仁一生爲傳播祖國文化，熱心造就英才，至今猶爲人所稱道。〔註128〕

再看鄭步蟾諸子，鄭祖揚（1865.08～1931），鄭步蟾三子，字子清，號肯播。品德高尚，體格魁偉，幼承庭訓，擅長詩文，曾任澎湖廳檢稅吏，服務二十餘年，具有豐富之稅務行政經驗，素以便民親民爲宗旨，廣結善緣，故頗獲民眾與商界之推重，交遊甚廣，深得人和，因此皆不呼名而以「三舍伯」稱之，留有座右銘「退一步思」墨寶一副，足見其爲人處世之道。〔註129〕

鄭祖年（1865.08～1928），鄭步蟾四子，字子綿，號肯護。光緒年間入泮，甲午戰後，臺、澎割讓日本時，義憤塡膺，爲避免遭受日人壓迫，於明治二

白沙鄉，有誤。據聯對小序：「乙未小春，遊亂挐眷到烏嶼，寄寓吳家開室，就烏嶼冠首聯對」所言，是遊亂到福建龍溪縣烏嶼，而非白沙鄉烏嶼。另賦有「丙午年在馬巷下山頭鄉柏葉堂祠堂啓館聯」，知其在該處設館講學。

〔註126〕林介仁回澎湖時間，《澎湖縣誌‧人物志》、《西瀛吟社詩穗百年度專輯》載「至光緒三十二年始回馬公」。然從《覺悟選新》卷七所載，1901年澎湖一新社救改澎人鴉片煙癮時，澎湖境主靈應侯方降乩特派林介仁任督觀求筊之責，觀之，林介仁1901年，人在澎湖。再從「丙午年在馬巷下山頭鄉柏葉堂祠堂啓館聯」觀看，丙午明治三十九年（光緒三十二年，1906），林介仁人在福建，可見這段時間，林介仁常往返澎湖、福建。

〔註127〕參考《林介仁聯對》手稿。《澎湖縣誌‧人物志》和《西瀛吟社詩穗》都記載林介仁1906年回澎湖。

〔註128〕參考顏其碩、莊東撰述：《澎湖縣誌‧人物志》，頁55。

〔註129〕參考顏其碩、莊東撰述：《澎湖縣誌‧人物志》，頁44～45。名宦中載「鄭子清，字祖揚」與科第中載「鄭祖年，字子綿」同爲澎湖名舉人鄭步蟾之子，名與字錯亂。又載鄭子清是鄭步蟾之三子，生於同治四年；而鄭祖年是鄭步蟾之四子，生於同治三年。豈有弟生於前，而兄生於後乎？今據鄭紹裘〈清代媽宮舉人──曾祖父鄭步蟾（下）〉一文訂正爲：鄭祖揚，字子清，號肯播，同治四年乙丑（公元一八六五年）八月七日卯時生，爲鄭步蟾與李氏所生之三子。鄭祖年，又名祖季字子綿，號肯護，同治四年乙丑（公元1865年）八月十九日吉時生，爲鄭步蟾與妾朱氏所生之四子。（載於《硓𥑮石》，澎湖縣立文化中心季刊，1996年12月，頁64～66。）

十九年（1896）十月十四日，〔註130〕依照馬關條約日本政府所頒布之「臺灣及澎島住民退去條規」，與長兄鄭祖堯舉家遷返祖籍福建龍溪古郡社，創辦學堂，自執教鞭，教育鄉里子弟，終生獻身於育英事業，為人正直豪爽，樂善好施，常為地方排難解紛，極受鄉人之敬重，晚年曾被選任龍溪鄉農會會長，昭和三年（1928）卒於祖籍龍溪。〔註131〕

　　鄭祖儀，鄭步蟾六子，字子暉，號肯來，未娶少亡。鄭步蟾諸子謹承庭訓，克紹箕裘，奉獻社會，才德俱備。

　　除上鸞書內所載重要神職人員外，據懸於壁上諸照，尚有楊吉、陳標、吳萬益、黃火壽四位，是此期有功人員。同上述普勸社時期重要成員四位，加此四位，共八位，均被列為開鸞堂重要人物。經筆者查閱方志，雖僅有黃卿雲載於《澎湖縣誌》中，餘仍有可誦者。如澎湖西瀛吟社社長吳克文之先曾祖父吳等，先祖父吳萬益，一家三代皆精勤於鸞務。吳萬益，光緒八年（1882）生，號麗生，晚年皈依法號道玄。幼年時師從鄭用修（澎湖赤崁人）及一新社樂善堂主林介仁研讀漢文多年。自十四歲起，即跟隨父親吳等學習經理生意，十六歲時已能獨當一面。明治三十二年（1899）結婚，明治三十六年（1903）長男吳有德出世。吳萬益對長子有德要求甚為嚴格。吳有德除接受日式教育之外，也利用時間拜吳慕德、紀雙抱、郭健秋、許晉纓等澎地名師研讀漢文，後曾在石泉當地的書房擔任教員。大正九年（1920）娶陳省為妻，昭和三年（1928）長子吳克文出生。〔註132〕吳萬益一生忠良厚道，克己待人，崇敬聖佛，樂善好施。除了在一新社服務外，還曾在樂善、省善、新民、新善、福善、普善等諸善堂，效勞鸞務，並勤宣講，於鸞堂之貢獻甚夥。長子吳克文後亦盡心於「一新社」社務之推展，並任「西瀛吟社」社長。

　　陳標，自幼讀書守矩，有儒者高風，一生仁慈忠厚，匡扶聖教，持齋禮佛，還自設友松軒書塾，教學多年，於漢學之推廣，亦有其功。上所述之鸞堂諸生，皆是飽讀詩書之士，不僅盡心鸞務，勸善教化百姓，多位更是塾師，於鄉里播撒漢學種子。

〔註130〕顏其碩、莊東撰述《澎湖縣誌‧人物志》載鄭祖年民國前十七年舉家遷返祖籍福建龍溪古郡社。今據鄭紹裘〈清代媽宮舉人——曾祖父鄭步蟾（下）〉一文訂正為：明治二十九年。

〔註131〕綜合參考鄭紹裘：〈清代媽宮舉人——曾祖父鄭步蟾（下）〉，頁 65～66。顏其碩、莊東撰述：《澎湖縣誌‧人物志》，頁 55。

〔註132〕參考許玉河：《澎湖鸞堂之研究》，頁 203～207。

2. 日治至民國（1895～2008）

　　光緒十七年（1891）六月著第一部善書，至光緒十九年（1893）三月初六日卷六金部成，盤筆停歇一時。〔註133〕光緒二十年（1894）甲午戰爭，清朝戰敗，清日議和，清將臺灣、澎湖割讓給日本，消息傳至臺灣，全臺紳民上電抗爭反對割臺，隨即成立「臺灣民主國」，以唐景崧爲首任總統，企圖抵抗日本之統治。光緒二十一年（1895）三月二十三至二十五日，日本趁「馬關條約」和議時機，先行出兵攻佔澎湖設置澎湖島廳，並以澎湖爲對臺登陸作戰船艦的集結地。〔註134〕五月，日本依據「馬關條約」取得臺灣，並於六月十七日舉行始政典禮，十月瓦解「臺灣民主國」。依「馬關條約」第五條所定：「中日兩國換文之後兩年內，臺人得自由決定去留。」明治三十年（光緒二十三年，1897）五月八日，爲臺灣住民去留決定日，各地離開臺灣人數：臺北縣1574人，臺中縣301人，臺南縣4500人，澎湖81人。〔註135〕澎湖自光緒二十一年（1895）三月，日軍先行佔領開始，媽宮城內局勢混亂，人心不安。當時「一新社」堂主林介仁攜眷前往福建同安馬巷廳山頭鄉，〔註136〕鸞生黃濟時寓鷺江（廈門），〔註137〕鄭祖年則舉家遷往福建祖籍龍溪古郡社。〔註138〕林介仁與黃濟時或因生計困難，或因親人留在澎湖無人照料，先後返回澎湖。鄭祖年則於龍溪創辦學堂，沒再回澎。而留在澎湖的一新社諸人爲避戰禍，將扶鸞的地點由媽宮城內移至文澳莊家，光緒二十一年（1895），中秋局勢穩定之後，才搬回媽宮的齋堂澄源堂繼續鸞務。一新社經過這一段風雨飄搖的日子，重新站穩腳步。明治三十四年（1901）五月望日，因時人染鴉片癮極重，林介仁等一新社諸君到城隍廟，申請爲拯救澎民，戒除鴉片煙毒，重整盤筆。

　　日治時期，日本政府禁止鸞堂的活動，然而澎湖的鸞堂依舊蓬勃發展。許玉河《澎湖鸞堂之研究》認爲是一新社的戒煙運動、一新社鸞生的協助以

〔註133〕據《覺悟選新》內容所載年代。

〔註134〕參見葉振輝：〈乙未中日戰爭澎湖之役〉（《南臺灣鄉土文化學術研討會論文集》，嘉義：國立中正大學歷史學系暨研究所，2000年9月），頁325～357。

〔註135〕參見許雪姬撰：《澎湖縣誌・雜志》，頁44。李紹章：《澎湖縣誌・人民志》，頁49。

〔註136〕從林介仁所遺留之詩文集，林介仁寄居福建同安馬巷廳山頭鄉時，與當時文人有密切之往來。

〔註137〕參見陳耀明：〈澎湖黃氏一門三秀──黃步梯、黃濟時、黃欽明〉（《硓𥑮石》季刊第15期，澎湖縣立文化中心，1999年6月），頁31～40。

〔註138〕參見張默予撰：《澎湖縣誌・人物志》，頁55。

及鸞堂之間互相支援的緣故。此外，筆者認爲亦因文人借此鸞堂文化維繫漢學。《覺悟選新》七卷絲部（續增）與卷八竹部，從光緒二十七年（明治三十四年，1901）五月望日載起，至光緒二十九年（明治三十六年，1903）正月十三日止。〔註139〕面對改隸，鸞書所使用之記年仍以清朝年號爲之，隱含強烈的民族意識與國家認同。當時推動鸞堂發展之關鍵人物，皆是儒學之士。《化俗新編》於1902年付梓刊印，參與勸捐人士與商號高達460以上。據名冊所載，委用儒學正堂有蔡玉成捐金10員、黃濟時捐金6員；生員有洪純仁捐2員、康欽承捐2員；監生者有劉學海捐4員、陳積玉捐4員、陳廷清捐6員、陳廷寶捐4員、陳廷音捐1員。還有一新社宣講生康吟都捐金1員、石泉養善堂堂主許登岸捐金1員、洪少陵捐1員2角等。從上名冊觀之，文人也參與鸞堂之活動。

又明治三十四年（1901），一新社以清水解鴉片煙毒，洪汝明乃與紅羅罩數人至一新社叩求甘露水回洪羅罩爲鄉人解鴉片煙毒。康吟都時任一新社宣講生，於此時受洪汝明之邀請到紅羅罩宣講勸善，洪汝明與洪瑞徵乃把握此一良機，於同年農曆九月十五日在紅羅罩成立集會所向善堂，並著造《化俗新編》一書，康吟都爲此書作跋。〔註140〕除積極參與鸞堂活動，康吟都亦是詩中能手。《澎湖縣誌・文化志》錄其〈詠澎湖荒〉一首。〔註141〕林介仁有以「吟都」二字爲首的對聯：「吟詩興到開心日，都邑聲聞灌耳雷」，〔註142〕資料顯示康吟都活躍於澎湖漢詩界，與陳錫如皆提倡女學。

另一許超然（1855～1927），石泉人，本名許仕，字志道、號登岸，「超然」是其在鸞堂所使用的名字。年輕時幾次尋求科舉功名均不得志，遂開館受徒以塾師爲業，他是清末至日治中期文澳七堡（東文、西文、案山、前寮、菜園、石泉、東衛）最著名的「漢文仙」。除了石泉本地之外，其足跡也遍及澎南地區，尤其是鎖港、山水等地是其著力最深的地方。〔註143〕積極參與「西瀛吟社」活動，與當時享有文學盛名的陳梅峯、吳爾聰、洪庭華、林介仁均有往來。〔註144〕

〔註139〕前文已述及。

〔註140〕參見紅羅罩集會所向善堂編：《化俗新編》，〈卷一〉。

〔註141〕參見《澎湖縣誌・文化志》，頁160。

〔註142〕林介仁聯對（手稿本）。

〔註143〕參考許玉河：《澎湖鸞堂之研究》，頁42。

〔註144〕參見胡巨川：〈澎湖縣詩社再探〉《硓𥑮石》第30期，澎湖文化局，2003年

　　再回看「一新社」歷屆之堂主與管理人。自明治三十四年（1901）始，鸞堂設管理人，前二任稱堂主兼管理人，第三任以後稱管理人，第十任稱管理人及總董事。林介仁為首任聖眞寶殿一新社之堂主兼管理人，從明治三十四年（1901）起至明治三十九年（1906）止，在任五年。爾後還擔任「西瀛吟社」社長，從大正一年（1912）三月到昭和八年（1933）五月，〔註145〕長達二十二年之久，於漢詩之推廣，功不可沒。紀雙抱也擔任過管理人，略歷於前文已介紹，不再贅敘。此就擔任過「西瀛吟社」社長吳克文，介紹之：

　　吳克文（1928～1995），字子章、號藻卿。三歲時父親吳有德再娶，並搬至高雄居住。年幼的吳克文教育上受祖父影響甚深。五歲時已能背誦三字經，六歲時大學也能背唸。自七歲起，在媽宮北甲瓊音書塾從師蔡瓊音授業先後七年，由此奠定漢文之基礎。昭和十年（1935），吳克文入馬公第一公學校就讀，導師為紀雙抱，並從其研習書法。〔註146〕昭和十六年（1941）畢業，因澎湖無中學，渡海赴臺考取高雄第一中學。十六歲加入澎湖西瀛吟社，在吟社被譽稱「小詩人」。民國六十二年（1973）協助第七任西瀛吟社社長顏其碩將數十年社員心血累篇成冊，定名《西瀛詩叢》第一輯。〔註147〕民國六十六年（1977）六月至民國七十三（1984）年六月，擔任澎湖「西瀛吟社」第十一任社長，歷七年。民國七十三年（1984）向澎湖縣政府申請組織人民團體立案奉准易名為「西瀛吟詩會」，擔任第一屆理事長，自民國七十三年（1984）六月至七十六年（1987）六月，歷三年。民國七十六年（1987）六月又榮選連任第二屆理事長（至七十九年六月，歷三年）、第三任理事長（七十九年六月至同年十二月）。民國八十年（1991）一月一日起奉准恢復原名為「西瀛吟社」，其又任第一屆社長。〔註148〕吳克文於民國七十九年（1990）十一月十日至中國大陸，參加海峽兩岸詩人大會，至十二月一日回國，歷二十二日。其

3月），頁16～17。

〔註145〕參考西瀛吟社編：《澎湖西瀛吟社創立八十週年紀念特刊》；莊東撰述：《澎湖縣誌・文化志》，頁78。

〔註146〕參見許玉河：《澎湖鸞堂之研究》，頁207。

〔註147〕參考許雪姬編纂，《續修澎湖縣志》，頁31。

〔註148〕參閱《西瀛詩叢》第二集（澎湖縣：澎湖縣文獻委員會，1981年6月，頁3～4）；《西瀛詩叢》第四集（澎湖縣：澎湖縣立文化中心、澎湖縣西瀛吟詩會，1989年，頁17～18）；《澎湖縣慶祝西瀛吟社創立九十週年全國詩人大會專輯》（按：即為第五集）（澎湖縣：澎湖縣立文化中心，1994年6月，頁31～33）。

間，將所到之處，所觀之景，賦詩百首，顏爲《大陸旅遊詩百首》。詩之首頁
記載此次行程之來龍去脈，茲錄於下：

> 澎湖西瀛吟社　社長　吳克文　此次參加中國詩經研究會組成「大
> 陸詩人訪問代表團」，由世界詩人大會總會長　何南史博士率團，
> 經奉教育部（台）79文四七九一二號函核准，於本年十一月十日，
> 到香港轉赴大陸，福州及岳陽，宏揚詩學，作文化交流，並至杭
> 州、蘇州、鎮江、揚州、南京、北京、桂林、長沙、廣州等地，觀
> 光覽勝，至十二月一日，順利歸來，其間，將所到之處，所觀之
> 景，立即賦詩，並與何團長唱和聯吟，計得詩一百首（律詩28，絕
> 句72）……〔註149〕

吳克文榮獲參加何南史〔註150〕所率領中國詩經研究會組成的「大陸詩人訪問
代表團」，前往大陸進行海峽兩岸聯吟。大會的地點在福州、岳陽，希望透過
文化交流，宏揚詩學。會後並至杭州、蘇州、鎮江、揚州、南京、北京、桂
林、長沙、廣州等地，觀光覽勝。此次爲吳克文初次到大陸，從詩作中看到
其興奮之情躍於紙上，途中時與詩人相唱和，歡樂之情溢於言表。

又澎湖詩人擊缽之所原在文石書院，吳爾聰〈文石書院雅集〉：「文石院
中集眾賢，風流裙屐盡翩翩。黌宮權作蘭亭地，好結騷人翰墨緣。」記錄當
時文人會聚文石書院吟詩作賦之情形。〔註151〕大正十五年（1926）一月九日
《臺灣日日新報》〈翰墨因緣〉也載：

> **擊缽趣聞**
>
> 西瀛吟社員開祝歲擊缽吟會於孔廟東偏之精舍，社員至者二十二
> 人。……鉤心成詩四十餘首。

大正十五年（1926），「西瀛吟社」還在孔廟（前身是文石書院）開擊缽吟
會，後日本駐兵於此，〔註152〕詩人遂暗移至一新社活動。〔註153〕民國八十年

〔註149〕參見吳克文：《大陸旅遊詩百首》手稿本（成功大學歷史系教授陳信雄先生提
　　　　供）。
〔註150〕何南史於民國八十三年五月書一對聯，慶祝西瀛吟社創立九十週年紀念，
　　　　云：「詩篇永耀三千界，風雅宏揚九十年。」時仍任世界詩人文化大會會
　　　　長。（見《澎湖縣慶祝西瀛吟社創立九十週年全國詩人大會專輯》，頁3。）
〔註151〕參見吳爾聰遺稿（未刊）。
〔註152〕參見陳知青撰述，《澎湖縣誌·教育志》，頁44。
〔註153〕參見楊石明：〈澎湖詩社與澎湖詩人〉，刊於《澎湖縣九十六年配合走讀臺灣
　　　　網站鄉土教材白沙鄉與西嶼鄉篇》，澎湖縣臨門國小，2007年，頁2～25。

（1991），「西瀛吟社」社長吳克文，同時擔任一新社第十任管理人及總董事，遂將社址設在「一新社聖眞寶殿」東廂二樓「清虛閣」之內，〔註154〕提供社員每月聚會吟咏，從不間斷。所吟詩章，除即日發刊報端雜誌外，每五年彙集出版一次詩集。〔註155〕在吳克文積極倡導之下，所有社員皆勵志詩學，切磋琢磨，掀起文風。迄今，「西瀛吟社」每月仍在清虛閣課題吟咏。其一生精力奉獻於「西瀛吟社」與「一新社」，對匡正人心，挽回世道，維護國粹，宏揚詩教，培養後起菁英，光大發揚中華文化，振奮地方文藝活動，貢獻良多。

二、提升詩風人文鵲起

從《覺悟選新》之「行述」內容，可以看出清末的澎湖社會把「科舉功名」、「家業昌盛」、「終生行善」三項，視爲重要的價值標準。科舉之興，是識字，研讀四書五經之始，由此提升澎湖文風，於詩學之興，當然也起相當大之作用。藉由宗教力量，神明降鸞大倡因果，告誡人民任何事皆須勤勉奮志，求取功名，終生行善以光耀家門。人民畏於因果，更加惕礪向上。光緒十七年（1891）六月二十九夜亥刻，記載著慈濟眞君勉人之話：

> 恩主慈濟眞君許　降　話
>
> 林君爾爲一堂之主。又爲一社之長。對於宣講一事，宜督導周至。如宣講期，必須虔誠。又必善言招呼助講之事，及聽講之人。不論何人，凡到吾門者，必以客禮待之，不得有客來，而主不顧，且以吾言是聽。凡事須勤終始，娇修不外奮志。倘或廢於半途，必把前功盡棄，教人當以身先。豈謂言善而已。作善降之百祥。爲惡，災殃畢至。到頭報應分明，陰陽原無二理。數語謹識毋忘。爾等勿視爲兒戲可也。勉之，慎之。〔註156〕

慈濟眞君這段降話，殷殷囑咐林介仁宣講時要虔誠，有來問事者，聽宣講者，一定要以禮待之。凡事須貫徹始終，不可半途而廢，否則前功盡棄。告戒其天理昭昭，爲善降福，爲惡降災，莫當兒戲，要敬慎。林介仁先生當是謹記在心，於社務推廣極賣力。光緒十七年辛卯（1891）十二月初八夜戌刻，記載南宮孚佑帝祖呂降詩：

〔註154〕今馬公市光復里新村路十八號。
〔註155〕參閱《澎湖縣慶祝西瀛吟社創立九十週年全國詩人大會專輯》，頁33。
〔註156〕參見《覺悟選新》卷二土部，頁13～14。

未許騷壇任縱橫，文衡執掌任非輕。真人邀我揮鸞筆，願把箴言示眾生。〔註157〕

從此段降詩中，知當時澎湖騷壇是頗活絡的。有趣的是，從《覺悟選新》中見神如人，人有詩詞唱和，原來神明間亦如是。更妙的事，還有神明出對子，信眾接續；神明賦詩，信眾原韻唱和。此無疑對古典詩之推廣，起不小作用。書中就有這麼幾段記錄，光緒十八年壬辰（1892）正月十六日申刻，趙天君降話，一降駕便言：

愧愧愧！纔飲過醉。無歌無文。且來作對。林君來對。

社名一新、日新又新、咸與維新

鸞下林介仁遵示拜對曰

堂號樂善、性善本善、同歸向善〔註158〕

趙天君降話出了上聯，要林介仁對下聯。此對聯將社名堂號「一新樂善」分別嵌入上下聯句中，頗似詩鐘之「睡珠格」，以四字為眼，每句分嵌二字，必須相連，且須相對。連橫《雅言》九三條言：「詩鐘之源起於閩中，所謂『折枝』者也。每作一題，以鐘鳴為限，故曰詩鐘。臺灣之有詩鐘始於斐亭，曾刻一集名曰『詩畸』。顧其時所作，不過嵌字、分詠、籠紗數格。」「斐亭吟會」由唐景崧組於光緒十五年（1889），據連橫所言，其為臺灣有詩鐘之始。而上所述之聯子成於光緒十八年壬辰（1892）正月十六日，與「斐亭吟會」成立時間相距三年，足見此「詩鐘」在澎湖業已流行，林介仁才能於短時間內與神明共同完成此對子。之後，趙天君還加以評論：

可可可。可稱才老。余改二字以公同好。

性改獨　本改兼　可成一副聯對。懸掛堂前。

堂號樂善、獨善、兼善、同歸向善；

社名一新、日新、又新、咸與維新。〔註159〕

經趙天君的評論與修改，於是成一副對聯，今仍懸於堂前。緊接趙天君又賦詩一首：

一刻春宵一刻金，輝煌火樹半成林。偶逢玉旨清塵界，打却燈花萬點浸。〔註160〕

〔註157〕參見《覺悟選新》卷二土部，頁14。
〔註158〕參見《覺悟選新》卷三革部，頁9。
〔註159〕參見《覺悟選新》卷三革部，頁9。
〔註160〕參見《覺悟選新》卷三革部，頁9。

鸞下林介仁敬步天君原韻云：

篇篇善錄重如金，勸化偏施我士林。一片慈心周萬類，下凡應免俗塵浸。〔註161〕

此爲即興創作，平日若不勤加練習，神明賦詩後，示意接續，必無法完成。這無形中也砥礪士子，於詩詞歌賦多下工夫。又降詩多爲七絕，少數以七律爲之，日後詩社的擊缽吟，與這樣的創作模式極爲相似。

諸神明也常降話要諸生多勤勉於學，聽鸞方能無誤。光緒十八年壬辰（1892）正月十七日未刻，趙天君降話，又撰一聯「樂得英才而教育之，是所願也。」要林介仁以善字爲頭，再對一對。林介仁拜答曰：「叨蒙 尊諭。以對聯命對。爰不揣譾劣。懇乞 鑒政」於是對曰：「善其顏色以取仁者，能無慚乎。」趙天君評曰：「妙妙」又言：「今贈林君介仁七絕一首：與君論筆動精神，閱爾佳詩新又新。善事從茲多檢點，自然品格絕凡塵。」〔註162〕將人品與詩品合一，此詩論見解，對於古典詩創作境界之提升，是有所助益的。在光緒十八年壬辰（1892）二月初一日戌刻，神人唱和，更是絕妙。袁天軍降詩三首，林介仁、許占魁、鄭祖基、鄭清獻、許棼、王邦樞、謝鴻恩、陳精華、林懷治、蔡徵功十人敬步袁天君原韻，有的賦詩二首，有的一首，〔註163〕熱鬧非凡，此景不啻是詩社的雛形。後袁天君還降贈蔡徵功詩一首：「心存剛直亦善端，秉性和衷莫梗頑。言語必須毫檢察，修身緘口是善原。」〔註164〕袁天君宛如此次詩會的詞宗，除了評詩外，還評人品，並告誡處世之道。茲錄數首以見其貌：

袁天君　降　詩

千紅萬紫鬥芳春，節屆中和正可人。願爾社中和氣象，煥然一旦德新新。

其二

未許騷壇互唱酬，萍踪此地亦前由。風塵自古談心少，嫋嫋東風去不留。

其三

一寸光陰一寸金，世人何苦任浮沈。從茲藉得慈航渡，洗却塵心換

〔註161〕參見《覺悟選新》卷三革部，頁10。
〔註162〕參見《覺悟選新》卷三革部，頁15。
〔註163〕參見《覺悟選新》卷三革部，頁39～42。
〔註164〕參見《覺悟選新》卷三革部，頁42。

道心。

敬步　袁天君原韻二首　林介仁

漫說生平願未酬，榮華富貴是前由。茫茫造化終歸盡，曷不委心任
去留。

又

蒙示箴言字字金，鐘聲震響醒迷沉。到頭若有回頭日，放下屠刀見
佛心。

……

敬步　袁天君原韻一首　陳精華

修成丈六此身金，渡盡群生苦海沉。我願普天人大覺，回頭及早慰
婆心。〔註165〕

陳梅峯（1858～1935），字精華，澎湖縣湖西鄉沙港村人，光緒八年（1882）秀
才。日治時期與陳錫如、蔡汝璧等組織「西瀛吟社」，爲澎湖著名之塾師，裁成
子弟多人有名於時（於專家論介紹）。此詩作於光緒十八年（1892），推知時年
三十五。陳梅峯詩作未結集成冊，蒙胡巨川從《詩報》、《臺灣日日新報》等輯
詩上百首，甚幸！今又在《覺悟選新》，難得一見其早期之作，實感興奮。

　　此次神人唱和中，也有許棼作品，云：「渡盡群生願始酬，諸眞大道久身
由。只今修筆垂鴻誨，闡得天機萬古留。」〔註166〕許棼是清末的秀才，除了
參與一新社的鸞務之外，也曾參與《澎湖廳志》之纂修，任採訪分校。也爲
清末成立於媽宮的齋堂澄源堂撰寫碑記。光緒十八年（1892），時年三十三歲，
英年逝世。〔註167〕

　　又光緒十八年（1892）五月十三日亥時，司禮神本澎福德祠福神陶受旨
高陞嘉義土主司，擇日起行，先來賦別，〈茲先賦留別詩〉七絕二首，又請
諸君各賜一和，他日見詩宛如見諸君。時林介仁賦〈奉送　福德神陶公陞
任七言古〉〈又敬步　福德神原韻〉二首，蔡徵功、陳秉昭、鄭祖揚、謝鴻
恩、〔註168〕鄭祖基、鮑顯星、陳睿明皆賦〈敬步　福德神留別原韻〉七絕二
首。〔註169〕

────────────

〔註165〕參見《覺悟選新》卷三革部，頁39～42。
〔註166〕參見《覺悟選新》卷三革部，頁41～42。
〔註167〕參考許神會：《白沙鄉志》（白沙鄉公所，1977年），頁359。
〔註168〕謝鴻恩上之詩題寫二首，後文所錄有四首。
〔註169〕參見《覺悟選新》卷六金部，頁26～30。

又光緒十八年（1892）五月十一日亥刻有一段神明唱和：「一新社」副主席太醫院慈濟眞君許　降律詩

> 修身積德豈尋常，用盡機關天不容。是孰昧心多得福，伊誰作善反生殃。雖然爾輩皆非類，竊願吾儕必順良。一一回頭由本性，方知果報莫循從。〔註170〕

賦詩罷，慈濟眞君還客套說：「余過僭了。　聖帝仁兄。主掌文衡。才本出類。望乞賜和。」〔註171〕正主席南天文衡聖帝遂降話：「呵呵。吾何敢等量。既蒙　眞君不棄謭劣、則幸甚矣。望勿見誚。敬和原韻曰：」〔註172〕

> 天心愛惜不尋常，奈爾群生過婉容。積德潤身富潤屋，善人多福惡多殃。休同酒色迷眞性，莫向財名昧至良。自古稱揚敦孝弟，而今勿被俗風從。〔註173〕

和罷，關聖帝君話：「余忝步原韻、貽笑大家。」許眞君接話：「豈敢豈敢！今夜本爲堂中諸生、賞功而來。」〔註174〕神如其人，一段神明唱和之景，躍然紙上。雖然詩作未全符合格律，但提升創作風氣之價值不可抹滅。

此外，從文澳「聖眞寶殿重建落成碑記」中，也看到鸞堂深深影響著當地文風。

> ……聖眞之赫奕，實賴諸子之虔誠，有以致之也。廟成之後，因念從善堂老先輩，多已作古，爲維持鸞化之一脈，乃將登岸社禮善堂鸞台移置於此，繼續著造第十五、十六、十七、十八集善書，並施方濟世，救人無量。噫嘻！非僅頌一時之盛事，洵堪稱千秋之美舉也。從茲乎甲第慶蟬聯，厥後人文廣鵲起，聖門之鸞化淵源，當繼一新於不墜也。今幸聿觀厥成，神人共樂，不負諸生好善之心，登鸞爰誌數語，以垂後鑑云。
>
> 民國六十二年癸丑瓜月念五日
>
> 本堂副主席玄天上帝郭　　　降題〔註175〕

一新社因甲午戰亂移堂至文澳，爾後文澳鸞務大興，該地子弟遂甲第蟬聯，

〔註170〕參見《覺悟選新》卷六金部，頁23～24。
〔註171〕參見《覺悟選新》卷六金部，頁24。
〔註172〕參見《覺悟選新》卷六金部，頁24。
〔註173〕參見《覺悟選新》卷六金部，頁24。
〔註174〕參見《覺悟選新》卷六金部，頁23～24。
〔註175〕此碑記存於文澳「聖眞寶殿」內牆（今馬公市西文澳12號；底線爲筆者所加）。

文人蝟起，足見鸞堂振興該地之讀書風氣，活絡文學生命力。紀雙抱，是文澳人；民國二十年（1931）前後，陳果明、莊安邦、許武佐等人在文澳成立「文峰吟社」，也都是文澳人。〔註176〕此外，於高雄創立「鼓山吟社」、「壽峰吟社」之鮑樑臣，亦是此地人。〔註177〕宗教對一地風氣之影響，不容小覷。

從《覺悟選新》卷二土部載咸豐三年（1853）降鸞之文：「故自前年，邀集地方文人學士，立一社團，稱曰『普勸社』，採擇口才素裕，品學兼優者，為講生。」〔註178〕見當時文人早已藉由宗教力量結社。一新社設置之主要目的，除了宣講三教聖道，勸化世道從善，早消浩劫，共築和諧安樂社會，施金丹醫治人疾外，因諸仙佛聖神，以詩、文飛鸞勸化眾生，砥礪鸞務工作者要勤於讀書，充實漢學，無形中也推廣了古典詩之發展。

神人唱和之詩多為七言絕句，七言律詩，此也影響了諸生創作之體裁，多以七絕、七律為之。觀諸澎湖地區，日治時期詩社之創作多以七律、七絕為之，或與清末鸞堂詩作有關。

爬梳清末經日治到民國，對於教化民風，傳播漢學思想，澎湖「一新社」扮演著重要角色。自古文人以擔負著經世濟民為使命，一向是領導著社會前進的改革者。清末澎地文人透過宣講勸善，改革社會不良之風氣，使民智大開。時移日治時期，文人透過宣講勸善，除改革社會不良之風氣外，於改隸之際，不願漢文化泯滅於日人之統治，透過宣講保留固有之文化。即使日人一再發禁令，仍冒險暗中進行，以維繫漢文化於不墜。民國八十年（1991）後，「西瀛吟社」社址即設於「一新社清虛閣」，人事雖有更迭，活動卻未中斷。

總而言之，一群雅好儒家文化的士紳文人會聚「一新社」，在此建構一豐富的文學網絡。扛起教化社會之重責，也肩擔推廣詩文之大任。

〔註176〕參考莊東撰述：《澎湖縣誌・文化志》，頁79。
〔註177〕參考莊東撰述：《澎湖縣誌・文化志》，頁80。鮑樑臣父親鮑迪三，亦具詩名。
〔註178〕參見《覺悟選新》卷二土部，頁5。

中編　作家論

第一章　明及明鄭時期

顧祖禹《讀史方輿紀要》記彭湖嶼云：

> 海防考：「……明洪武五年，湯信國經略海上，以島民叛服難信，議
> 徙之於近郭。二十年，盡徙嶼民，廢巡司而墟其地。繼而不逞者潛
> 聚其中；倭奴往來停泊，取水亦必經此。嘉、隆以後，海寇曾一本
> 等屢嘯聚爲寇，官軍大舉，始討平之。萬曆二十年，倭犯朝鮮，哨
> 者云將侵雞籠、淡水；雞籠密邇彭湖，於是議設兵戍險。二十五年，
> 增說遊兵，春、冬汛守。四十五年，倭入犯龍門港；遂有長戍之令，
> 兼增衝鋒遊兵以厚其勢」。〔註1〕

明初洪武五年（1372），湯信國經略澎湖，但因居民判服不定，難以統理，於
是建議將島民遷徙到內地沿海。明初洪武二十年（1387），廢掉巡撫司，將所
有居民遷至內地。但仍有不服從者，潛聚在澎湖，又時有倭寇來往此地。嘉
靖、隆慶以後，海寇亦頻聚於此。終明一代，澎湖實是治安死角，盜寇四處
爲患。萬曆年間又多了荷蘭人覬覦澎湖，《讀史方輿紀要》記：

> 自萬曆三十七年，紅夷一舟闌入彭湖；久之，乃去。天啓二年六月，
> 有高文律者乘戍兵單弱，以十餘船突據彭島，遂因山爲城、環海爲
> 池；破浪長驅，肆毒於漳、泉沿海一帶，要求互市欲如粵東香山澳
> 夷例。總兵俞咨皐者，用間移紅毛夷於北港，乃得復彭湖；議於穩
> 澳山開築城基，通用大石壘砌，高丈有七，厚丈有八，東、西、南
> 共留三門，直北設銃臺一座，內蓋衙宇、營房，鑿井一口，戍守於

〔註 1〕　參見《崇相集選錄》附錄六，顧祖禹：《讀史方輿紀要》，臺北市：臺灣文獻
　　　　叢刊第 237 種，1967 年，頁 131～133。

此以控制娘宮。〔註2〕

萬曆三十七年（1609），有一荷蘭船隻入侵澎湖；天啓二年（1622），又以十餘艘船入侵澎湖，還進一步因山築城，環海爲池，一副久占此地的打算。明朝驅逐紅夷後，才盡速築城、設銃臺、蓋衙署、營房、鑿井，認眞防守這塊土地。

明朝的澎湖並不是個安穩的地方，兵事不斷，因此海角兵事，遂成題詠的材料。如施德政〈醉仙巖題壁〉、〈橫海歌〉，李楊〈和施氏醉仙巖題壁韻〉，〔註3〕南居益〈視師中左〉二首〔註4〕，皆記征討之事，於第一節探討。

之後，明末國勢衰頹，遺臣盧若騰、王忠孝等，1664 年東渡臺灣。王忠孝有題詠東渡經澎湖之事；盧若騰因病留澎湖，雖無詠澎湖詩作，〔註5〕但是詩文集在澎流傳，古樂府創作，關懷民生的社會寫實風格影響澎湖，重要性甚於鄭經之作，故於第二節探討。第三節則探討明鄭時期作品，以鄭經爲主。

〔註2〕 參見《崇相集選錄》附錄六，顧祖禹：《讀史方輿紀要》，臺北市：臺灣文獻叢刊第237種，1967年，頁131～133。
〔註3〕 參見道光十八年周凱撰《廈門志》。
〔註4〕 參見林豪撰：《澎湖廳志》，頁457。
〔註5〕 毛一波：〈盧若騰的南澳詩〉（刊於中央日報第九版，民國59年10月23日）一文中指出盧若騰咏澎湖的詩倒有幾首，他錄了一首云：「海上三山未渺茫，竹灣花嶼鬱蒼蒼。白沙赤崁紅毛地，綠葦紅魚紫蟹莊。仰首但瞻天咫尺，稱名合在水中央。古今多少滄桑劫，留得殘雲照夕陽。」文後並說：「依據臺灣外記，盧氏病入澎湖爲時不久即死，何以病中所作澎湖之詩卻有好幾首呢？而且細味其詩，均不似病中之作。也許他早年到過澎湖小住也說不定，因爲他是魯王的追隨者之一，據說魯王也是早年到過澎湖的。自然，野史的記載，可信與否，也是問題。」毛一波臆測若騰早年到過澎湖小住，目前無充分資料可與以肯定或否定；但是毛一波言「海上三山未渺茫，……」爲盧若騰所作，值得商榷。吳言：〈盧若騰的澎湖詩〉（刊於中央日報第九版，民國59年10月29日）一文乃針對毛一波之文做了明確的辯證。一般都受《澎湖廳志》影響，誤以爲〈澎湖詩〉、〈澎湖文石歌〉、〈金雞曉霞〉皆是盧若騰所作。蓋因《澎湖廳志》在〈澎湖〉詩下誤脫作者之名，於是以爲那三首詩皆是前一首詩（〈殉節篇，爲烈婦洪和作〉）之作者盧若騰所作。今細查《臺灣詩乘》、《臺灣方志》、《續修府志》、《重修臺灣縣志》、《澎湖紀略》、《續修臺灣縣志》、《澎湖廳志稿》諸史料，證之〈澎湖詩〉、〈澎湖文石歌〉、〈金雞曉霞〉皆爲清錢琦所作。錢琦，字嶼沙，浙江仁和人。乾隆二年進士，十六年任巡臺御史兼提督學政，主歲試與科試。

第一節　明朝澎湖詩

一、施德政〈醉仙巖題壁〉、〈橫海歌〉

　　明嘉靖年間，倭寇多次進犯銅山（現福建省東山縣），焚房屋、搶財物、殺村民。明嘉靖四十三年（1564），福建沿海倭寇再度猖獗，戚繼光率義烏兵入閩征剿，在守伯渡（即現在的八尺門）。倭寇入侵時，即出兵與戰，倭寇屢敗，島內得安寧。每逢出征，銅山民眾紛紛製作乾糧犒慰。

　　明萬曆二十九年（1601）五月，倭寇洗劫梧嶼和銅山等地，福建水師出兵截擊，倭寇被擒斬數十人，餘者逃往臺灣。翌年四月，福建水師提督施德政，江蘇太倉州人，武進士出身，率兵到澎湖征剿倭寇，出征前題詩於中左所（今廈門）醉仙巖，即周凱撰「廈門志」中所錄之〈醉仙巖題壁〉，云：

> 偏師春盡渡彭湖，聖主初分海外符；鼛鼓數聲雷乍發，舳艫百尺浪平鋪。爭傳日下妖氛惡，那管天邊逆旅孤；爲道凱歌宜早唱，江南五月有蓴鱸。

施德政詩首句「偏師春盡渡彭湖」，點出出兵的時間與地點。頷聯「鼛鼓數聲雷乍發，舳艫百尺浪平鋪」，透過聽覺鼓聲震天，與視覺舳艫百尺，描繪出征氣勢磅礴，勢在必得的決心。頸聯「爭傳日下妖氛惡，那管天邊逆旅孤」，一股雄赳赳氣昂昂的大將之風，躍然紙上。由此亦見當時澎湖地區倭寇之猖獗。末聯「爲道凱歌宜早唱，江南五月有蓴鱸」，文意一轉，化用張季鷹「蓴鱸之思」，[註6]春盡遠征澎湖，江南五月有蓴鱸，還是希望能早日凱旋歸鄉。

　　同年（1602）四月既望，施德政果如奏凱回歸，在廈門銅山水寨慶功，宴會戰士，把酒臨風壯懷激烈，寫下一篇文詞壯麗的二十一韻長詩〈橫海歌〉，[註7]鐫於九仙山西南石壁上，詩曰：

> 大國拓疆今最遙，九夷八蠻都來朝；沿海邊開幾萬里，東南地缺天吳驕。聖君御宇不忘危，欲我提師制島夷；水犀列營若棋布，樓船

[註6]　參見《世說新語・識鑒》：「張季鷹辟齊王東曹掾，在洛見秋風起，因思吳中菰菜羹、鱸魚膾，曰：『人生貴得適意爾，何能羈宦數千里以要名爵！』遂命駕便歸。俄而齊王敗，時人皆謂爲見機。」（余嘉錫撰：《世說新語箋疏》，臺北市：華正，1991年，頁393。）

[註7]　《東山縣志》（1994年）〈大事記〉載：「四月十六日水師提督施德政率兵至澎湖征剿倭寇，奏凱還銅山，在水寨大山宴請將士，題〈橫海歌〉一首。」

百丈擁熊羆。春風蕩漾海水平，高牙大纛海上行；驚動馮夷與罔象，雪山湧起號長鯨。主人素抱橫海志，灑酒臨流盟將吏。揚帆直欲搗扶桑，萬古一朝悉奇事。汪洋一派天水連，指南手握為真詮；浪開坑壑深百仞，須臾聳拔山之巔。左麾右指石可鞭，叱咤風霆動九天。五龍伏鼉空中泣，六鰲垂首水底眠。舟師自古無此盛，軍鋒所向真無前。君不見漢時將軍號楊僕，君王所畀皆樓船；又不見安南老將稱伏波，勳標銅柱喜凱還。丈夫既幸遭明主，不惜一身為砥柱；試將蟻穴丸泥封，莫使游魚出其釜。鯨鯢築京觀，軍容真壯哉！椎牛饗壯士，饒吹掀天來。座中朱履歌橫海，酒酣爭比相如才；漫把升平報天子，從今四海無氛埃。

長達 300 餘字，施德政以主帥的身份，詳述跨海出征的緣由、出征的經過，以及贏得勝利的喜悅和凱旋之宴的歡樂，字裏行間充滿海防軍人忠君愛國情懷和反映平倭的赫赫戰蹟，充滿豪邁英雄氣概。首二句雄誇九夷八蠻都來朝貢，泱泱大國開疆拓土今最為遼闊，一副不可一世的氣燄耀於紙上。緊接著敘述國家的沿海邊疆長達幾萬里之遙，遺憾的是東南領土不完整，倭寇像狰獰的水怪一樣在這裡驕橫。泱泱大國怎能容此倭寇在東南沿海囂張，聖君治國不忘高危，遂命其率軍制服澎湖島上的倭寇，此即率兵跨海出征的緣由。「水犀列營若棋布，樓船百丈擁熊羆。春風蕩漾海水平，高牙大纛海上行」直寫軍隊之威武，陣容之強盛。「驚動馮夷與罔象，雪山湧起號長鯨」透過有恃無恐的倭寇和水怪受到驚嚇，戰艦乘風破浪，湧起雪山似的海浪，真謂海中巨鯨，側寫陣容強盛。「主人素抱橫海志，灑酒臨流盟將吏。揚帆直欲搗扶桑，萬古一朝悉奇事」再次展現自己向來就有跨海禦敵，成就偉大奇業的雄心壯志。「汪洋一派天水連，指南手握為真詮；浪開坑壑深百仞，須臾聳拔山之巔。左麾右指石可鞭，叱咤風霆動九天。五龍伏鼉空中泣，六鰲垂首水底眠。舟師自古無此盛，軍鋒所向真無前」描繪其海上指揮作戰，叱吒風雲的勇猛形象，還自誇自古以來水軍出師，沒有比這次行動更盛大的，軍隊鋒芒亦是空前的。「君不見漢時將軍號楊僕，君王所畀皆樓船；又不見安南老將稱伏波，勳標銅柱喜凱還。丈夫既幸遭明主，不惜一身為砥柱」引用楊僕、伏波將軍，以此自許，再次表述在聖明君王下，當不顧一切成為國家的中流砥柱。心情表述後，接著再稱說海上巧用戰術，「試將蟻穴丸泥封，莫使游魚出其釜」，像用泥土把螞蟻的巢穴封死，來圍困倭寇，不要使倭寇像游魚，從鍋中溜掉。

詩風霸氣十足。

二、李楊〈和前韻〉（和施氏醉仙巖題壁韻）

施德政寫了一首〈醉仙巖題壁〉，李楊也唱和一首，云：

> 樗才自分老江湖，襪線深慚配虎符；舳艫森森鯨浪靜，旌旗獵獵陣
> 雲鋪。風聲畫角千營壯，月照舟心一劍孤；主德未酬倭未滅，小臣
> 何敢輒思鱸。

李楊和韻，讀之溫婉平和。首聯「樗才自分老江湖，襪線深慚配虎符」，謂己
不才，愧配虎符。頷聯「舳艫森森鯨浪靜，旌旗獵獵陣雲鋪」，寫戰船臚列、
旌旗飄揚的陣仗。頸聯「風聲畫角千營壯」的壯闊，對照的是「月照舟心一
劍孤」的孤寂深沉，有著身負朝廷託與，一點也不敢鬆懈的責任感，故言「主
德未酬倭未滅，小臣何敢輒思鱸」。

三、南居益〈視師中左〉

天啓四年（1624），南居益進攻被荷蘭人所據的澎湖，〈視師中左〉二首
載其事，云：

> 嶚廓闊天際，縱橫島嶼微。長風吹浪立，片雨挾潮飛。半夜防維檝，
> 中流謹袦衣。聽雞頻起舞，萬里待揚威。

> 一區精衛土，孤戍海南邊。潮湧三軍氣，雲蒸萬竈烟。有山堪砥柱，
> 無地足屯田。貔虎聊防汛，蛟龍隱藉眠。〔註8〕

南居益（～1644）明末陝西渭南人，字思受，號二太。萬曆進士。天啓時巡
撫福建，荷蘭海盜騷擾漳、泉，擊退之，並築城鎮海港，平息海患。〔註9〕此
二詩爲紀巡撫福建時，調集水師，進攻澎湖荷人賊巢之事。古人咏吟，可藉
以參稽時事者，此類是也。〔註10〕

明熹宗天啓二年（1622），荷蘭艦隊司令官雷爾生率領軍艦十二艘，兵一
〇二四人，於七月十一日清晨侵入媽宮港，登陸風櫃尾，居民反抗被殺三十

〔註8〕　參見林豪撰《澎湖廳志》，頁457；後賴子清編《臺灣詩海‧武備門》亦收入
　　　　此詩，然「嶚」作「寥」，「檝」作「楫」，「汛」作「汎」，「隱藉眠」作「藉
　　　　穩眠」。（臺北市：臺北印刷，1954年，頁114。）

〔註9〕　南居益，崇禎元年（1628），起爲户部右侍郎，總督倉場，後代張鳳翔爲工部
　　　　尚書。十六年，李自成攻克渭南，迫降不從，次年絕食而死。有《青箱堂集》
　　　　等。

〔註10〕　參見林豪撰：《澎湖廳志》，頁458。

六人，八月勘察地理形勢後，奴役澎民數千，自海中取石建築風櫃尾、紅木埕、瓦硐等三處紅毛城。復在風櫃尾、金龜頭、嵵裏、四角嶼、白沙嶼、漁翁島建砲台，防守海道。且海盜李旦復助之，攔阻澳門與日本間，及廈門與馬尼拉之商船，造成中國對東北亞、東南亞商業疲困，沿海郡縣亦為之戒嚴。福建巡撫商周祚，諭荷人先退去澎湖，再奏請通商。〔註11〕

商周祚之諭未果，南居益繼任巡撫，採取強硬措施，決心驅除荷蘭人。明天啓四年（1624）正月，派遊擊王夢熊至澎，築鎮海城為前哨。又派總兵俞咨皋督諸軍齊進，南居益附以水師助戰。荷兩度遣使，求緩兵，容運米入舟即去，許之，遂任其揚帆去。獨渠帥高文律等，據嵵裏砲樓不去，俞咨皋以火藥轟之，樓傾入海，高文律等十二人被擒，獻俘於朝廷。〔註12〕是役前後互八閱月，賴巡撫南居益之決心以武力驅逐，卒獲勝利，澎湖歸還明朝，然支出軍餉亦達十七萬七千餘兩。〔註13〕

南居益〈視師中左〉詩，展現一位將領守疆衛土之志。第一首首聯「嵺廓閫天際，縱橫島嶼微」描寫澎湖居海中，一片縹緲，與人不可捉摸，神秘之感。頷聯「長風吹浪立，片雨挾潮飛」除了邈遠外，海上情形還是艱險萬分的，長風能將浪吹立，片雨挾潮飛。又風又雨又浪潮，仍是要戰戰兢兢「半夜防維楫，中流謹衵衣」。末聯「聽雞頻起舞，萬里待揚威」，祖逖聞雞起舞，實為中國將領之典範，南居益亦以此自許。

第二首首聯「一區精衛土，孤戍海南邊」，描寫澎湖區區一海島，孤獨戍守海南邊，其地理位置之險要可見。頷聯「潮湧三軍氣，雲蒸萬竈烟」描寫居澎湖海洋之貌，澎湃潮湧如三軍氣，遼闊雲蒸如萬竈烟。頸聯「有山堪砥柱，無地足屯田」描寫澎湖有山堪為砥柱，但是可屯田之地卻少。然勇猛的將士，仍堅守自己的崗位，「貔虎聊防汛」，守海防汛，期海疆安定。

南居益力退荷人後，總兵俞咨皋於澎湖築城，《讀史方輿紀要》載云：

> 然議者謂彭湖為漳、泉之門戶，而北港即彭湖之唇齒，失北港則唇亡而齒寒；不特彭湖可慮，漳、泉亦可憂也。北港蓋在彭湖之東南，亦謂之臺灣。天啓以後，皆為紅夷所據。〔註14〕

〔註11〕 參考李紹章編修：《澎湖縣志・開拓志》，頁39。
〔註12〕 參考李紹章編修：《澎湖縣志・開拓志》，頁39。
〔註13〕 參考李紹章編修：《澎湖縣志・開拓志》，頁39。
〔註14〕 參見《崇相集選錄》附錄六，顧祖禹：《讀史方輿紀要》卷九十九〈福建〉，臺北市：臺灣文獻叢刊第237種，1967年。

從顧祖禹這段紀載，見明朝對臺澎之認知，一般以彭湖（澎湖）國防地位遠重於北港（臺灣），南居易即將荷人趕離彭湖至北港。然亦有人認為北港亦重要，失去北港，彭湖、彰、泉皆憂也。另有閩人沈鐵者，於荷人東去臺灣後，嘗上書〈議建澎湖城堡置將屯兵永為重鎮書〉給巡撫南居益，〔註15〕建議應在澎湖建城堡、置將屯兵，永固閩疆；不應海禁，禁愈嚴豪強愈能勾結官員，從中牟取暴利。沈鐵所見甚密。明朝閩南歷史，閩、澎間的海洋扮演著重要角色，海盜、日寇、荷寇穿梭其間，明朝廷需不斷的想辦法治理。特殊的歷史背景，使得此期的澎湖多以戰爭、海防要地的面貌入詩，詩中常見海上戰場之壯闊，以及將領誓師破敵的決心。

第二節　明鄭澎湖詩

一、盧若騰（1600～1664）詩

　　明末局勢混亂，澎湖成為固守東寧（臺灣）的軍事要地，在文學方面本也無所發展，然明末遺臣有不願為清所統治，而紛紛避難東渡臺灣，行經澎湖，而留下一些詩篇，種下古典詩的種子。簡榮聰《惠安王忠孝公全集·序》云：

> 明末葉，強胡竊鼎，延平郡王鄭成功率一旅之師，經略閩粵，獨撐
> 半壁東南，一時忠憤之士，奔走疏附，共赴國難，迨北征無績，師
> 阻金陵，乃志效田橫，闢地東都，以延明祚，史稱奉冠裳而渡鹿耳
> 者，蓋八百餘人，如華亭徐孚遠、惠安王忠孝，同安盧若騰、揭陽
> 辜朝薦……等，皆其著者也。諸老或身登仕版，或望重士林，無不
> 以道義文章名於時，各有別集。」〔註16〕

康熙二年（癸卯年，1663），清兵攻下金門、廈門。次年甲辰（1664），三月初十晚開洋，〔註17〕盧若騰與王忠孝、沈佺期、〔註18〕許吉燝等同舟入臺，

〔註15〕參考李紹章編修：《澎湖縣志·開拓志》，頁40。
〔註16〕參見簡榮聰：《惠安王忠孝公全集·序》（王忠孝《惠安王忠孝公全集》，南投市：臺灣省文獻委員會，1993年，頁1。）
〔註17〕王忠孝〈自狀〉言：「甲辰三月初十晚開洋，次晨到澎湖」（參見《王忠孝全集》，臺灣文獻委員會，頁39。）《臺灣外記》載：「春三月初二」。此採當事人之說。
〔註18〕蔣毓英《臺灣府志》載：「沈佺期字雲祐，號鶴齋，泉州府南安縣人，登進士

次晨十一日至澎湖。舟至澎湖有的留下久居，有的再東行至東寧。盧若騰初到澎湖，身體微恙，遂寓太武山下。〔註19〕《臺灣外記》載：「夢黃衣神持刺來謁。忽問今是何日，侍者以三月十九對；矍然曰：『是先帝殉難之日也。』一慟而絕。臨終，命題其墓曰：『有明自許先生盧公之墓』。」年六十有五。〔註20〕鄭經臨其喪，以禮葬於澎湖太武山南，康熙二十三年（1684），其子饒研來澎湖，啟攢歸葬於金門賢聚鄉老家，澎湖廢塚猶存。

　　若騰先生風情豪邁，當時士大夫俱幸願一識。晚年一意著述，上自天文地理，下逮蟲魚花草，無不宏通博雅；品藻古人成敗得失，反覆淋漓，斷制嚴謹。至於身世感遇、憂愁憤懣之什，皆根於血性注灑。人比之蔡忠毅道憲。一生著述頗豐富，所著有《島居隨錄》〔註21〕、《島噫詩》、《留庵詩文集》、《方輿互考》、《與畊堂值筆》、《與畊堂學字》、《與畊堂印擬》、《島上閒居偶寄》、《浯洲節烈傳》、《制義》、《太武遊仙詩集》〔註22〕等，但多以散佚。西元1959年冬，金門掘魯王塚，發現其作品《留庵文集》十八卷、《留庵詩集》二卷、《制義》一卷、《島噫詩》一卷、《與畊堂學字》二卷等書尚存。〔註23〕林豪《澎湖廳志》選錄了一首〈殉節篇，為烈婦洪和作〉。其著述、事蹟流傳歷清、日治、民國，為諸多文士所詠懷，影響澎湖文學最深。

第官諫議，明亡絕意進取，後至廈門杜門謝客，後又抵臺以醫術濟臺人，……壬戌秋卒於臺，時年七十有五，平生著作其子孫輯而藏之」（參見《臺灣府志》三種，北京：中華書局，1985年，頁222。此書無標點，此標點為筆者加上。）

〔註19〕太武山：距廳治十四里。山峰圓秀，大小相伯仲。俗以大太武、二太武、三太武名之。大太武在北最高，東北舟來，先見陰、陽嶼，次見此山。……明鼎革後，同安盧尚書若騰避跡來澎，居此山下，卒塋山南，墓址尚存。（林豪：《澎湖廳志》，頁17～18。）

〔註20〕蔣毓英：《臺灣府志》言盧若騰：「越明年卒，時年六十有五。」

〔註21〕此書上海進步書局印行石印本之《筆記小說大觀》收有《島居隨錄》。

〔註22〕《澎湖續編・藝文紀》編輯者蔡廷蘭於四川藩司（號發吾）蔡守愚（同安人）〈登太武山高會〉詩後按語：「明鼎革後，侍御盧若騰流寓來澎，隱此山下，舊有「太武遊仙詩集」，今亡。」（《澎湖續編・藝文紀》，臺灣文獻叢刊第115種，1961年，頁93～94。）

〔註23〕盧若騰生平事蹟合參《續修同安縣志》、《重修泉州府志》、《金門志》（盧若騰傳見附錄一）、《諸羅縣志》、《臺灣縣志》、《重修泉州府志》、《澎湖廳志》、《臺灣通志》、《府縣志》、《臺灣府志》三種、《續修臺灣府志》、《福建通志》、《小腆紀傳》、《臺灣通史》、《臺灣外紀》、《鮚埼亭集》、《留庵文集》、《石齋文集》、《續閩書》、《林霍詩話》、《蠡測彙鈔》、《歊雲文鈔》、《島噫詩，弁言》等。

　　若騰先生古體詩多於近體詩，抒發心中的憂愁、痛悼、憤怨之氣。《島噫詩‧小引》云：

> 詩之多，莫今日之島上若也。憂愁之詩，痛悼之詩、憤怨激烈之詩，無所不有，無所不工。試問其所以工此之故？雖當極愁、極痛、極憤激之時；有不自禁其啞然失笑者，余竊恥之！島居以來，雖屢有感觸吟詠，未嘗作詩觀，未嘗作工詩想；如痛者之呻，哀者之哭，噫氣而已。錄之赫蹏，寄之同志。異日有能諒余者曰：「此當日島上之病人哀人也！」余其慰已。

此充分說明盧若騰的詩觀與作詩的理念。其言「島居以來，雖屢有感觸吟詠，未嘗作詩觀，未嘗作工詩想」，在《君常弟詩序》中還說：「君常柬余曰：『人亦有言，風者天地之噫氣，詩者人心之噫氣。年來區區之心未由自遣，一番噫氣，只增一番狂病耳。錄之以志所遭之不幸，未暇論工拙也。』斯言也，若無意於詩，而實直探詩之原本者。」與一般人之為作詩而作詩迥異，與刻意於字句之雕琢鍛鍊亦不同；但是雖無意於詩句之工拙，然所作之詩卻句句驚人，感人肺腑。盧若騰能有如此之成就當受之於其祖父盧一桂之庭訓。盧若騰自幼至長無外傅，皆其祖父盧一桂親自教授。年十三，尚不許讀時文，日令研習經史，學性理之道，熟讀唐宋各大家文集。盧若騰曾回憶云：「經以貫理，史以賅事，事理流通，心地靈澈，然後摹仿時文，不過一歲之功耳。若胸中先有時文為主，以浮詞障蔽性靈，縱連掇科名，終是無根之華，何俾世用。」（民國八十一年《金門縣志‧人物志‧義行‧盧一桂傳》）故其為文古樸，為詩能見真性情。〔註24〕

　　另外，在藝術上，盧若騰注重於創新。他在題為〈文章〉的詩中說：「文章自有神，立言貴創獲；僋父浪結撰，視之如戲劇。」他的詩作極少粗製濫造，也絕少無病呻吟，大多清新可誦，不落俗套，不講究刻板的形式，感情也比較真摯。〔註25〕盧若騰詩內涵豐富，風格特出，有呈顯歲寒志節者，有關懷民生疾苦，揭發社會現象者，如〈哀溺海〉，描述明鄭時期隨鄭氏至臺將士的妻妾，泛海來臺尋夫遇風溺死的慘狀：

> 將士妻妾汎海遇風，不任眩嘔，自溺死者數人，作此哀之。

〔註24〕參見吳島：《島噫詩校釋》，臺北市：臺灣古籍出版社，2003年3月，頁413。
〔註25〕參見劉登翰等編：《臺灣文學史》，福建省：海峽文藝出版社，1991年6月，頁118。

　　少婦登舟去，風濤不可支。眩眸逢蜎蛹，豔質嫁蛟螭。盡室為遷客，
　　招魂復望誰。化成精衛鳥，填海有餘悲。〔註26〕

詩特以少婦做為海難的主角，泛海遇風，眩嘔不支，葬身大海。不幸的是「盡室為遷客，招魂復望誰。」此中道出明鄭時期有一波渡海來臺的移民潮，堪稱詩史。當時橫洋至臺，所冒風險極大，時遇颶風，狂風驟雨巨浪足以擊碎翻覆船隻；衡量下，先民仍甘冒危險，渡洋至臺灣築夢其無奈、艱辛可見。

　　盧若騰先生以詩存史，記載了明末時期的社會；關懷社稷，極力反對侵略，堅定抗清，至死不降的浩然正氣；以及哀憫蒼生疾苦的情懷，深為後人所景仰歌頌。詩作流傳於澎湖，對後世亦起模範作用。周凱（？～1837）道光十二年（1832）至澎勘災，特意尋訪故居，〈勘災四首〉之四：

　　……有懷欲抵將軍澳，何處重尋菩薩寮（明盧若騰官浙江，多善政，
　　民呼盧菩薩。鼎革後結寮澎湖，著作甚富，見「臺灣志」）。……
　　〔註27〕

人們總不忘其為官愛民的典範。林樹梅在〈乙酉侍任澎湖，丙戌冬月言歸，賦詩誌別〉詩云：

　　蹤跡如蓬轉，風波又一經。地原多鬼市，人喜逐魚腥。古劍磨肝膽，
　　奇書浴性靈（余在澎訪得盧牧洲先生遺文數冊）。歸裝何所有，囊橐
　　貯空青。〔註28〕

道光乙酉年（五年，1825），林樹梅父林廷福至澎湖任右營遊擊，其隨父至澎湖。詩句「奇書浴性靈」後自註「余在澎訪得盧牧洲先生遺文數冊」，知林豪《金門志》言林樹梅藏有盧牧洲先生遺文，原來是在澎湖訪得。〔註29〕顯示澎湖第一位流寓詩人盧若騰的詩文，於清道光年間仍流傳於澎湖。林樹梅見之如獲至寶，欣喜若狂，直呼「奇書浴性靈」。他對於鄉先賢盧若騰作品輯錄及生平事蹟的追索，極盡用心。《歗雲文鈔》卷五收錄有長篇的〈明自許先生傳〉詳述盧若騰生卒，於傳後又有多段補充，認為《福建續通志》、《泉州府志》、《同安縣志》均為盧氏作傳，但都不免過於簡略。林樹梅據《臺灣外記》、

〔註26〕 此詩據盧若騰作、吳島校釋：《島噫詩校釋》，臺灣古籍，2003年，頁161。

〔註27〕 見蔣鏞：《澎湖續編》〈藝文〉、林豪：《澎湖廳志》〈藝文〉。

〔註28〕 參見林豪：《澎湖廳志》，臺灣銀行經濟研究室，《臺灣文獻叢刊》第164種，1963年6月，頁514。

〔註29〕 參見蔣鏞：《澎湖續編》，臺灣銀行經濟研究室，《臺灣文獻叢刊》第115種，1968年，頁58、158。

《石齋全集》、《結埼亭集》、《續閩書》、《滄湄詩話》、《蠡測彙鈔》、《復社姓氏傳略》，參以盧若騰自著詩文，以及實際訪察盧若騰的學生、後裔，做增補與修訂：〔註30〕

……先生墓在浯島賢聚村，距樹梅家三里許，俗稱「盧軍門墓」是也。碣題「有明自許先生牧齋盧公之墓」。按：先生之孫舃吾自譔其父鐃研墓誌曰：「通易公（謂先生）之殯于於澎湖也，屬紅夷之警。忽夢公告以寒，覺而心動。復買舟至澎啓攢歸葬於浯。《福建續志》、《臺灣府志》俱載進士盧若騰墓在澎湖，不知爲廢塚也。」今依墓誌正之。〔註31〕

林樹梅拜謁盧若騰墓，並以詩弔之：

禪經安得靖疆場，意氣嶒崚見彈章。壯志不教除逆賊，孤忠依舊殉先皇。浙入去後空稱佛，閩事興時苦乏糧。祇剩貞心堪自許，海天終古碧茫茫。

林樹梅舉盧若騰生平二三要事，概括其人格。首舉其任兵部主事時，上疏彈劾楊嗣昌討賊不力，卻妄想藉由刊佈華嚴經祈福消災、安靖疆場之事。意氣嶒崚，中外壯之，只可惜這種壯志未能除反逆賊，最後還是以遺民的身世離散流亡，病逝澎湖。次舉盧氏任職浙江布政使司左參議兼分巡寧紹巡海兵備道時，潔己愛民，浙人感恩其德，人稱「盧菩薩」；再舉福王勢力潰敗後，盧氏舉兵福建，積極抗清，卻因乏糧接濟，功敗垂成。這些曾經有過的希望，逐一破滅後，唯見「海天終古碧茫茫」，這「碧茫茫」的是林樹梅在金門島上膜拜先賢，仰頭所見的蒼茫海色，更是「自許先生」亙古不變的碧血丹心。〔註32〕

林豪（1831～1918）應聘澎湖文石書院山長，重陽前二日帶領諸生至澎湖太武山謁盧若騰墓，〔註33〕賦〈重陽前二日同澎湖諸生遊太武山謁盧牧洲

〔註30〕參考施懿琳：〈我家居金門，當門挹溟渤——林樹梅《歗雲山人詩文鈔》的海洋書寫與歷史追述〉，2009閩南文化國際學術研討會，頁12～13。

〔註31〕參見林樹梅：《歗雲山人文鈔》，黃哲永、吳福助主編：《全臺文》第八冊，臺北：文听閣圖書有限公司，2007年。

〔註32〕參考施懿琳：〈我家居金門，當門挹溟渤——林樹梅《歗雲山人詩文鈔》的海洋書寫與歷史追述〉，2009閩南文化國際學術研討會，頁13。

〔註33〕黃美娥：《清代臺灣竹塹地區傳統文學研究》言是遊金門太武山上盧若騰的遺墓。有誤，應是澎湖的太武山。（《清代臺灣竹塹地區傳統文學研究》，私立輔仁大學中文研究所博士論文，民國八十八年七月，頁400。）

遺墓（諱若騰金門人）〉，詩云：

> 西風烈烈吹海來，海波十丈喧晴雷，有客驅車過海涘，寂寞遺壚餘
> 一坏，一坏曾此埋忠骨，聞說首邱正舊穴，土人猶說盧軍門，自是
> 人心愛忠節，日暮狐狸不敢眠，想見荒墳血猶熱，鬼神呵護百靈朝，
> 萬古罡風吹不消，魂歸大海奔胥浪，氣作山河壯勝朝，勝朝末造朝
> 綱倒，先生立朝何矯矯，觸邪意氣見彈章（先生在兵部有劾輔臣楊嗣昌內
> 臣田國興等疏），活國奇謀留諫草，浙東半壁勢難支，慟哭孤臣出視師，
> 壞雲慘慘迷殘壘，落日蕭蕭捲義旗，七上援章糧不發，盤山關下戰
> 兵飢（隆武時先生巡撫浙東駐守溫州使其弟若驥扼守盤山關糧盡師遂潰），錢塘
> 潮落軍飛渡，宿將勁兵散如驚，千金曾結賀君堯，一局殘棋同力據，
> 靖海營空水氣腥，霞關兵撤閩事去，精衛心長可若何，剩水殘山芥
> 飛絮，年年航海欲何歸，回頭望斷西陵樹，海風瑟瑟吹扁舟，吹到
> 東南天盡頭，可憐清淨無遺土，寂寂蓬蒿剩廢邱，祇有丹心堪自許
> （先生遺命題其墓曰有明自許先生之墓），杜鵑聲盡恨長留，留連海上雲山
> 好，潮去潮來何草草，年年蓬顆泣秋蜇，歲歲荒煙啼犵鳥，如助忠
> 魂太息聲，萬古噫聲託孤島（先生有島噫詩集），我昔太武山前拜幽墳，
> 女蘿山鬼愁斜曛（公子饒研移柩歸塋故鄉距北太武山十餘里），我今太武山
> 中訪遺碣，白日黃沙埋馬鬣，兩地精靈颯往還，海若山魈氣皆懾（公
> 子既扶柩回籍仍將舊壙築成盧堆後人利其吉兆盜塋之多不利），此日滄桑感易
> 生，此邦海氣夜來腥，不如歸去家鄉好，桂旗蘭楫紛相迎，吁嗟乎
> 昔悲公志把詩讀，今抱遺書訪孤躅，一掬寒泉未敢澆，再拜招魂歌
> 此曲，此曲淒涼不忍聽，隱隱靈濤起深谷，料得吟魂感不勝，秋墳
> 夜夜哀音續，唱到傷心鳥亦啼，江花江草半悽迷，詩中滿把千秋淚，
> 擲付東流定向西。

林豪帶著澎湖諸生遊太武山謁盧牧洲遺墓，寫下此 68 句長詩，亦悲亦嘆亦讚
亦憐惜的道盡盧牧洲的一生，亦為學生上了一節忠孝節義之課。起句點出重
九澎湖秋天的天氣，「西風烈烈吹海來，海波十丈喧晴雷」，如此偏僻荒野之
地，有人來到此，後竟客死他鄉，埋骨於此，此人就是澎人口中津津樂道的
盧軍門。自明永曆十八年（1664）三月殞沒至今清道光年，歷一百餘年，澎
人口中仍念念不忘，原因無它，「自是人心愛忠節」。就連動物狐狸日暮不敢
眠，「想見荒墳血猶熱，鬼神呵護百靈朝」，這亦是後人景仰盧牧洲之處。同

爲金門人，離鄉背井到澎湖，一是山河變色，被迫離鄉；一是爲生計，奔赴他鄉，都有不得已之嘆：「此邦海氣夜來腥，不如歸去家鄉好」。詩末「再拜招魂歌此曲，此曲淒涼不忍聽，隱隱靈濤起深谷，料得吟魂感不勝，秋墳夜夜哀音績，唱到傷心鳥亦啼，江花江草半悽迷，詩中滿把千秋淚，擲付東流定向西。」道盡孤臣無力可回天，又客死他鄉的傷痛。

乙未割臺，澎湖港底村革命家李漢如（1876～1936），賦〈登太武山懷盧若騰〉：

> 辮頭獠舞上金鑾，蹈海居盧太武山。半壁難延明國祚，一抔空擲鄭安南。〔註34〕

惋惜著半壁江山難延明國祚的遺憾。日本漢學家久保天隨（1875～1934），昭和七年（1932）三月四日至澎湖史蹟考察，來到太武山弔盧若騰，賦詩二首，題爲〈太武山弔明盧牧洲尚書〉〔註35〕，詩曰：

> 衣冠儼作好儀容，想見金門秀氣鍾；抗疏禁闈推宰輔，著書叔世仰儒宗。中原戰罷奔無鹿，大澤春寒蟄有龍；悵絕澎湖潮似咽，騎箕一去夜雲重。（其一）
>
> 望山師潰一倉皇，慟哭終宵訴彼蒼；既值亂離思北闕，欲將遲暮寄南荒。偏安當日臣欺主，浩劫何年海變桑；但是桐棺歸葬後，廢阡宿草夕陽黃。（其二）

第一首稱許金門定是個地靈之處，才能出此傑出之人，居高官且心存仁厚，著書叔世，爲人景仰。一心延明國祚，最後悵絕澎湖，大地潮水同悲咽，此亦久保天隨爲之悲咽。儘管時光流遠，不論中外學者，來到澎湖仍不忘此處有一忠義之臣，含著國仇家恨客死於此，紛紛赴其遺塚憑弔，瞻仰其高潔品格，憂國憂民的襟懷。不論是生命氣質或文學成就，盧若騰皆爲後輩典範。

二、王忠孝（1593～1666）詩

永曆十八年（1664），盧若騰與沈佺期、許吉燝、王忠孝等人同舟入台，舟至澎湖而疾作，乃寓居澎湖太武山下。王忠孝有〈東行〉、〈同辜在公年兄抵澎湖坐漁舟風雨大作賦此志感〉、〈渡海漫吟旋而厭之賦此自嘲〉等詩，爲

〔註34〕此詩見於吳爾聰先生遺稿中所錄。
〔註35〕此詩見於久保天隨《澎湖遊草》。

這段歷史做見證。

　　王忠孝，字長孺，號愧兩，〔註36〕福建惠安人。明崇禎元年戊辰〔註37〕
（1628）進士，擔任戶部主事，由於個性耿介，任官盡職，不徇私包庇，因
而得罪宦官鄧希詔，先後兩次遭構陷，入獄長達二十八月。後雖有多次平反
機會，但均未能復職。崇禎十七年（順治元年，1644）甲申之變後，他曾投
入福王幕下，為反清復明奔走數年。永曆十七年（康熙二年，1663）十月，
清師攻下鷺（廈門）、浯（金門）兩島。王忠孝於〈自狀〉〔註38〕載：

> 又辛丑，清兵從海澄同安港，南北夾擊，謂投鞭可渡也。我師臨
> 戰，東風一發，彼舟不支，北人浮屍蔽海，二島烽火不驚，將謂今
> 而後彼不敢復問島矣。不謂賜姓移師臺灣，亡祿即世，同事諸公，
> 水火互爭，開清以隙，二島遂失，居民掠殺甚慘，癸卯十月十日。
> 〔註39〕

從王忠孝這段記載中，看見明朝滅亡之因。「東風一發」，明頗受天助；然觀
「不謂賜姓移師臺灣，亡祿即世，同事諸公，水火互爭」，國家存亡之秋，
明朝臣子各懷二心，未能團結，勢將被滅。洪旭〈王忠孝傳〉亦載：「丁亥
夏，與鴻逵、成功、及光祿卿諸葛倬、都憲沈佺期、職方郎張正聲、禮科
郭符甲、翰林林垐、御史林蘭友，同時舉事，收復郡邑，義聲大振。已而
糧竭勢分，事權不一。」〔註40〕二島淪陷，王忠孝知事無可為，南下銅山。〈自
狀〉云：

> 余知事不可為，遣兒攜諸孫及老妻入山，余南下銅山，二老妾從焉。
> 侍行者，從姪孫亥、族姪環，及僕婢而已。至銅，借居於黃石齋先
> 生祠宇，同年喜（韋）在公偕焉。居五閏月，無日不在風鶴中，將
> 士叛者踵聞，因移舟而北。〔註41〕

〔註36〕鄞縣全祖望紹衣輯張煌言〈年譜〉寫「媿兩」。（張煌言：《張蒼水集》附錄一，
　　　　四明叢書約園刊本，頁24。）

〔註37〕王忠孝：《惠安王忠孝公全集》，南投市：臺灣省文獻委員會，1993年，頁45。

〔註38〕王忠孝〈自狀〉下自註撰文始末：「狀雖不文，生平硜意，頗自詳悉。乙巳歲
　　　　鈔。臥痾取稿再刪，覺語語撴實，無可去留，存之，以示子孫。丙午正月九
　　　　日記，始稿於永曆乙巳年七月某日。」（王忠孝：《惠安王忠孝公全集》：臺灣
　　　　省文獻委員會，頁23。）

〔註39〕王忠孝：《惠安王忠孝公全集》：臺灣省文獻委員會，頁38～39。

〔註40〕王忠孝：《惠安王忠孝公全集》：臺灣省文獻委員會，頁259～260。

〔註41〕王忠孝：《惠安王忠孝公全集》：臺灣省文獻委員會，頁39。

王忠孝遣兒攜諸孫及老妻入山，有詩〈促兒孫入山〉：「我今應如此，兒曹勿
猶夷。膚髮我何有，香火爾應持。好速攜孫去，篤志守墳廬。世亂多離別，
苦辛靠天知。」〔註42〕說明了要他們入山之因乃爲了延續香火，篤志守墳廬。
自己則帶著二妾、從姪孫亥、族姪環，及僕婢，偕同辜朝薦南下銅山，居住
在黃石齋先生祠宇五個月，其間無時無刻不處在風聲鶴唳中，後因將士叛者
踵聞，遂移舟北上。時世藩將往東寧，泊舟料羅，遂招王忠孝、辜朝薦同行。
王忠孝〈自狀〉云：

> 時世藩將往東寧，泊舟料羅，招余及在公同行，而余年家子陳復
> 甫、姻友洪忠振，俱贊余決，遂與俱東。甲辰三月初十晚開洋，次
> 晨到澎湖，是夜風波震撼，浪兼天湧，余偕在公借坐洪鍾特舟，眷
> 屬仍坐自舟，中流發漏，幾於沈溺，幸無事。辰後舟亦至澎，稍稍
> 憩息。〔註43〕

廖振富言王忠孝「乃應鄭成功之邀」到臺灣，〔註44〕蓋據洪旭〈王忠孝傳〉：
「延平王既定臺灣，書邀公。」〔註45〕於王忠孝文中未明作此交待。從〈自
狀〉：「不謂賜姓移師臺灣」見王忠孝對鄭成功移師臺灣頗有微詞，〈自狀〉又
云：「澎，晉江末都也。泊一月，意卜居焉，借棲無地。」足見王忠孝與親友
一番商討後，王忠孝決定東行，但未必一定得到臺灣，否則不會有卜居澎湖
之念。況乃鄭成功已卒於壬寅（康熙元年，1662）夏五月初八。〔註46〕對於
鄭成功退守臺灣，明末諸臣有著不一樣的看法，前文已述。王忠孝決定東渡，
最大原因應如其詩〈偶感〉所言：

> 徵全婦子及諸孫，胡爾棄家作離群。出屏匡章緣念父，袖椎張子不
> 忘君。七朝遺迭剩殘喘，一片丹誠問重雲。也覺秋風吹瘦骨，貪開
> 黃菊晚來芬。〔註47〕

甘忍顛沛流離之苦，期盼明能復，即便亡國也不願爲清之臣民，這是王忠孝
的選擇。永曆十八年甲辰（康熙三年，1664）三月初十晚，與好友辜朝薦、

〔註42〕王忠孝：《惠安王忠孝公全集》：臺灣省文獻委員會，頁249。
〔註43〕王忠孝：《惠安王忠孝公全集》：臺灣省文獻委員會，頁39。
〔註44〕《全臺詩》第一冊，廖振富撰。
〔註45〕王忠孝：《惠安王忠孝公全集》：臺灣省文獻委員會，頁261。
〔註46〕鄞縣全祖望紹衣輯張煌言〈年譜〉（張煌言《張蒼水集》附錄一，四明叢書約
　　　園刊本，頁20。）
〔註47〕王忠孝：《惠安王忠孝公全集》，臺灣省文獻委員會，頁250。

陳復甫、洪鍾特、洪忠振、侄孫及甫〔註48〕等人出發，隔天早晨抵達澎湖。
是夜風浪滔天，所幸皆平安。張煌言有詩〈懷王媿兩少司馬徐闇公沈復齋中
丞〉記此事：「昔我曾上嘉禾島，島上衣冠多四皓，方瞳綠髮映朱顏，紫芝一
曲何縹緲，年來滄海欲生塵，烽煙亂矗商山道，杖履流落似晨星，天長地闊
令人老，南望銅陵又一山，風帆千尺鯨波間，不然疑成黃鶴去，去去麟洲第
幾灣。」〔註49〕全祖望輯張煌言〈年譜〉按語云：「王侍郎忠孝字媿兩，沈都
御史佺期字復齋，皆當以從亡入東寧，與盧尚書若騰，辜都御史朝薦，郭侍
郎貞一，徐都御史孚遠，紀儀部許國，為鄭氏國老，凡有大事待訪而行，當
時謂之七公，其後並卒于島。」〔註50〕

　　王忠孝抵澎後本打算卜居於此，卻因借棲無地，遂再東行至東寧，〈自狀〉
云：

> 澎，晉江末都也。泊一月，意卜居焉，借棲無地。四月初八日，再
> 移於東，聞有甘吉洋，風濤似澎，是日幸風恬浪靜，四更自澎開棹，
> 午刻抵東寧，初十日登岸，宿陳復甫舊寓，鷦棲寄食，荏苒又經年
> 矣。〔註51〕

泊澎湖近一個月，四月初八四更天（丑時），王忠孝等自澎開棹，移渡臺灣。
文中「聞有甘吉洋，風濤似澎，是日幸風恬浪靜」，所言指臺澎間，近東吉海
域的黑水溝。此語見時人對臺澎海域之畏懼。幸當天風恬浪靜，行經五個時
辰，王忠孝一行人在午刻抵達東寧，借住寄食在陳復甫舊寓。王忠孝留臺期
間，頗受禮遇，與沈光文、徐孚遠、寧靖王〔術〕桂、禮科辜朝薦，日相過
往，賦詩著書，以盡餘年，〔註52〕旅臺之第四年病逝。著有《四書語錄》、《易
經測略》、《詩經語略》、《孝經解》、《四居錄》及奏議詩文等若干卷。其〈遺
囑（一）〉一文書寫於七十三歲，云：

> 所著四書語錄，易經測略、詩經語略、孝經解、四居錄及奏議詩文
> 等若干卷，可詳讀，學究平實，語勿示人，諸孫能成立，刊刻傳家，

〔註48〕 參見王忠孝〈自狀〉：「哭於亡侄孫　觀及甫之靈，曰……三月，偕余入東
寧。」（王忠孝：《惠安王忠孝公全集》，臺灣省文獻委員會，頁40。）
〔註49〕 張煌言：《張蒼水集》卷四，明叢書約園刊本，頁5。
〔註50〕 張煌言：《張蒼水集》附錄一，四明叢書約園刊本，頁23。（標點為筆者所加）
〔註51〕 王忠孝：《惠安王忠孝公全集》，臺灣省文獻委員會，頁39。
〔註52〕 參見洪旭：〈王忠孝傳〉（王忠孝《惠安王忠孝公全集》），臺灣省文獻委員會，
頁260。

　　亦可教子弟，及兩房諸姪孫，俱以孝友敦睦爲首務，爾當躬先行之。

　　吾若尚有數命，得入家園，則耳提面命，是吾家之福也。……

　　諸孫惟謹身讀書是囑，讀書能明理，便成個人，不在急科名也。病

　　間豫書，永曆乙巳，春三月，初六日，父愧兩手書於旅舍。〔註53〕

王忠孝於永曆乙巳（1665），春三月，初六日，客居臺灣，書此遺書，告示其
子。遺囑中談及其一生著作，謙虛的言己學究平實，要其子勿示人，勉諸孫
能成立，或刊刻傳家，亦可教子弟。並以孝友敦睦爲家訓，要其子躬先行之。
且要謹身讀書，非急於科名，而是讀書能明理，成個人。言「吾若尚有數命，
得入家園，則耳提面命，是吾家之福也。」足見王忠孝對於重視孝道與建立
知書達禮之健全人格。只可惜王忠孝生前未能再回到惠安，丙午（1666）四
月二十八日，卒於臺灣，享年七十有四。宗藩勳舊皆來視殮，莫不墮淚。癸
丑年東人送公橔（柩）歸里，葬於惠北松亭之原。〔註54〕其文皆以「永曆」
稱之，終奉永曆爲正朔，其一生忠孝傳家，誠子孫不以科名爲重，成個人爲
要，人格足爲後人典範。

　　目前可見王忠孝作品，最齊全者爲臺灣省文獻會於 1994 年排印出版的《惠
安王忠孝公全集》。根據書前〈點校說明〉，該書乃據王忠孝後裔所輯之未刊
本，原有十二卷，而臺灣省文獻會之刊印本，共分十一卷，另有傳誌類中的
〈王忠孝傳〉、〈王氏譜氏〉二文爲附卷。

　　另外，江蘇古籍出版社於 2000 年出版《王忠孝公集》（福建叢書第二輯
之八），由福建師大教授方寶川根據上述抄本重新整理。

　　今據《惠安王忠孝公全集》一書，自卷九迄卷十一，所載詩作九十五
題，約百餘首。詩作內容，主要反映明清鼎革之際的動亂，時時期待復明的
壯志，卻又孤臣無力可回天的無奈，爲明代遺民文學之可歌者。〈浯中九日風
雨中作〉：

　　憑高一望嘆古今，霾風細雨蔽山嶺。誰將滿月江山畫，變作傷心禾
　　黍吟。幽徑菊芬飄爽氣，水亭竹影搖清陰。黽勉扶筇夷險徑，茱萸
　　倒插笑遺簪。〔註55〕

時代的動亂，復加大自然的風雨，詩人不禁哀嘆：誰將滿月江山畫，變作傷

<hr>

〔註53〕王忠孝：《惠安王忠孝公全集》，臺灣省文獻委員會，頁42～43。

〔註54〕參見洪旭：〈王忠孝傳〉（王忠孝《惠安王忠孝公全集》，臺灣省文獻委員會，
　　　　頁 261。

〔註55〕王忠孝：《惠安王忠孝公全集》，臺灣省文獻委員會，頁 228。

心禾黍吟。黍離之痛，今讀之仍悽然。〈村中借宿〉：

> 亂來何處是吾家，借得一枝傍水涯。睡去忽生舊國夢，醒來月色床
> 前斜。〔註56〕

國難當頭，自是如浮萍東奔西走。王忠孝〈自狀〉云：「自戊子秋，偕仲兄入
鷺門，居鷺之曾安。兄嫂俱終於鷺，而幸皆歸葬。庚寅年，今上永曆遣官賚
勒陞余兵部右侍郎，前後勒三四至，而楚越道阻，不得前，疏辭新銜。奉旨
『王忠孝孤忠亮節，久鑒朕心，新銜未足示酬，尚且祗受，以資聯絡，俟閩
疆克奠，卿其馳赴行畿，用展壯猷』，捧讀之下，未嘗不抱慚報稱無地。十三
年移浯，住賢厝鄉，凡三年，隱於村落，耕漁自給，中間戒心者二。辛卯三
月，賜姓師入粵，清乘虛窺鷺，余挈家登舟，泊浯嶼觀望，而定國師從揭陽
至，沿海焚清舟，截其往來，渠師（帥）困鷺城，乞哀弭首去。住舟一月，
仍回故寓，親知無恙，惟曾二老，以在城殉難。余募人出其遺體，殮於浯。」
〔註57〕洪旭〈王忠孝傳〉對此進一步補述之：

> 辛卯，清帥馬得功倪延平王在粵，遂襲島。公僅一舟，曰：「事急矣，
> 安可使吾家獨完，而置曾眷於殆！」趨舟先獲之，公妻子入小漁艇，
> 泊磯下，幾壞者屢。及曾公殉節陷城中，莫敢過問，公募僧人得其
> 遺體，而出其壽器殮之。與沈佺期昏夜過鴻逵舟取綿帛。相去數里，
> 風雨驟至，舟人大恐，及岸，乃嘆曰：「頃不歸，吾兩人且以魚腹為
> 殮，尚殮曾公耶？」大司馬盧若騰、光祿卿諸葛倬等皆來視殮，復
> 為權厝於浯。〔註58〕

王忠孝記清兵攻鷺，「住舟一月，仍回故寓，親知無恙，惟曾二老，在城殉難。
余募人出其遺體，殮於浯。」一事，洪旭特書王忠孝讓己妻子坐小漁艇，而
舟載曾公之妻，與冒著風浪與風險夜潛入城，將曾公遺體運出入殮，厝於浯。
足見王忠孝人格之偉大，臨難不為己，仁心寬厚。

　　因清兵南下，王忠孝舉家從家鄉惠安南移鷺洲，又移浯洲賢厝鄉三年；
二島被清兵所陷，又移澎湖，再移東寧。這是戰亂帶來的新移民，雖豐富了
當地文化，然對當事者而言卻是苦不堪言。一句「亂來何處是吾家，借得一
枝傍水涯。」道不盡顛沛流離的生活苦楚，只能無奈嘆言：何處是吾家。睡

〔註56〕王忠孝：《惠安王忠孝公全集》，臺灣省文獻委員會，頁229。
〔註57〕參見王忠孝：《惠安王忠孝公全集》，臺灣省文獻委員會，頁38。
〔註58〕參見王忠孝：《惠安王忠孝公全集》，臺灣省文獻委員會，頁260。

去夢回舊地，醒來月照床前，空歡喜一場。此暗化李白「床前明月光」，托出烽火連天，家鄉難抵的國仇家恨。

　　除反映明清鼎革之際的動亂外，詩中常見「孤臣」與「復旦」之用語，表現孤臣復國之心切。如，〈銅陵寄家中子姪〉：「**孤臣**欠一死，宗祀應有依」，〈感時〉：「**孤臣**拍劍空揮淚，引領中原祝聖皇」，〈鷺中移民作戰場〉：「誰足烹魚願溉釜，寂然悶殺是**孤臣**」，〈同辜在公年兄抵澎湖坐漁舟風雨大作賦此志感〉：「**孤臣**慚報國，祇有勵貞標」，〈之東〉：「極目江干事已荒，**孤臣**何地泊征帆」，〈島上除夕〉：「歲除莫遡從前事，新唱明朝**復旦**籌」，〈七十親朋有欲致祝者賦此卻謝〉：「親朋休說懸弧事，為問長宵**復旦**期」，年至古稀，念念不忘的是他的家國，仍有「老驥伏櫪志在千里」的壯志，〈閒詠〉云：「莫道窮愁虛歲月，老當益壯竟何如」，〈夜行聞鐘〉：「報國心猶壯，還家路轉迷」可見一斑。

　　〈島上除夕〉云：

　　　遍地胡騎未肯休，依棲荒島嘆浪遊。千層波浪映漁火，滿目風霜冷貂裘。義不帝秦誰遠蹈，心甘望漢豈同仇。歲除莫遡從前事，新唱明朝復旦籌。〔註59〕

　　〈夜行聞鐘〉云：

　　　何緣頻勞碌，旅夜蹈清溪。報國心猶壯，還家路轉迷。山夜傍斜月，漁燈映遠堤。最憐更定後，鐘聲到小溪。〔註60〕

這些詩都表現著相同的情感。與清兵周旋的辛苦，國家遇難的感嘆，義不帝秦的忠貞，憂國憂民憂家而不成眠。所有思緒翻覆的苦惱盡集於一句——最憐更定後，鐘聲到小溪。時而與好友遊山品泉，形諸歌詠，念念不忘的還是家國君王，以及未讓其隨行的親人。〈同忠振伯洪鍾特招司馬盧牧州光祿諸葛士年遊太傴山漫題〉：

　　　寓縣滄桑餘十秋，茲山屹峙砥狂流。峰標鰲柱依辰極，塔喚金輪映斗牛。陟巘振衣雲拂裙，疏池浴日玉濆漱。登臨莫洒新亭淚，匡濟望公一借籌。〔註61〕

洪旭〈王忠孝傳〉載當時王忠孝居鷺島，他住浯島，王忠孝常與沈佺期乘扁

<hr>

〔註59〕參見王忠孝：《惠安王忠孝公全集》，臺灣省文獻委員會，頁219。
〔註60〕參見王忠孝：《惠安王忠孝公全集》，臺灣省文獻委員會，頁220。
〔註61〕參見王忠孝：《惠安王忠孝公全集》，臺灣省文獻委員會，頁229。

舟過訪，同陟太儀山，酌蟹眼泉。爲文記其事，形諸詠歌，靡不以君親爲念。〔註62〕此詩記其同陟太儀山之作。又〈重遊太儀步丁少鶴使君石間韻〉：「向日避秦曾問山，爲貪巖壑重躋攀。公緣攬勝兼行部，我借尋幽習掩關。當代衣冠存古昔，不殊風景各忙閒。……」〔註63〕太儀山顯見是當時文士常至之處。

甲辰年（1664）三月初十晚，王忠孝與親友出發前往澎湖，隔天早晨抵達澎湖。〈之東〉描述從浯洲揚帆東渡之情形：

> 極目江干事已荒，孤臣何地泊征帆。回首銅駝久減沒，傷心大廈誰承當。青山到處生離黍，黃髮於今變亂蓬。欲問交遊多判袂，隨風祇得駕言東。〔註64〕

首聯對於江山滿目滄桑，淪落清兵手中，升起無奈之情，孤臣該於何處泊征船，似到英雄無用武之處。青山到處生離黍，如今黃髮都變亂蓬。欲問交遊今何在？多已判袂，最後只得隨風駕帆往東。〈東行〉云：

> 風霜飽喫未甘休，強把健頑度亂流。四顧長天渺無際，坐看斗牛〔註65〕任悠悠。歷盡波濤剩一舟，生涯計拙也無求。由來素食驚貧骨，擬把漁竿當西疇。〔註66〕

首聯言己吃盡風霜仍未甘休，雖已年邁，一心仍寄復明志，遂強把健頑度亂流。表達其東渡之心。頷聯描寫坐於舟中，四顧浩渺無邊，坐看斗牛任悠悠。一股身當亂世，無計可施的蒼涼無奈湧現。經過不斷的旅途跋涉，身邊所剩無幾，由來素食驚貧骨，今日在海中，擬把漁竿當西疇。〈渡海漫吟旋而厭之賦此自嘲〉：

> 奔忙歲月亦云深，鬢裡繁霜肅氣侵。既少隆中豫定略，如何梁甫作幽吟。殊方林壑驚峗岏，故國黍苗嘆鬱森。年老羈棲知曷極，好堅末節不移心。〔註67〕

此詩還是寫道奔忙歲月，兩鬢風霜之淒涼，年雖老，然末節堅貞不移。〈同辜

〔註62〕 參見王忠孝：《惠安王忠孝公全集》，臺灣省文獻委員會，頁260。
〔註63〕 參見王忠孝：《惠安王忠孝公全集》，臺灣省文獻委員會，頁260。
〔註64〕 參見王忠孝：《惠安王忠孝公全集》，臺灣省文獻委員會，頁243～244。
〔註65〕 按：省文獻會《惠安王忠孝公全集》作「斗牛」，依平仄格律，當以「牛斗」爲是。（參考《全臺詩》。）
〔註66〕 參見王忠孝：《惠安王忠孝公全集》，臺灣省文獻委員會，頁246。
〔註67〕 參見王忠孝：《惠安王忠孝公全集》，臺灣省文獻委員會，頁249～250。

在公年兄抵澎湖坐漁舟風雨大作賦此志感〉：

　　中原遭版〔註68〕蕩，王室嘆飄搖。孤臣慚報國，祇有勵貞標。波濤
　　經薦險，風雨任蕭蕭。非敢侈忠蓋，分義不容澆。逢有同心侶，周
　　恤艱與夷。蘭芷芬共臭，松筠葉相依。踽踽漏帆下，衣衫濕侵肌。
　　呼爐煨村酒，藉以避寒飢。開樽雨復作，徙倚靡所之。舟子形憂嘆，
　　家僮懷鬱伊。何以度長宵，浩吟破悶詩。矢志既如此，困厄莫須疑。
　　偃臥板帆眠，輾轉畏淋漓。〔註69〕

此詩寫與辜朝薦、盧若騰等東渡澎湖，舟中歷盡風浪，國已飄搖，行舟亦如
是。舟子形憂嘆，家僮色抑鬱，但王忠孝矢志「勵貞標」，再大的困厄莫須疑。
一股亡國之愴傷，陰鬱又激切，讀之淒涼。在澎湖閱月後，王忠孝移東寧，
有作〈東寧中秋有感〉：

　　今夜東州月，初升色皎皎。晴空杳無雲，碧曜當天炤。四顧望齊
　　輝，萬戶爭歡叫。爝火難為光，餘氛莫敢攪。天公似有意，明興為
　　之兆。〔註70〕

在中秋夜，月色分外明，挑起詩人心中一股好兆頭，莫非明興有望。詩人無
時不想到復明的可能。到東寧首次渡春，詩人仍不忘遙祝聖躬，賦詩〈居東
首春遙祝聖躬二首〉：「紫極映黃道，垂裳奠異封。曆綿國步遠，地迥歲華濃。
天意護漁藻，臣心儼鎬雍。遐方布淑氣，海外猶朝宗。」「運轉乾坤正，春臨
萬象知。日輪垂照邈，皇曆錫恩遲。聖德方懷遠，天高或聽卑。小臣無以報，
遙抱漢官儀。」〔註71〕時代巨變，山河易色，「時窮節乃現」，卻也讓我們看
到憂國憂民的忠貞之士。

三、鄭經（1642～1681）詩

　　永曆十三年（1659）正月，魯王在南澳，鄭成功駐沙關（見《海東逸史》
《海上見聞錄》）五月，鄭成功遷魯王於澎湖島。（見《海東逸史》），七月，
清命達素為安南將軍，率師征鄭成功。（見《清世祖實錄》）永曆十四年（1660）、
十五年（1661）魯王仍在澎湖島。（見《海東逸史》）鄭成功以廈門地蹙軍孤，
謀拓土，永曆十五年（1661）三月一日，祭江，督文武官親軍武衛周全斌、

〔註68〕按：省文獻會《惠安王忠孝公全集》作「版」，應為「板」之誤。
〔註69〕王忠孝：《惠安王忠孝公全集》，臺灣省文獻委員會，頁246～247。
〔註70〕參見王忠孝：《惠安王忠孝公全集》，臺灣省文獻委員會，頁247。
〔註71〕參見王忠孝：《惠安王忠孝公全集》，臺灣省文獻委員會，頁248。

何義、陳蟒、提督馬信、鎮將楊祖、蕭拱宸、陳澤、吳豪、林瑞、張志等首程先行；令澎湖遊擊洪暄引港，各船俱到料羅灣聽命。二十二日，自料羅灣放洋。二十四日到澎湖，分各嶼住扎，鄭成功扎營內嶼。（見《海上見聞錄》《小腆紀年》）二十七日，鄭成功自澎湖開船進兵臺灣。四月，復奉魯王居金門。（《海東逸史》）四月五日，荷蘭兵大敗，退守王城。〔註72〕

擊退荷蘭人，期以臺澎爲根據地，企圖有朝一日能反清復明，可惜並未如願。一直到明永曆三十七年（清康熙二十二年，1683）被施琅所滅爲止，這二十二年的時間，我們通稱爲明鄭時期。這時的澎湖成爲固守東都（臺灣）的軍事重地，是大陸與臺灣本島往來的要衝。

永曆十八年（1664）二月，鄭經駐銅山，諸軍乏糧。周全斌欲襲洪旭而併其船，洪旭亦防之；值海風大作，船各飄開，周全斌遂率其眾入漳降。洪旭以杜輝守南澳，杜輝亦掠其輜重投誠。林順亦自鎮海降。洪旭謂鄭經說：「金、廈新破，差官僕僕前來，非爲招撫，實窺探以散人心；當速過臺灣，遲則變生肘腋矣。」三月，鄭經遂與馮錫範、陳永華等悉眾東徙，命黃廷斷後。過澎湖，設重鎮守之。（見《海上見聞錄》《小腆紀年》《皇朝年表》）〔註73〕經過澎湖海域，鄭經賦〈觀滄海〉，云：

> 蕩蕩臨滄海，洋洋渙碧波。日月若湧起，星辰盡滂沱。乘風飛巨浪，
> 聲如發怒訶。呼吸百川水，藏納不爲多。環轉連天地，華夷在盤渦。
> 大哉滄海水，萬里未盡邁。

龔師顯宗教授言鄭經是臺灣海洋文學的鼻祖，《東壁樓集》四百八十首詩與水相關者占了一半，海洋、江、河、溪、泉、池、淵、潭、澗、瀨、湍、浪、潮、渚、清流、瀑壑的景象，字詞隨處可見，而以江海爲大宗。其海洋詩不僅量豐，而且質佳。此首即爲本集子的開端，寫來雄偉壯闊，王者吐屬，其父成功、正直菩薩盧若騰、文獻初祖沈光文筆下從未出現如此氣象萬千的作品。〔註74〕此外，他還有一首〈駐師澎島除夜作得江字〉：

> 舳艫連遠漢，旗旆蔽長江。帆影掛山路，波聲度石矼。人家點遠浦，

〔註72〕參見陳衍：《臺灣通紀》，臺灣銀行經濟研究室，《臺灣文獻叢刊》第 120 種，1961 年，頁 52。

〔註73〕參見陳衍：《臺灣通紀》，臺灣銀行經濟研究室，《臺灣文獻叢刊》第 120 種，1961 年，頁 66。

〔註74〕參見龔師顯宗教授：《從臺灣到異域：文學研究論稿》，文津出版，2008 年，頁 4～5。

莫草隱孤艫；旗動亂雲色，鼓鳴雜水淙。淒淒寒夜火，寂寂客船膿。

漏盡更新令，春暉照萬邦。（泉州刻本《東壁樓集》卷五）

鄭成功首於海外開疆闢土，其子鄭經在臺灣建立了第一個漢人政權，改東都為東寧。鄭經建東寧國的目標是「反清復明」、「反攻大陸」。他待機而動，三藩亂起，決意西征，此詩於西征途經澎湖，駐師澎島除夕所作。〔註75〕前兩聯描繪壯盛的軍容，頸聯寫到夜裏些許淒寒寂寞，然又興奮，想著復國在望，精神為之振奮，等待天一亮，勝利的光輝似乎就照耀眼前。這種以小搏大的志氣，是令人讚嘆的。一位領導者率師反攻的複雜心情，既沉鬱又悲壯激昂，透過詩句表露無遺。

〔註75〕參見龔師顯宗教授：《從臺灣到異域：文學研究論稿》，文津出版，2008 年，頁 5～6。

第二章　清領時期

第一節　遊宦作家作品

　　西元 1683 至 1895 年的澎湖由清朝統治，中國大陸人民與此地接觸頻繁，不管是因居官任職，或遊歷至此，詩人往往將其體驗形諸詩歌，因此此期題詠澎湖的詩作頗多。領臺初期，創作者多爲遊宦詩人，這些文人中對澎湖文教建樹頗多者，舉其犖犖者有始創文石書院、編纂《澎湖紀略》的胡建偉，與三度任文石書院山長、編纂《澎湖廳志》的林豪。二位透過教育傳播詩學，使澎湖古典詩往下扎根，詩作也讓人稱道不已。茲分別就其生平事蹟、詩作，論述於下。

一、胡建偉（1718～1796）

（一）生平傳略

　　林豪《澎湖廳志・名宦傳》云：

　　胡建偉，廣東三水人，學者稱勉亭先生。乾隆十年成進士。〔註1〕
　　……乾隆三十一年，用薦升授澎湖通判，〔註2〕惠政甚多。大要在

〔註1〕劉寧顏編《重修臺灣省通志》載胡建偉「爲乾隆三年（1738）舉人，乾隆四年（1739）己未科進士」，與袁枚、沈德潛同榜。

〔註2〕劉寧顏編《重修臺灣省通志》載胡建偉「乾隆二十九年（1764），署閩縣兼福州糧捕處。次年陞澎湖通判。」就前後文判斷「次年」是指「乾隆三十年」。而林豪言「乾隆三十一年，用薦升授澎湖通判。」據胡建偉〈創建西嶼義祠記〉：「乙酉九秋二十三日，颶風陡發，……淹斃人口至一百二十餘人之多。……余於今歲仲春，始來分守斯土，……」知胡建偉是乾隆三十年陞澎

勤民造士，不沾沾於末俗苟且之治。至於興利除弊，則銳身自任，始終不倦；以爲廳縣者，親民之官，不宜養尊自逸。每值農時，輒親行郊野，獎勤戒惰，訪詢疾苦，用達下情。故其聽訟則案無留牘，徵賦而民自輸將，則上下相親之效也。協標戍兵，夙習驕悍，欺擾鄉愚，每裁以法，不徇情，良民賴之。念澎士獨學無師，爲創建書院，親校文藝，作學約十條，以爲學者程式。又勸各社設塾；因公下鄉必詣塾，取幼童所讀書，正其句讀，誘掖獎勸，如父兄之於子弟。先是澎士赴臺灣考試，淹留時日，資斧維艱，每歲應試者，不過數人；乃援南澳之例，詳准就澎扃試，徑送道考，士皆稱便。及調補鹿港同知，猶在郡創澎瀛書院，爲澎湖諸生試寓。其愛士之誠，可謂有加無已者矣。嘗以澎湖爲海疆重地，開闢已百餘年，而文獻無徵，前任通判周于仁僅成「志略」一卷，語或未覈，版亦失傳；乃竭力蒐羅，輯「澎湖紀略」十二卷刊之。在任四年，〔註3〕士興於庠，農歌於野，商旅樂出於塗，政通民和，百廢俱舉。士民爲位祀於書院，歷久不替，迄今澎人稱善教者，必首推胡公云。〔註4〕

胡建偉勤政愛民，每值農時，常親自巡行郊野，〈十三澳〉詩可見。能苦民所苦，急民所急，若有聽訟必迅速爲民解決。上下相親，因此人民能自動繳納徵賦。而協標戍兵，向來驕悍，常欺擾鄉愚，胡建偉裁之以法，從不徇情，人民因賴其保護而能安居樂業。除使民安居外，胡建偉更重視人才培育，創建文石書院，親教文藝；又勸各社設塾，自己因公下鄉必定詣塾，取幼童所讀書，正其句讀，誘掖獎勸，如父兄之於子弟；又澎士赴臺灣考試，常需淹留時日，所費不貲，因此每歲應試者，不過數人。胡建偉乃援南澳之例，詳准就澎扃試，徑送道考，澎士無不稱便。到乾隆三十五年（1770）調補鹿港同知，胡建偉還在臺郡創澎瀛書院，做爲澎湖諸生的試寓。胡建偉對澎民之愛護，實澎民之幸。期間竭力蒐羅澎湖文獻，輯《澎湖紀略》十二卷，爲澎

湖通判，仲春來到澎湖。〈渡海紀行〉：「時維二月中和節，……拔碇許許歡同聲。」二月中和節自廈啓航至澎。

〔註3〕 胡建偉〈留別澎屬袗書〉：「海外棲遲五載身，……」胡氏載任澎湖五年，林豪《澎湖廳志》載：「在任四年」。

〔註4〕 參考林豪編纂：《澎湖廳志》，頁222～223。（林豪自註《誦清堂文集》參考《澎湖續編》）

湖保留珍貴的史料，使後人知澎湖史。在任期間「士興於庠，農歌於野，商旅樂出於塗，政通民和，百廢俱舉。士民為位祀於書院，歷久不替，迄今澎人稱善教者，必首推胡公云」，其對澎湖之影響可見，是促成澎湖文風的重要人物。

（二）詩作析論

今所見胡健偉詩作輯於《澎湖紀略》，從諸作約略可見其創作面貌。下文謹就此探討其在澎湖創作面向與關懷主題。

1. 渡海經驗書寫

胡建偉〈渡海紀行〉，以長歌抒發二月中和節渡海心情與體悟。〈到澎湖境〉寫將抵澎湖及已抵澎湖之情形，云：

> 舟人告我水中沚，青青一點小於米；此是澎湖西嶼頭，好向望樓遙瞪視。七更洋走十二時，白鳥翻飛驩然喜（使槎錄云：近島嶼則有白鳥飛）。漁火星星漸漸明，到境不過三十里。風微卸蓆下櫓搖，齊心協力力足恃。引緪探淺復量深，恐防沙線與礁址。大船進港本來難，恰值今宵好潮水。四角仔、金龜觜，港口如門屹山崝。紛紛吏役懽相迎，紅紗夾岸籠燈俟。連日驚心千尺濤，足踏實地樂無比。從容就館謁諸生，殷勤問俗挈大指。一十三澳民頗惇，澆漓只有媽宮市。〔註5〕

此詩白描抵達澎湖的過程。「舟人告我水中沚，青青一點小於米；此是澎湖西嶼頭，好向望樓遙瞪視」，寫舟人告訴他海上那青青一小點如米的是西嶼頭。清時臺廈航線，中途以澎湖做為參考座標，而進澎湖最先看到的就是西嶼。由於近島嶼可見白鳥飛，因此見白鳥飛翔，便知島嶼已近！漫長的航行只見海天，一見到白鳥，心中轉為踏實，遂云：「七更洋走十二時，白鳥翻飛驩然喜」，范咸〈二十六日晚泊澎湖〉詩亦云：「俄見白鳥飛，色喜定殘喘」〔註6〕，見白鳥飛翔後喜形於色，蓋清人渡海共同的反映。此次胡建偉是赴任澎湖通判，因此抵西嶼頭後，船隻隨即要進媽宮港。當時已是漁火星明，風微弱，遂收起帆，以齊力搖櫓方式進港。「引緪探淺復量深，恐防沙線與礁址」，寫進港時小心翼翼的引緪探測水底的深淺，以及有無沙線與礁址，預防船隻擱淺或觸礁。范咸〈二十六日晚泊澎湖〉詩亦云：「藤緪數百尺，用試水深淺。

〔註5〕 參見胡建偉編纂：《澎湖紀略》，頁273～274。
〔註6〕 《臺海使槎錄》云：「近島嶼則先見白鳥飛翔。」

（大洋中欲下碇用鉛錘試水櫻藤草三綑約長六七十丈）」記錄當時航海的狀貌，亦見大船進港之難。「大船進港本來難，恰值今宵好潮水」，幸逢漲潮，遂平安進港。「四角仔、金龜礐，港口如門屹山崎」，寫四角仔、金龜礐如媽宮港的門，控制著船隻進出。「紛紛吏役懼相迎，紅紗夾岸籠燈俟。連日驚心千尺濤，足踏實地樂無比」寫吏役、居民夾道歡迎的場面；連日盡在波中，今足踏實地快樂無比，這是習慣於陸地生活者的共同感受。「從容就館謁諸生，殷勤問俗挈大指」，寫一到澎湖就巡視諸生學習狀況，可見胡建偉對教育之重視。「一十三澳民頗惇，澆漓只有媽宮市」，寫其一到澎湖即觀察到十三澳之居民淳厚，僅媽宮居民澆漓，足見其為地方官之用心。

2. 澳社書寫

　　乾隆三十一年（1766）胡建偉賦〈澎湖歌〉云：「宅澳為村一十三，民居錯落晨星渺」；林豪《澎湖廳志》也載從雍正五年到乾隆三十二年後，澎湖計有十三澳。但究竟有哪十三澳？林豪《澎湖廳志》未說，但從胡建偉〈澎湖十三澳〉連章詩可得知是：〈文澳〉、〈媽宮澳（卽東、西衛澳）〉、〈鼎灣澳〉、〈林投澳〉、〈奎璧澳〉、〈峙裏澳〉、〈赤嵌澳〉、〈鎮海澳〉、〈通梁澳〉、〈瓦硐澳〉、〈西嶼澳〉、〈吉貝澳〉、〈八罩澳（卽網垵、水垵二澳）〉。胡建偉任澎湖通判，文澳是廳署所在，見其重要性，遂獨立為一。光緒十五年（1889）廳署移至人口稠密的媽宮社，《澎湖廳志》所載文澳已併入東西澳內，稱為文澳社，與媽宮社、小案山社、火燒棚社、紅木城社、大案山社、東衛社、蚱腳嶼社、西衛社、后窟潭社同屬東西澳。〔註7〕峙裏澳初本附於東西澳，雍正五年（1727），人口增多，獨立分出。網垵澳、水垵澳本包含於八罩澳，後亦獨立分出。合併與分出，見行政空間結構之變化，當亦反映出一地區人口之消長，地區繁衰現象，從而看出澎湖各區發展狀況。

　　清詩對於澎湖澳社描繪，多以澎湖為題，一二句概括式帶過，而胡建偉〈十三澳〉連章詩以十三澳名為副題，書寫各澳社面貌；另見胡建偉下鄉採風，關心民事，是難得一見的父母官。茲臚列詩作於下並論述之：

（1）文澳

　　文澳是澎湖廳署最早所在地。王必昌《重修臺灣縣志》：「澎糧廳衙門駐此，距媽宮東四里。舊名暗澳，有土城，今圮。」〔註8〕林豪《澎湖廳志》載：

〔註7〕 參見林豪：《澎湖廳志》，頁 78～79。
〔註8〕 參見王必昌：《重修臺灣縣志》，頁 40。

「雍正五年改建澎湖通判駐劄文澳，就巡檢舊署略加式廓。」〔註9〕後因媽宮港附近人口稠密等因素，光緒十五年（1889），奉文移文澳廳署於媽宮城內，就裁缺副將舊署改爲通判衙門。〔註10〕胡建偉任澎湖通判時衙署在文澳，將其列爲〈澎湖十三澳〉連章詩之首，有指標性作用。〈文澳〉云：

粉署何嫌冷似冰（廳署在澳內），東西分衛蔚雲蒸（澳即東、西衛）。少躬稼穡先疇美，多羨魚鹽舊業增。屋結海隅鄰叔敖，人誇豪氣擬陳登。案山頭看鯤遊浪，會向風雷化大鵬。

首聯就空間書寫，寫廳署牆壁漆成粉白，看似冰冷，但有熱鬧的東、西衛護衛在側，不覺那麼孤單。頷聯寫親訪民間所見，傳達出此地漁業發達，物產豐美。頸聯舉以孫叔敖、陳登〔註11〕兩位歷史上赫赫有名的人物，似寫澎氏亦似自擬，頗爲自許與自訕；尾聯記案山頭看浪濤，想像自己化作大鵬，逍遙天際。文澳是廳署所在，胡建偉朝夕於此，故此首最能反映其居官澎湖的心情。

（2）媽宮澳

〈媽宮澳（卽東、西衛澳））云：

豈特雄封一馬頭（澎地鋪舍、往來商船，皆萃於此），重洋天塹此咽喉。西援泉廈連犄角，東護臺陽控上游。遣戍干城歌肅兔，編氓環堵類居鳩。自維海甸分符重，夙夜難忘馭遠猷。

此詩除描繪媽宮澳是商船雲集之重要商港外，其地理位置亦很重要，是「西援泉廈連犄角，東護臺陽控上游」之軍事要港。由孫元衡詩：「雄師鎮壓媽宮汛，天然犄角中邦無」可見一斑。而居此處的百姓也相對飆悍難馴，胡建偉〈到澎湖境〉即言：「一十三澳民頗悍，嶢漓只有媽宮市」軍民雜處，治安混亂，因此胡建偉到此，特別費心此區之治理。

（3）鼎灣澳

〈鼎灣澳〉：

沙回港繞錦相聯，海闊銀河落九天。鼎峙中分廬上下（澳有上、中、下三社），灣開四面地方圓。潭邊月載求魚艇，水涸人耕立鶴田（潭邊、水涸，皆社名）。禮讓易興緣俗樸，書聲時聽和春絃。

〔註 9〕參見林豪：《澎湖廳志》，頁 68。
〔註 10〕參見林豪：《澎湖廳志》，頁 68。
〔註 11〕陳登：東漢人，因討伐呂布有功而被封伏波將軍。

「沙回港繞錦相聯，海闊銀河落九天」、「潭邊月載求魚艇，水涸人耕立鶴田」寫出鼎灣澳閒靜舒闊的環境。當民風純樸重禮讓，還有朗朗讀書聲，見澎湖社學發達，人民深受禮樂教化。從詩中「鼎崎中分盧上下（澳有上、中、下三社）」見當時鼎灣聚落分布情形。

（4）林投澳

〈林投澳〉：

> 行春按部過林投，人物豐盈里社休。東石（社名）風晴看鷺鷥，西溪
> （社名）浪暖起龍游。大夫計富惟詢馬，比戶能封在畜牛（地多牛羊）。
> 海國太平真樂土，安居漁佃即仙洲。

高拱乾纂著《臺灣府志》所附「澎湖澳」中云：「一曰林投澳：在瑣管港之東。崖上生叢棘，葉如劍，多莿；俗呼為林投。因以為名。」聚落南邊的沙質海底是早期村民「牽罟」的重要漁場，澳社居住環境佳。此詩首句「行春按部過林投」，看來這組聯章詩是胡建偉行春所記。經過林投澳，看到草地上的牛羊，豐富的漁產，胡建偉讚賞此地人物豐盈，里社美好，展現一幅太平樂土。好一句「安居漁佃即仙洲」，澎民自來知足常樂。從詩註中言「地多牛羊」，見清時牛羊亦是澎湖經濟來源之一，今已不復見。

（5）奎璧澳

〈奎璧澳〉云：

> 奎璧光線本列星，化作人間應地靈。俗尚漁樵知力穡，戶敦仁讓喜
> 橫經。城當北拱瞻辰極，湖自東連浴日溟（城北、湖東，皆社名）。紅罩、
> 青螺皆瑞氣（紅罩、青螺，亦皆社名），乾坤何處不清寧！

奎璧澳內有一座奎璧山（一寫奎璧山），《澎湖廳志》載：「在大山嶼奎璧澳北寮社後，距廳治二十三里。原名蠅虎，以形似得名。」原因形似蠅虎（龜虎）而名之，澎湖八景詩，文人取字較雅馴的，改為「奎璧」，期與天上奎、璧星斗相輝映。[註12] 從此詩中知在胡建偉時，「蠅虎」已改稱為「奎璧」，包括九個村社，[註13] 詩中城北、湖東、紅罩、青螺為其中四社。全詩就天上「奎璧星」主掌文才，相映奎璧澳地靈人傑，知書達禮，風俗純美的角度書寫。

[註12] 林豪《澎湖廳志》載「奎璧聯輝」：「在龜虎澳後，人取其字稍雅馴者名之，非真有殊景也。」

[註13] 參見胡建偉：《澎湖紀略》，頁34。

（6）蒔裏澳

〈蒔裏澳〉：

> 四邊無樹浪爲花，豬母雲趨落水涯（豬母落水，社名）。看徧魚龍思結
> 網，蕩搖星斗快乘槎。石泉（社名）日麗眠黃犢，鐵線（社名）風勁捲
> 白沙。傍島倚垵爰作室，晨星三五是鄰家。

此詩涵蓋的時間、空間極廣，有白天之景，也有夜晚之景，全面式書寫認知
中的蒔裏澳。首聯「四邊無樹浪爲花」，寫白天所見之景。頷聯前句寫海上夜
晚捕魚情景，自己也思結網捕魚；後句空間拉到滿天的星斗，故思乘槎上天
觀看星斗。詩人充滿浪漫情懷。頸聯寫經石泉見黃牛在和煦陽光下悠閒的睡
著，以及鐵線風勁捲起白沙，澎湖風光實是變化多趣；末聯寫澳嶼人民傍島
倚垵三五而居。詩有景有人，展現蒔裏澳閒適自在。

（7）赤嵌澳

〈赤嵌澳〉：

> 赤嵌紅毛舊日城（臺郡亦有赤嵌城），文身陋俗久全更。十洲海外逢清
> 晏，百忍堂前好弟兄（澳內張姓，最稱敦睦）。羨有多魚頻入夢，漫勞春
> 鳥喚催耕。官閒到處詢民隱，巷舞衢歌咏太平。

寫出赤嵌澳民，勤於耕種與捕魚，民風敦睦，由以張姓子弟爲最，澳內一片
昇平氣象，澎湖民風純樸自清有之。

（8）鎮海澳

〈鎮海澳〉：

> 屹立洪濤鎮海門，星分棋布壯聲援。雷鳴百里風雲會，豹變重溟雨
> 露屯。港仔（社名）行春車駕犢，旗頭（社名）擊楫浪騰鯤。蒼茫極目
> 浮天水，縹渺蓬壺粒米痕。

明朝趕走荷蘭人，遂在鎮海澳建礮城。胡建偉行春經此，遙想明、荷爭奪澎
湖情景，首、頷聯即著筆於這一段歷史。頸聯將此澳之港仔社、旗頭社嵌入
詩中，並書所見浪花飛騰之景。末聯書極目望去天水相連，澎湖如米粒般浮
現天地間，與人蒼茫縹渺之感。

（9）通梁澳

〈通梁澳〉：

> 亂石磊砢砌作牆（磊砢石，俗名老古石），網繆人事擬苞桑。釣來煙雨龜
> 蒙棹，牧遍阿池卜式羊。海絕鯨波逢道泰，民無鱷夢覘官良。採風

閒聽滄浪詠，步入通梁過大倉（社名）。

首句書澎湖以老古石砌牆，這是澎湖建築的特色。頷聯用陸龜蒙、〔註14〕卜
式〔註15〕二典，書通梁澳人民生活之愜意與富足。「釣來煙雨龜蒙棹」，見澎
湖漁民煙雨歸釣，胡建偉聯想到的是一位喜歡帶著書、筆、茶具、釣具，放
任一葉扁舟遨遊太湖，水天一色，直到空明之境的高士陸龜蒙。「牧遍阿池卜
式羊」，見澎湖草坡上的羊群，胡建偉聯想到的是忠厚樸實、不求名利、關心
國事又有一定政治見解的卜式。歷來認為澎湖是處貧瘠之區，然在胡建偉筆
下所展現的是一幅高士、忠厚樸實者所居之處。頸聯寫海波不驚，無戰事，
覘官賢良，百姓無憂；尾聯寫他自己「採風閒聽滄浪詠，步入通梁過大倉」。
承自《詩經》十五國風的傳統，每到所轄處，地方官必四處走訪了解民情。
採風除上達民情，亦有下達皇恩與風化教育之用。前文已述，胡通判因事入
鄉時，必親諧塾館督導，將兒童所讀之書正其句讀。能背書、能解說，並能
熟念「聖諭廣訓」者，即給予紙筆，以為鼓勵。清朝治理教化澎民情景，可
見一斑。

（10）瓦硐澳

〈瓦硐澳〉：

> 四澳星連萃北山（赤嵌、鎮海、通梁、瓦硐四澳，統名北山），瓦硐看遍頓
> 開顏。雞窗夜照青藜火，魚網朝圍綠水灣。港尾（社名）地饒花蛤盛，
> 城前（社名）人樂鷺絲閒。豚肩斗酒春風社，白叟黃童帶醉還。

清赤嵌、鎮海、通梁、瓦硐四澳，統名北山，今屬白沙鄉。胡建偉看遍瓦硐，
心情特別愉快。為何開顏？他看到學子勤學，百姓灣邊撒網捕魚，人民各安
所分，各勤己事，地方官見之當然開顏。港尾地饒又盛產花蛤，城前人樂鷺
鷥悠閒，豚肩斗酒春風社，老老少少個個帶醉還，一幅愜意、安和、知足、

〔註14〕 陸龜蒙：字魯望，自號江湖散人、甫里先生、天隨子。唐長洲（今江蘇吳縣）
人，進士不第，隨湖州刺史張博遊歷，後來回到故鄉蘇州甫里，過著隱居耕
讀的生活。朝廷以高士徵，不就。喜愛品茗，在顧渚山下闢一茶園，耕讀之
餘，喜好垂釣。與皮日休為友，時常一起遊山玩水，飲酒吟詩，世稱「皮
陸」，二人唱和之作編為《松陵集》十卷。所作散文對晚唐時政，多所諷刺；
詩以寫景詠物為多。

〔註15〕 卜式：漢河南人，以田畜為事。入山牧，十餘年，羊致千餘頭。武帝時上
書，願捐一半家財以助邊防軍需，又助濟貧民，受賜為御史大夫，後因不善
文章，貶為太子太傅。（參考瀧川龜太郎撰：《史記會注考證》，臺北縣：漢京
文化，1983 年）。

無爭的漁家景象，恍若是上古淳樸的社會，陶淵明筆下的桃花源。

（11）西嶼澳

〈西嶼澳〉：

> 一嶼孤懸澎島西，小門（嶼名）風亂水雲迷。珊瑚海底魚龍護（外塹
> 海中有珊瑚樹，番人曾到採不獲，說有蛟龍守此云），文石山頭鳳鳥啼（澳產
> 文石，居人琢爲麟鳳玩器）。夜半橫礁（社名）喧掛網，春深合界（社名）
> 課耕犁。塹分内外帆檣集，共訝泉臺百貨齊。

首聯寫西嶼澳之位置，孤懸在澎湖群島之西，以及小門地區風亂水雲迷之景；
頷聯寫西嶼特產，一是珊瑚，一是文石；頸聯對仗的相當精美，上聯寫夜半
的橫礁漁民忙掛網。「喧」字打破半夜的寧靜，一陣喧騰，顯現漁獲豐收樂陶
陶之景。下聯寫白天的合界農民勤於犁田耕種，有著一元復始，萬象更新的
喜悅。尾聯寫内塹、外塹帆檣雲集，泉臺百貨齊。足見當時内塹（今名内垵）、
外塹（今名外垵）居海上交通要衝，商船停泊於此，商業繁盛。西嶼澳雖「孤
懸澎島西」，展現的卻是一幅富足安樂的景象。

（12）吉貝澳

〈吉貝澳〉：

> 地隆元武壯坤維，鑠鑰難忘保障思。吉字有礁藏鐵板（澳北鐵板沙一
> 帶，形如「吉」字，最爲險要），貝文無價重金蠇（蠇即玳瑁，皮可飾物，以
> 黄金色爲尚）。風晴日麗神山現，浪捲颱馳海角迷。邊徼自來天設險，
> 煙臺烽火慨紅夷（澳北有紅毛砲臺舊址）。

《澎湖紀略》澳社篇：「吉貝一澳，孤嶼也。爲大山嶼極北之地，北山一澳
是其南衛，澳北藏沙一片最爲險。雍正五年，從鎮海分設，另爲一澳焉。」
〔註16〕吉貝澳距廳治水程八十里，〔註17〕胡建偉首聯記吉貝地形險隘，重要
防守之處；頷聯記吉貝名稱之由，蓋因澳北鐵板沙一帶，形如「吉」字；以
及物產貝文、玳瑁之珍貴。頸聯以風晴日麗與浪捲颱馳兩互異天氣，寫吉貝
澳的清朗與神秘，展現多變風貌。後再歸結吉貝澳地處邊徼，地形險要，易
守難攻，紅夷都知於此築砲臺。此砲臺今不存，卻從詩中尋回失落的遺蹟。

（13）八罩澳

〈八罩澳〉（即網垵、水垵二澳）：

〔註16〕參考胡建偉：《澎湖紀略》，頁35。
〔註17〕參考林豪：《澎湖廳志》，頁80。

八罩澎南海外村，也憑漁艇當田園。珠璣（海出蚌珠）映月尋花嶼（島名），玳瑁乘潮（澳多玳瑁，大者重百餘斤）戳挽門（汛名）。九夏望雷消颶母，三秋祈雨長薯孫（澎湖雨水最少）。往來商泊安瀾渡（此地泊舟最險），馬腹鞭長可勿論（遠駐岸口，稽查頗難）！

首聯描寫八罩澳位處南方，在汪洋大海中，居民以漁為業。進而介紹此區多蚌珠與玳瑁，秋天祈雨求蕃薯能長的好。尾聯寫八罩澳水路險要，商船往來頻繁，遠駐岸口，稽查不易，亦反映當時清朝管理的疏漏。胡建偉能用心觀察問題所在，並想辦法解決，是個勤政愛民的好官員。

　　另外，〈十三澳〉也有採風之意。清初剛領有臺、澎，地方官紛紛採各地風情傳回京都，讓皇上知道子民狀況，並將下情上達，以及讓外界認識該區。胡建偉〈澎湖歌〉，六十八句長詩，就是將他所管轄的澎湖，介紹給外界知道。詩從歷史寫起，寫澎湖原為蠻荒之蕞爾孤島，歷來無政府特別看管，經過「荷蘭驅逐偽鄭平」，澎湖方稍受注目，「設官命吏名斯肇」，清人始較積極的經營這塊海上孤島，始注意到此地乃「臺陽喉咽壯藩維，金、廈戶庭資障堡」，為重要之軍事要地。「宅澳為村一十三，民居錯落晨星渺」，寫當時行政單位，有十三澳社。「歲不十雨月千風，波翻浪覆勢傾倒。匪時鹹水漲漫天，白日昏昏盡窅窅。流沙一片恍飛霜，草未逢秋已盡黃。」寫澎湖自然環境，多風、少雨，白浪翻騰，鹹雨為患，飛沙滿布，草未逢秋已盡黃，實是不佳之生活環境。下緊接「無高岡與陵麓，又無溪澗與橋梁；又無飛禽與走獸，又無花木與菁篁。織紝不事無麻苧，絲帛不出無蠶桑。三農最重無年岁，五穀最貴無稻粱」八句「無」，寫出澎湖的貧瘠與荒涼。人民的生活清苦，「糞糞為柴仗牛矢〔註18〕，薯乾作食呼薯米」〔註19〕無高岡與陵麓，林木缺乏，薪柴自不足，竟以牛糞曬乾為柴；缺水地貧不產米，僅以薯乾為主食。胡建偉自言走遍各處，土瘠民貧的現象哪個地方沒有，但就未見像澎湖瘠貧到此地步。人民倚海為生，「只合乘潮討海為新畬，揚帆掉槳為犁鋤；張繒掛網為稼穡，戳按塞滬為篝車。多黍多蜃頌蜃蛤，千倉萬箱祝蝦魚。不祭田祖祭龍伯，吹邠擊鼓水中潨。」澎民的作息隨著潮起潮落，海中討生活。生活雖苦，卻有著迷人的淳樸之美，「俗儉勤、人椎魯，熙熙恬恬風近古。不崇佛教絕僧尼，寺觀禪林目未睹。漁者恆漁農者農，饑食渴飲安井伍。更無

〔註18〕土人燒牛糞，呼為牛柴。
〔註19〕喚薯乾為薯米。

崔鼠訟禱張，公庭清晏如召、杜。」民風勤儉、憨厚，不需寺觀禪林淨化人心，卻各安己分，無爭訟。胡建偉深知教化之功，於是興學課文，而此地的士子亦知所上進，「論文時亦聚諸生，詩書善氣溢眉宇。千里一聖百里賢，化導在人須鼓舞。割雞慣笑子游刀，家絃戶誦並中土。」在胡通判筆下，澎民如無懷氏、葛天氏之民；唯一需要他多費心的，就屬媽宮地區，「言龐事雜多游民；草竊無聊兼牙儈，鰓兵蜂聚重爲鄰」，民風較驃悍，需加整頓。最後胡建偉再次強調：「勿云蕞爾無重輕，半壁東南關帝春」，澎湖雖是蕞爾小島，位置卻顯要。詩末云賦此詩用意：「作此長歌備採風，形勢興情一目見；告我凡百諸君子，勿棄芻蕘下里諺！」〔註20〕正足以「彰聖天子一德同風之盛，廣久道化成之治。」〔註21〕也可「使天下觀看者，如身履其地。」〔註22〕另〈澎湖島即景〉云：

　　一望流沙白，居人近海墺，更無林與鳥，只有浪和烟。星聚瞻陳寶，
　　詩成愧鄭虔。主賓能掃榻，何地不欣然！

蘇東坡總能在最沮喪的環境中，心情一騰躍，而有不同的體悟，詩文中常見「欣然」一詞。來到與蘇東坡遠謫海南島相似的澎湖，同爲又貧又荒的海角天涯，胡建偉內在情感發酵與蘇東坡有了相疊映之處，故言「主賓能掃榻，何地不欣然」，展現了與蘇軾相同的灑脫。〈除夕作〉、〈元旦次前韻（丁亥歲）〉，見胡建偉第一年在澎湖快樂過新年的情景。〈除夕作〉：

　　白酒黃柑共勸酬，歲除清燕也風流。明朝考曆欣添算，此夕傳杯笑
　　舉籌。暖氣迎春爐火活，寒香送臘嶺梅幽。占年何事憑龜卜，海晏
　　河清是有秋。

首聯舉「白酒」、「黃柑」代指除夕圍爐之美酒佳餚。與親朋好友酌白酒，啖黃柑，圍爐歡聚的溫馨畫面，躍然紙上。這樣的歲除清燕別有一番翩翩風流的韻味。頷聯寫明天就是新年，大夥除夕傳杯談笑迎新春。頸聯寫圍爐活火迎春，嶺梅寒香送臘，此蓋寫除夕送舊迎春慣用之熟語。尾聯寫不必憑藉龜卜，就知新年會是國泰民安。〈元旦次前韻（丁亥歲）〉：「陽回澎海韶光普，春到湖山淑景幽。滿酌屠蘇人盡醉，椒花銀勝祝千秋。」詩承〈除夕作〉韻而作。寫澎湖陽春韶光普照，景色幽靜清美，家家飲屠蘇酒避邪、除瘟疫，

〔註20〕參見胡建偉編纂：《澎湖紀略》，頁276～277。
〔註21〕參見高拱乾：〈澄臺記〉，《臺灣府志三種》（北京市：中華書局，1985年），頁271。
〔註22〕同上註，頁271。

人人喝得醉醺醺，互相祝福千秋百歲，大地一片樂陶陶。胡建偉以自身的觀察，對澎湖的歷史、地理民風等做了詳細的描繪，除可見他的用心之外，也為澎湖留下珍貴的史料。透過諸詩，重建歷史樣貌。

3. 留別書寫

胡建偉乾隆三十一年（1766）仲春到任，乾隆三十五年（1770）調補鹿港同知，期間如林豪所寫，他勤民愛士，勇於興利除弊，親行郊野，訪問疾苦，下情得達，是民以故日相親，訟不敢欺，徵賦不待催科。又裁抑驕悍戍兵，使民不受擾。創建文石書院，親校文藝，又勸各社設立書塾，每下鄉必親詣塾館，早與當地建立深厚情感。從其留別詩作中，見到一位令澎民懷念、敬仰的地方官，別離之情深深壟罩海國。〈澎湖秩滿別澎營諸公〉云：

> 最喜同官意氣孚，占星應許到澎湖。武功文事傳雙美（時協戎顏丹崖
> 書翰最佳），明月清風併一圖。別緒重承金玉愛，離悰遙憶島雲殊。
> 諸公雄略皆旗鼓，瀚海勛猷著舳艫。

此詩寫給澎湖武營諸公，首聯寫能與諸公同官澎湖之歡喜。頷聯寫協戎顏丹崖書翰最佳，文武兼備傳為美談。足見當時這些遊宦者的文學、藝術造詣頗深，為海島增染人文氣息，可惜今多散佚。頸聯寫離情別緒，別後定會憶起在澎湖歡愉的歲月。尾聯一轉寫諸公都是雄才大略者，經略瀚海有顯赫的功蹟。〈留別澎屬衿耆〉云：

> 海外棲遲五載身，閒曹冷署也親民。橫經負未勤耕讀，恤困周貧目
> 里隣。自古蒲鞭原有掛，於今案牘信無塵。迴看島嶼優遊者，耆碩
> 評高月旦論。

此詩寫給澎湖衿耆，首聯寫自己在澎湖任官五年，親民愛民。頷聯寫平日勤耕讀，並時時體察民情，恤困周貧。頸聯寫自古蒲鞭就有高掛不用者，於今自己亦以寬政治理澎湖，案無積累之公文。尾聯寫島嶼耆碩給與自己的評價頗高。詩為對己任澎湖通判政績之回顧。〈留別馬明經掌教〉云：

> 絳帷家學紹裘弓，師表來從自海東。幾度藻芹滋化雨，一蹊桃李醉
> 春風。莫忘治事分齋法，須記窮經按日功。明月滿船辭海國，慇勤
> 不盡話匆匆。

此詩寫給馬明經掌教。首聯頷聯寫馬明經家學淵源深厚，受其教化學生如沐春風，如滋化雨。頸聯殷殷垂訓馬明經教學生「莫忘治事分齋法，須記窮經按日功」。尾聯「明月滿船辭海國，慇勤不盡話匆匆」離情依依，盡是不捨。

〈留別文石書院諸生〉云：

> 學舍難忘結構深，杖藜時聽讀書音。雖無韓子興潮化，具有文翁教
> 蜀心。杼柚終當成錦繡，鴛鴦尤冀度金針。諸生勉矣終如始，文石
> 輝煌盡國琛。

此詩寫給文石書院諸生。詩前半段回想昔日扶著杖藜走在那結構深深的文
石書院，聽到諸生朗朗讀書聲，心感寬慰。頷聯引用唐朝韓愈任潮州刺史
時，於當地興教化，以及西漢景帝蜀郡太守文翁，於蜀郡興教育、興賢能之
典，表述自己對澎湖教育興才之用心。頸聯以金針繡鴛鴦爲喻，勉諸生掌握
方法，終如始，不苟且怠惰，用心學習，他日能如文石般燦爛，皆成爲國之
寶。離別殷殷囑付與期盼，流露眞切的師生情誼。由此亦見清時澎湖儒教之
一面。

（三）對澎湖文學之貢獻

身爲一地首長，其文學素養深厚與否，無庸置疑地，深深影響當地文學
之厚薄。從上諸作，見胡氏詩學涵養豐厚，時與諸公唱酬，澎湖古典詩創作
之風必受其薰陶而盛，更何況胡建偉創建文石書院，培育士子，且時常親自
督導學子，其影響範圍之廣可想而知。

胡建偉書院教育，開啓澎湖儒學教育，前已述及。與諸生唱和，開啓澎
湖儒生學詩，詩作偏重師生之情的流露。之後的通判吳性誠〈留別澎湖諸生〉：
「惟有絃歌忘未得，旗亭詩酒送人行」的離情。周凱在道光十二年（1832）
到澎湖賑災，澎湖書生蔡廷蘭上〈請急賑歌〉四首長詩，周凱答以〈撫恤六
首答蔡生〉、〈再答蔡生〉，中有「蔡生澎湖秀，作歌以當哭」，「蔡生滿腹懷琳
瑯，入門意氣何飛颺」等句；又〈送蔡生臺灣小試〉：「海外英才今見之，如
君使可與言詩」，見老師對學生的厚望。澎湖教師並不以地狹生少而懈怠，張
璽〈澎湖暮春課士〉：「星河島嶼此天同，浴詠春風共冠童；禮樂百年沾聖
化，誦絃多士仰儒宗。……爲語芸窗勤講肄，菁莪樂育望無窮。」與學生浴
詠春風的情形，好似回到至聖先師孔子「舞雩歸咏」之景。〔註23〕〈餞贈諸
生赴臺院試〉：「衣冠四十斯文寄（士子只四十餘人），禮樂三千至道存。」學生
雖僅四十，而爲師的張璽仍覺「望無窮」。張璽貴爲海防通判，但詩中一派儒
師氣象。同爲通判的蔣鏞也不讓胡建偉、張璽專美於前，大談讀書之法。在

〔註23〕《論語・先進篇》：「莫春者，春服既成，冠者五、六人，童子六、七人，浴
　　　乎沂，風乎舞雩，咏而歸。」

〈示文石書院諸生〉之一言：「簿書七載勉從公，政拙還兼課士功。」自謙政拙，但對於島民的教育卻很重視。此詩之二更論及讀書爲學方法：「寒氈誦習貴心堅，咨繼三冬念勿遷；屏去俗情徵實學，闡來新義獲眞詮。《詩》、《書》到熟方生妙，志氣能勤始益專。……」〔註 24〕林豪〈與諸生蔡汝璧黃卿雲論文十首〉，指導諸生讀書寫作上之迷津。這些都因胡建偉創建文石書院而有此氣象。

二、林豪（1831～1918）

（一）生平傳略

林豪是《金門志》纂者林焜熿第五個兒子，生於道光十一年（1831）十月十九日。字嘉卓，一字卓人，號次逋，福建金門人。道光二十九年（1849）以十九歲之齡考中生員，少年遊泮的林豪，科考之路並不順遂，一直到了二十九歲咸豐九年（1859）方考上舉人。自十九歲考中生員，到二十九歲中舉人這十年，大環境是清朝內部面臨自道光三十年（1850）以來太平天國金田起事的挑戰，又須面對咸豐六年（1856）之後的英法聯軍之役，時局動盪不堪。當時林豪在廈門玉屏書院就讀，當地在咸豐三年（1856）也有小刀會的入侵；金門後浦家中，母親亦在此時病逝，林豪又因自己「體弱時時病在床」，因此無法專心致力於科考，遲至二十九歲方才考取舉人。雖如此，卻也奠定深厚的學問基礎。

林豪在咸豐九年（1859）中舉人，隨即在當年十二月初八日自廈門搭乘火輪船啓程北上，準備入京參加會試，竟遇上捻亂。眼看時局已亂，林豪在咸豐十年（1860）入京會試折回金門後，同治元年（1862）應淡水族人林向榮之邀，七月東渡來臺，至同治七年（1868）二月，有六個年頭之久。除在臺灣遍歷南北各地外，亦結識不少文友，特別是與潛園主人林占梅的交情非比尋常。時值彰化戴潮春之亂正熾，於艋舺巧遇奉檄辦團練之林占梅，受邀至潛園任西席。寓居四年中，占梅與之論詩之餘，嘗屬其筆札戴案之事。林豪曾親歷戴案現場，與野老訪談，實事求事，分類編次，附以論斷，寫成《東瀛紀事》二卷。在林占梅的引薦之下，林豪擔任《淡水廳志》編纂工作。這趟臺灣之旅開啓了林豪一生編纂地方志書的生涯！

同治七年（1868）二月，因受聘澎湖文石書院山長而離臺。第一次擔任

〔註 24〕參考陳昭瑛：〈儒學在臺灣的移植與發展：從明鄭至日據時代〉。

文石書院山長近三年，造就澎湖地區相當多的文學之士，但因文石書院膏火不繼，而於同治九年（1870）返回金門故居。這次返回故居，他修改成〈《東瀛紀事》序〉，也寫就《淡水廳志訂謬》，更將父親林焜熿《金門志》的稿件，加以續補整理。四十歲出頭可說是林豪的創作高峰期。《金門志》在金門各仕紳募求捐刻下，於光緒八年（1882）正式刊行。

　　光緒四年（1878）三月，蔡麟祥署澎湖通判，〔註25〕林豪的學生蔡玉成等人乃建議纂修《澎湖廳志》，即以厚禮再度羅致林豪前來澎湖擔任文石書院主講，並著手進行《澎湖廳志》的編纂工作。有〈與蔡瑞堂別駕〉詩，記重到澎湖：

> 又攜書劍到西瀛，喜見恩波徹底清，文苑百年尋墜緒，廉泉一勺勵微誠，珊枝已覺栽培好，草野咸知分義明，自笑皋比空坐擁，恨無善教廸群情。

> 此地窮荒事事兼，風狂浪溢井無甜，但聞海底能懸網，不道空中解撤鹽，斥鹵已看年穀稔，歡聲爭說雨膏沾，胡威異政今能繼，合把心香一瓣添。

光緒四年（1878）十一月，蔡麟祥調署恆春縣。〔註26〕林豪賦七律〈送澎湖蔡瑞堂別駕移任恆春八首〉贈別，茲錄一、二首觀之：

> 朔風吹無端，吹成離別意，駭浪迢迢流，此別忽已至，山色帶愁煙，江草含別淚，安得呼石尤，且把征帆繫。

> 文獻百餘載，舊稿蕪不清，公曰此治譜，蒐採而有徵，如何創其始，不使任其成，掩卷三太息，頹波何時平。

> 公來何其遲，公去何其速，區區父老心，驪歌因之託，願公加餐飯，還爲蒼生福，不見島中氓，青天日禱祝。

蔡別駕瀕行，父老送者，渡頭幾滿。〔註27〕詩中林豪除表不捨外，亦感嘆隨蔡別駕移任恆春，編纂《澎湖廳志》的工作勢將受到影響，無奈言「如何創其始，不使任其成」，而掩卷再三嘆息。利用《澎湖廳志》編纂工作中斷的時間，林豪又再度來到臺灣。這次林豪到南部的臺灣府城，主要的工作是校訂

〔註25〕蔡麟祥，字瑞堂，廣東澄海人，同治間，援例以通判指省福建。（林豪編纂：《澎湖廳志》，頁193、227。）
〔註26〕參考林豪編纂：《澎湖廳志》，頁193、227。
〔註27〕參考林豪編纂：《澎湖廳志》，頁227。

周凱門生，也可算是父親林焜熿同門，施瓊芳進士所遺留下的《石蘭山館遺稿》。光緒六年（1880）林豪已五十歲，乘著輪船又到北京應試，此次仍失望而歸。

光緒七年（1881）八月，鮑復康就任澎湖通判，澎湖仕紳向鮑復康建言，擬將《澎湖廳志》刊刻。林豪第三次來到澎湖，將《澎湖廳志》的資料續訂至光緒七年（1881）。第二次到澎湖待三年，歸後半年，第三次蒞澎，《澎海草》第一首〈將之澎湖書別〉即載此事：

> 一去三年久，歸纔半載賒。在家原是客，作客便爲家。鱸膾盤中美，
> 珊枝海底誇，浪游成底事，覽鏡惜年華。〔註28〕

光緒九年（1883）四月，鮑復康被參去職的事件，又讓刊刻《澎湖廳志》的工作暫時停擺下來。特別是光緒十一年（1885）的中法戰爭，更讓澎湖陷於砲火侵襲與兵馬雜沓之中，林豪只好回到故鄉金門。在光緒十二年（1886）時擔任金門城隍廟董事，與許揚洲、洪作舟、林章梗等人協助城隍廟進行翻新工程。其他時間則閉門讀書，準備下一次的京城會試。光緒十六年（1890），林豪已六十歲，又再度乘輪船到北京應試，此次又落榜。

自北京落寞歸來後，又傳出因應臺灣建省，臺灣將啟動全面纂修地方志的計畫。澎湖通判潘文鳳爲求迅速完成志書，延聘林豪擔任文石書院主講，接續編纂《澎湖廳志》的工作。光緒十八年（1892），林豪賦〈壬辰季冬將之澎湖留別里中親友〉四首，敘此事及臨別之情：

> 尊酒論文日，談心有夙盟，那堪冬日暮，又逐片帆行，瓦注文章賤，
> 飢驅離合輕，衝寒憐薄翼，霜雪滿天橫。（之一）

> 棲遲今五載，守拙掩柴扉，殘壘驅還集，飢鴻倦更飛，老妻忙壓線，
> 稚子屢牽衣，屈指臨歧際，行程幾日歸。（之三）

> 舉舉群材集，談詩白社新，雙丁方並駕，千里看超塵（謂家琴北劍
> 西昆仲），刻楮嗤今我，含豪感舊因，疏麻如可贈，好寄一枝春。
> （之四）

季冬之際，霜雪滿天，寒意難耐，「老妻忙壓線，稚子屢牽衣」，臨別依依；但爲稻粱謀，先生還是遠航之澎湖。除爲生計，另爲修志而來，第二首云：

> 未了平生債，還多文字緣，胅餘三折在，名豈一書傳，海外搜珊網，

〔註28〕 參見林豪：《誦清堂詩集・澎海草》，頁1。（標點筆者所加）

炎荒鬭瘴煙，邱須良友意，望眼正殷拳。〔註29〕

此詩道出澎湖之行的目的。抵達澎湖修方志，林豪更有〈澎湖志局書感〉，可見其再次修志的心情：

> 又逐孤鴻印雪來（時大雪連下三天甚寒），故人握手喜追陪。百年文獻滄桑換，絕徼山川瘴霧開。亂後知交悲宿草，去時童冠儘英才。劇憐殘蠹干戈裡，護得遺編出劫灰。〔註30〕

此詩主要描述光緒十八年（1892），再次到澎湖編纂《澎湖廳志》的心情。林豪第四次到澎湖，距上次離開澎湖，已隔七載，人事變遷自是不小，藉此抒懷。首句「又逐孤鴻印雪來」，除點明來澎時間及天氣外，詩給人淒涼孤獨之感；「故人握手喜追陪」幸得故人相伴的熱情，似稍解遠來的孤寂。頷聯寫中法戰爭已過，如今總算撥雲見日，換得百年文獻。頸聯寫戰後知交零落，昔日教導的學生也已成才，一悲一喜。末聯回扣主題，驚嘆舊編歷經法兵蹂躪，還能倖存下來，自是不幸中之大幸，心情百感交集。此次重掌文石書院外，也再一次將《澎湖廳志》的資料延續到光緒二十年（1894），〔註31〕主要是補充中法戰爭澎湖之役及其善後狀況。澎湖通判潘文鳳序中清楚記載此段修志始末：

> 皇上御極之十有八年，臺灣既開「通志」之局，大憲以澎湖故有廳乘稿本，命文鳳訪而致之，以之考獻徵文，甚盛典也。
>
> 是秋八月甫下車，聞是稿存於臺南海東書院；爰稟請臬道憲顧公將原稿發下，並於蔡汝璧廣文處檢出副本參閱之，皆志甲申以前事。至乙酉遭兵後設鎮、建城諸大端，闕焉未備。余維是書為金門林卓人孝廉所屬草，若得孝廉始終其事，則駕輕就熟，應無枘鑿之慮矣。於是以禮為羅，招致林君主此講席，而屬黃卿雲廣文暨蔡廣文輩，相與采獲見聞、搜羅案卷，與林君互相參訂，闕者補之、冗者刪之。計自仲冬倡辦、至年終告竣，成「廳志」十有六卷。〔註32〕

〔註29〕　參見林豪：《誦清堂詩集・澎海草》，頁 20。（標點筆者所加）

〔註30〕　同上註，頁 20。（標點筆者所加）

〔註31〕　《澎湖廳志・祥異》載至光緒二十年（1894）甲午春二月。（參見林豪編纂：《澎湖廳志》，頁 378。）潘文鳳言光緒十八年（1892）終《澎湖廳志》告竣。光緒二十年（1894）應是事後增補。

〔註32〕　澎湖糧捕海防通判皖涇潘文鳳《澎湖廳志・潘序》載光緒十九年（1893）孟春。（參考林豪編纂：《澎湖廳志》，頁 3。）

由於《澎湖廳志》已有稿本，只是略加增補資料，編纂方面較爲容易；因此
在這一波臺灣全面修志運動中，《澎湖廳志》拔得了頭籌。在黃卿雲、蔡汝璧
等人的襄助下，自仲冬倡辦，至年終告竣，成廳志十有六卷，率先繳送臺灣
通志總局。送至通志總局後，經監修唐景崧（1838～1924）與接續擔任總纂
的薛紹元稍事修改後，在光緒二十年（1894）隨即刊行爲十四卷本的《澎湖
廳志》，前後長達十七年之久，終於刊成，並以之作爲各地編制采訪冊以及州
廳縣志之範本，對林豪來說適足以聊慰平生之遺憾。

　　光緒二十年（1894）甲午戰爭的爆發，結束林豪在澎湖教書、寫作的生
涯。林豪回到金門後，已漸鬆懈其著書活動，頂多只是寫寫詩詞聊慰平生。
甚且因爲國內外經濟、社會、政治甚至文化上的劇烈轉變，已使其吟興索然。
回金門後，心力逐漸轉移到地方社會事業上，倡建節孝祠、重興育嬰堂、鋪
橋造路等。光緒三十三（明治四十年，1907），遠渡南洋向僑商募集育嬰堂的
運作經費。從南洋回來後，繼續經營育嬰堂外，大部分時間則閉門養痾，不
聞外事。閒暇時，則將生平詩作約三千多首，加以刪汰。〈自序〉云：

> 迨晚年薄遊新嘉坡，猶得詩百餘首，以歸居，無何陵谷遞變，風景
> 頓殊，而余之吟興亦從此索然矣！今則耄期已過，一事無成，惟是
> 閉門養痾，不聞外事，徒以結習所在，暇輒取原稿檢視，則多夾雜
> 無次，乃力加刪汰，尚存十有二卷，附錄兩卷，題曰誦清堂詩集。
> 〔註33〕

林豪將刪定之詩，題集爲《誦清堂詩集》，後託付其門生林策勳，林策勳因生
計奔波，直到民國四十六年（1957）方於菲律賓宿霧刊行。而林豪則在民國
七年（大正七年，1918）五月十三日，以八十八歲高齡病逝於金門。〔註34〕

　　總觀林豪一生最得意事，乃完成多部志書，文學作品亦夥，如《誦清
堂詩集》、《誦清堂文集》、《瀛海客談》、《潛園詩選》等，惜除《誦清堂詩
集》外，今多亡佚。另箋釋戴湘圃《戴氏戒淫詩》。林策勳《誦清堂詩集》
序云：

> 先族叔祖次逋公，夙承家學，抗志希古，學識淵懿，工詩古文辭，
> 爲清季名孝廉。時當道推重延聘修淡水廳志、澎湖廳志、金門志，

〔註33〕　參見林豪：《誦清堂詩集》，〈自序〉，頁1。
〔註34〕　關於林豪生平，潘是輝博士論文《林豪編纂地方志書的理念與實踐》有詳細
　　　　　介紹。（潘是輝著：《林豪編纂地方志書的理念與實踐》，國立中正大學歷史研
　　　　　究所博士論文，2006年，6月，頁23～64。）

掌教文石書院，造士至宏。文風以振鄉居，尤以拯民生，勵節義，

興利革弊爲己任，士論翕然。〔註35〕

對林豪一生功業與人格，作最精闢的說明。而林豪一生最失意事，莫過於到
了六十歲，依仍沒考上進士。〈春明夢餘草〉記其六十歲北上京城應試之心情
〔註36〕：

老我空扶大雅輪，敝衣五度染京塵，居停誼美懷中浦，飽德情殷又

析津，歷過金錢從管僕，得瞻紫閽仗奄人，春明佳勝重回首，自忘

頭顱白髮新。

即便五度敝衣赴京，今年春明佳勝，仍滿懷著希望到京城，都忘卻白髮已
增多。這是生長在科舉制度下，讀書人的時代宿命。「十年寒窗苦，一舉成
名天下知」，這是讀書人共同的出路與一生所努力的方向，亦是林豪的方向。
但悲劇就在於無數的讀書人，終其一生仍無緣中進士。科舉是血淋淋的，
一大堆人考不上，一輩子都在考試。〔註37〕這些文人何以自處？詩爲心聲，
常見其悲悶之情反映在詩詞中。〈客中感懷〉：「倦鳥方知返舊林，飢驅窮島
亦傷心，伯鸞夢阻齊眉案，司馬囊虛賣賦金，無事看書聊遣日，有時得句
懶成吟，敬通却掃平生願，便學扶犁老圃尋。」〔註38〕充滿疲憊、悲嘆的
氣氛。

（二）創作理念

林豪對於詩文創作之理念，可從其《誦清堂詩集・自序》及詩作，以及
林策勳《誦清堂詩集・序》中窺知。今歸納如下：

1. 積學成詩

林豪〈自序〉云：「夫詩者，人心之聲也，心聲蘊蓄於中，有觸斯發此，
固與生俱來者。然亦必由學而成。」〔註39〕言詩是由內心而發，它是人內心
想法之表現。內心蘊蓄諸多想法，透過外境觸發心中那一點，引發心聲，再
藉由詩這一媒材表現之。但是能否將觸發以詩表現，則需要透過學習。由此
見林豪主張作詩可透過學習而有成。

〔註35〕參見《誦清堂詩集・林策勳序》。（標點爲筆者所加）

〔註36〕參見林豪：《誦清堂詩集・春明夢餘草》，頁15。（標點爲筆者所加）

〔註37〕據張杰：《清代科舉家族》統計光緒年考上進士者，平均年齡37歲。

〔註38〕參見林豪：《誦清堂詩集・澎湖草》，頁10〜11。（標點爲筆者所加）

〔註39〕參見林豪：《誦清堂詩集・自序》，頁1。（標點爲筆者所加）

2. 古體入手

心聲蘊蓄於中，有觸斯發此，雖是與生俱來的，然亦必由學而成。那該如何學？步驟爲何？林豪又云：

> 不肖自學語時，先慈即教以唐詩及古歌詞，心竊好之而不自解其何故，稍長從先舅父洪嘯雲師遊，師訓及門謂學詩須從古體入手，不肖謹識之不敢忘。故自舞勺後，偶有感觸，輒私製爲歌行。各體詩由是，造次顛沛，此事不廢，迨晚年薄遊新嘉坡，猶得詩百餘首。〔註40〕

此論及其學語時，其母以唐詩及古歌詞教之，不知何故，就是特別喜好。這是林豪的詩學啓蒙。稍長向其舅父學詩，從古體入手，此深深影響林豪日後的創作與教學。詩集《誦清堂詩集》之命名，亦秉此思想而來。蓋以敬其母、父師遠至古人。〈自序〉云：「題曰誦清堂詩集，蓋以幼承慈訓，以及父師指授，極不能忘。將古人所謂誦先人之清芬者，其即區區此志乎！」〔註41〕足見其對先人清芬氣質之推崇，是位謹守傳統美德之人。因此，林豪主張學作詩要從古體入手，古體歌行蓋所表達多渾厚樸實。綜觀先生詩作，歌行古體頗多，多反映社會現象及觀懷民生國事，讀來高古卑亢。《臺陽草》、《澎海草》亦如此，且古體之藝術表現勝過今體。

3. 風化詩教

林豪晚年手自刪定詩作，成《誦清堂詩集》。而其刪定之準，在於有關風化史乘者。其徒林策勳刊《誦清堂詩集》序中清楚交待其師林豪刪詩之情形：

> 公晚年手自刪訂所著，誦清堂詩集多選有關風化史乘，及紀遊鄉居之作，視爲可存者，編訂十二卷，遂命勳手錄之。至唱和酬酢之什，多不留稿或留稿強半刪去，故全集無壽人、自壽浮詞。又如民初曾刊民權素集，閩南俚語詩二十律，雖涉筆成趣，亦視爲一時遊戲，概從割愛。綜其生平所作約三千首以上，僅刪存千餘首。〔註42〕

從林策勳所言，知林豪一生詩作三千首以上，晚年自己刪訂詩作，去其千餘首，不可謂不多。其所存留者：一者有關風化史乘，見其拯民生、勵節

〔註40〕 參見林豪：《誦清堂詩集·自序》，頁1。（標點爲筆者所加）
〔註41〕 同上註，頁1。（標點爲筆者所加）
〔註42〕 參見《誦清堂詩集·林策勳序》。（標點爲筆者所加）

義、興利革弊之「經學致用」思想。二者紀遊鄉居之作。至於唱和酬酢之作，多不留稿或留稿強半刪去，所以全集中沒有壽人、自壽之詩。此類詩在林豪眼中都是無補世風民生的浮詞，當去之。而民初所刊民權素集，以及閩南俚語詩二十律，雖涉筆成趣，在林豪眼中則視爲一時遊戲之作，亦是無濟風化，概從割愛。從其刪詩的標準，亦見其以詩言教的創作理念。爲文亦主張有關當世，〈送周仲翁參軍還臺灣時周君以勘災查賑至澎湖〉〔註43〕詩即如是言：

> 不矜傲骨不求知，雅量虛懷亦我師，舟載鬱林裝轉重，書搜赤雅發應遲，文章妙在關當世，閱歷深來易感時，安得刺船隨棹往，水仙一曲把情移。

又林豪撰寫的地方志中，特別留意地方上貞節烈婦，採訪里居姓名登載於地方志書。然有薦於這些貞節烈婦，只有子孫顯達者始能獲請旌建坊，於是在光緒十八年（1892），林豪與金門仕紳洪作舟、林慰蒼等人，邀同縣丞萬鵬、都司韓汝爲倡建金門節孝祠於後浦育嬰堂後。將百年來舊志登載有名的有孝婦、烈婦、烈女、貞女等，並祀牌位於祠中，達四百一十二人之多。並於「春秋請地方官主祀，諸紳董陪同祭讌，全島傳爲美舉，巾幗柔姿咸知節義爲重，倫紀肅然。」〔註44〕編纂《澎湖廳志》，除繼《澎湖續編》貞女、貞烈、節孝，又增添一八九條節孝。列女傳末特書〈列女傳總論〉云：

> 澎湖各社，聚族而居。婦女習勞尤甚，性情拘謹，耳目專一，自非放誕性成，從莫或誘之爲非者。初不知有旌表祠祀之榮，並不待讀書明禮義者而後能以節見也。……嗚呼！澎湖自開闢至今，從未聞有請旌節烈之舉。幸得良有司修明文獻，開局蒐採，則匹婦一生苦節，僅賴一時載筆以不沒其眞。而讀書好學之君子，顧或以徒勞固得而不暇採，則地方何貴有吾儒？吾儒平居之讀書講學、高談忠孝者，果爲何也哉？吁！〔註45〕

足見其對貞節烈婦之敬佩，她們並不待讀書明禮義而後能以節見，對社會自有一股穩定力量。除此之外，林豪箋釋戴湘圃《戴氏戒淫詩》，皆秉持與詩論

〔註43〕參見林豪：《誦清堂詩集・澎海草》，頁18～19。（標點爲筆者所加）
〔註44〕參見劉敬等纂修：《金門縣志》，頁542；林乃斌：〈林豪家傳〉（《誦清堂詩集》，頁2）；金門縣立社會教育館編輯：《金門縣志》，頁474。（金門縣：金門縣政府民政局，1992年）。
〔註45〕參考林豪編纂：《澎湖廳志》，頁301。

相同之理念。一生對於淨化社會風氣不遺餘力。

（三）詩作實踐

林豪四度來到澎湖，留下《澎海草》九十七首古今體作品，歌行體尤為特出。下文謹就此探討其在澎湖創作面向與關懷主題。

1. 反映吏政的在地關懷

林豪科舉之路不順，卻在志書編纂取得成就。來去澎湖四次，在文石書院掌教，並完成《澎湖廳志》，其間得以深入澎民生活，知民間之苦楚。詩中有譏諷里胥之作，寫來淋漓盡致，筆下毫不留情地揭發里胥貪婪妄為之醜陋面貌。為反映社會現象，林豪選以古體表達，蓋古體宜於抒發悲嘆，易於表現盪氣迴腸之情感。自古文人選此體表現胸中噫氣，此實踐林豪諭諸生要明辨文體特色，選擇適當之文體來表達所欲傳述者。〈少婦哀〉，以七古長詩，寫里胥暴戾行為尤甚於少婦災疫喪子之悲慘，讀之愆然。

> 西瀛天色昏如醉，西瀛少婦悲酸鼻，試問少婦一何悲？舉手指天淚潛墜。自從獻歲天災流，諾皐聯臂村中游，掌上珠與心頭肉，一一攫去無一留，鬼伯不仁乃太酷，赤子何罪胡相仇。我欲一言且慰苦，忽聞空際笑聲落。為言少婦且勿悲，欲訴天耶天寂寞，從來災疫有由興，如薪引火泉赴壑。獨不聞里胥敲門聲如雷，狂風暴雨隨之來，怒容在面襆在手，呵叱老農猶嬰孩，或傾赤仄，或醉金罍，或呼少婦席上陪，送婦者誰尤堪哀。一村復一屋，欲過還徘徊，十屋九屋過如洗，道路以目不敢猜，昏昏世界死灰色，豈不呼天安在哉？此時慳囊皆打破，剩有懷中兒一箇，匹夫懷寶罪堪誅，匹婦懷兒罪難赦，此兒尚值幾文錢，急喚牙人來取價，兒啼覓母母啼兒，天涯哭送不勝悲。吁嗟少婦且勿悲，與其有兒留不住，何不挈將泉下去，莫言鬼伯果不仁，但索兒行不索賄，家無長物任高眠，免費里胥雙目注。空中語畢罡風起，青畦如洗禾苗死，少婦路隅泣未已，回望里胥聲至矣！〔註46〕

詩以對話方式引出少婦因子女為災疫所奪而哀痛，但林豪真正用意，是要揭發、痛批比災疫更嚴重的暴吏之害。此長篇敘事詩分四段描繪，首段「西瀛天色昏如醉，西瀛少婦悲酸鼻，……，鬼伯不仁乃太酷，赤子何罪胡相仇。」

〔註46〕 參見林豪：《誦清堂詩集卷八・澎海草》，頁 12～13。（標點為筆者所加）

寫西瀛少婦悲苦之因。

　　第二段「我欲一言且慰若，忽聞空際笑聲落。……，昏昏世界死灰色，豈不呼天安在哉？」為詩意轉折處，「我欲一言且慰若，忽聞空際笑聲落」充滿戲劇效果，透過空中傳來的笑語，勸少婦且勿悲，因為有比災疫失去骨肉更悲慘的。詩中「從來災疫有由興，如薪引火泉赴壑」，見林豪極信因果論，認為會有災疫產生，是有緣由的，非無端而起。進一步描述空中之語，敍說著里胥搶奪民脂民膏，逼少婦席上陪，叱喝老農像嬰孩，不把人當人看，一家家洗劫，整個世界一片死灰。「一村復一屋，欲過還徘徊」極具形象的描繪出里胥的惡行惡狀。

　　第三段「此時慳囊皆打破，剩有懷中兒一箇，……，兒啼覓母母啼兒，天涯哭送不勝悲。」進一步寫猶甚於上段之惡行，將懷中孩兒搶走，「急喚牙人來取價」的暴戾行為。此時「兒啼覓母母啼兒」，一片哭喊聲，令人不忍卒睹。

　　第四段「吁嗟少婦且勿悲，……，少婦路隅泣未已，回望里胥聲至矣！」空中之語再次響起，再次寬慰少婦勿悲，你看看，與其有兒留不住，何不挈將泉下去。藉由反語傾倒心中之怒。詩又極其諷刺的說，莫言鬼伯果不仁，因為鬼伯只索兒行不索賄，那些里胥更不仁，既要孩兒也要財。詩以對比的手法，寫出里胥的可惡。還有，家中若空無一物，也就不必擔憂里胥雙目覬覦。空中話語一結束，一陣罡風起，青畦如洗禾苗死，少婦還在路隅哭泣不已，唉！你看，你看，回望里胥聲至矣！全詩敍述少婦哀，情節安排如戲劇般，有聲音，有影像，層層逼近所要遣責的對象。

　　會有里胥索賄，搜刮民財的現象，當從清朝的制度談起。傳統中國政治系統的勢力，經常被形容是「僅止於縣」。所謂「僅止於縣」的意思，可以從薪俸的權利義務來看。清朝的地方層級的官位，只有縣級以上文官才納入九品制，也才有俸祿可拿；而里保以下的吏員，就由地方官府自行處理。也因此，在地方行走管事的官樣人物，大都是領有國家權威、卻未領有國家俸祿者。〔註47〕清朝體制「僅止於縣」，〔註48〕換言之，清朝的統治只負責到縣老爺，〔註49〕縣老爺以下，則另有當地自行統理的社會，國家機制只是在表面

〔註47〕轉引自蘇碩斌：《看不見與看得見的臺北》（臺北縣：左岸文化出版，2005年），頁79～80。

〔註48〕澎湖為廳。

〔註49〕澎湖廳長官為通判。

上維繫消極統一的局面，帝國中心對邊區社會並未能眞正穿透。〔註50〕

　　清末臺灣的地方行政體系，根據戴炎輝的研究，大抵是三級制：第一級是縣廳，第二級是里保，也就是廳縣下轄的大區，第三級稱街庄，也就是里保下轄的小區。這些地方制度並非官方統設，而是因時因地而異。稱謂亦有不同，例如里保是臺灣西部平原的用語，亦可稱里堡，在南部舊開地區多稱爲里，北部地區多稱爲保或堡，而在澎湖則稱澳，在臺東稱鄉。至於街庄（莊）層次，在澎湖則稱爲鄉。〔註51〕道光十三年（1833）臺灣道周凱言：

> 吾見之今之爲政者矣，……刑名付刑名之友，錢穀付錢穀之友，諸事委之家丁，非不坐堂皇事聽斷心，與民不相親。（陳盛韶《問俗錄·序》）

在此結構下，縣級以上的地方官，幾乎不與庶民直接接觸，甚至完全不理街坊事務，而是由幕友、家丁閱文批示，交由吏役、地保、或總理董事去行走辦事。所以，官與民之間，主要就是透過吏役、地保、總理董事三種人進行接觸，這三種人，看來也就對應於廳縣、里保、街庄三級組織在地方的「官場職員」。〔註52〕

　　清代只將縣級以上官員納入俸祿體系，縣級以下的吏員，雖有國家賦予的合法權力，卻未領有國家俸祿，衙門吏差因而得到「不合法的正當理由」，可利用行政方便向百姓收取規費，尤其在訴訟方面最是花樣繁多，例如，遞狀、准駁、牌示、傳訊、堂訊等程序，都留給吏役許多訛詐的空間。因此吏役地位雖低，卻有廣大的徇私獲利途徑，因而相互包庇並形成結構性職業常規，瞿同祖稱之爲「社會地位和文化價值的不協調」。吏治問題不只是臺灣邊區社會的問題，而是中國統治結構的問題。道光年間的臺灣道徐宗幹形容的：「各省吏治之壞，至閩而極，閩中吏治之壞，至臺灣而極。」〔註53〕臺灣只是情況較惡劣而已，也就是說，在中國政治結構上，吏役是國家與地方社會聯結的最低層次，然而在實踐上，吏役無疑是國家與地方社會脫勾的起始。〔註54〕吏役行爲，難道官府不知嗎？遂不得不懷疑吏役得以如此，是官府默許。至此就不難理解爲什麼里胥會有如此囂張跋扈的行爲。另有一首

〔註50〕轉引自蘇碩斌：《看不見與看得見的臺北》，頁80。
〔註51〕同上註，頁82～83。
〔註52〕同上註，頁83。
〔註53〕參見徐宗幹：《斯未信齋文編》，頁349。
〔註54〕轉引自蘇碩斌：《看不見與看得見的臺北》，頁85～86。

〈囹圄滿〉亦是諷刺里胥暴戾行爲，辭鋒犀利：

> 君不見里胥捉人入內館，纍纍眼見囹圄滿，老耶病耶婦耶孺耶何紛
> 紛，縲絏之中繩苦短，試問何罪告者誰？主吏要錢他不管，無罪罪
> 人何其多，昨夕散賑朝催科，但見家家逋賦罪，不赦人人索逋無，
> 所逃撫字政拙催科勞，囹圄已滿奈君何？何如再拓三弓地，好把鳩
> 形鵠面一網繫。〔註55〕

此詩以「君不見」起句，假設一虛擬的你在前，滿心氣憤的向你告狀，要你
看看那些囂張的里胥，將老、弱、婦、孺紛紛捉進牢中。牢獄中擠滿了人，
你還以爲他們犯下什麼滔天大罪，原來是里胥催科不得，就將百姓捉入囹圄
中。更可惡的是，昨晚才發賑下來，早上就上門催繳稅賦，人民繳不出，竟
一一捉入囹圄中。詩末一段：「囹圄已滿奈君何？何如再拓三弓地，好把鳩
鵠面一網繫。」以反話詰問，囹圄都已滿，怎樣，要不要再拓三弓地，好把
那些鳩形鵠面全部一網繫進牢中。忿怒的情緒達到最高點。

　　林豪承襲著杜甫、白居易的社會寫實精神，採用歌行古體，施以散文句
法，使得句式活潑靈動；又迭以頂針、類疊修辭，使上下詩氣銜承一貫，節
奏緊湊有勁，在長篇巨幅中施展才力，爲其過人之處。

2. 反映民生的在地關懷

　　除了揭發吏政，爲民發聲外，對於澎民生活環境，亦多關懷。澎湖地區
因其特殊地形，雖四面環海，水氣充沛，但島中無大山可攔截水氣，遂常有
乾旱現象。另一惡劣現象是，前已提及，每有大風來襲，強風挾帶鹹雨，草
木爲之枯黃。此二因常釀成農作物欠收，從清朝統治此區後，常常有官吏至
此勘災與賑災，爲此也留下許多詩篇。林豪詩中也出現了有關大風、鹹雨、
久旱、喜雨主題的詩作。如〈連日大風賦此遣悶〉〔註56〕：

> 噫聲竟夕攪清眠，豈是封姨果放顚，作勢易翻千疊浪，療伊難覓四
> 禪天，孤舟纜繫公休渡，十丈塵驚馬不前，莫訝狂颷眞似虎，由來
> 苛虎感應然。
>
> 黍苗摧折繡畦空，噫氣誰誇兩袖同，長嘯豈從諸葛請，飛鳴競避大
> 王雄，紛紜易盡憐微草，上下難捕嘆轉蓬，幸是此間花事少，未須
> 遍地惜殘紅。

〔註55〕　參見林豪：《誦清堂詩集卷八・澎海草》，頁11～12。（標點爲筆者所加）
〔註56〕　參見林豪：《誦清堂詩集卷八・澎海草》，頁10。（標點爲筆者所加）

第一首前六句描寫澎湖大風的威猛，末聯語意一轉，言莫驚訝風狂似虎，由來苛政應當也是猛於虎，以諷刺苛政。第二首寫大風將黍苗摧折，微草在風中搖擺，大地盡受狂風肆虐。感嘆之餘，詩人想起澎湖花少，幸好無花可被摧殘，否則又得增添一樁惜花之嘆，遂言「幸是此間花事少，未須遍地惜殘紅」，以此自遣。

另一首〈澎海大風行〉云：

> 大風匝月不肯止，白浪如山險莫比，賈航卻顧未敢前，連朝米價隨潮起，向也買米那得錢，今也有錢苦無米，汛舟之役今所稀，何況箕伯來張威，千畦掃盡無餘枝，千帆阻絕行難期，長官有惠何所施，嗚呼，長官之惠遠莫致，大風且霾陰瞳瞳，婦孺蹢躅啼路隅，仰視沉沉天欲醉，少焉空中鹽撒矣。〔註57〕

此詩描繪澎湖連月大風，白浪滔天，驚險萬分。商船不敢航行，對外交通中斷，米價亦隨著浪潮高漲。以前沒錢買米，現在即使有錢也買不到米。澎湖地質、氣候不適種稻，米糧需越洋從外輸入，若遇天候不佳，常有斷米之現象。澎湖東北季風，農曆十月即已颳起，或夏季逢颱風，皆不利船隻航行，即便長官欲來賑災，隔著迢迢大洋如何致之？「婦孺蹢躅啼路隅」之慘況可見。大風且已難耐，一望天空沉沉欲醉，忽焉！怎耐空中撒鹽來。大風帶來的缺糧已夠麻煩，再加上鹹雨帶來的欠收，內外交迫，這苦怎是一個苦字了得。林豪從大風談起，到最後一句「少焉空中鹽撒矣」，嘎然而止，留下不欲再言說的「鹹雨」災情，這可是雪上加霜！

久旱不雨，農作物無法生長，這亦是澎湖常見之天然災害，清代詩中多所描繪，尤見澎湖通判為此至城隍廟、大城北祈雨，令人動容。林豪賦有〈喜雨賀洪別駕其誥〉，〔註58〕云：

> 久凜倏冰冷似秋，懷來萬斛灑寒流，傳家兩袖清風在，解慍千重源暑收，衣濕未妨歸步緩，屐沾快踏滑泥柔，望公如歲公心慰，為有滂沱徧綠疇。

> 想見神前請命時，片言乍發淚交垂，臣今無狀天宜鑒，民也何辜旱可悲，念本臨淵常惴惴，澍應下尺莫遲遲，通天臺畔臨風疏，早動蒼穹召雨師。

〔註57〕 同上註，頁11。（標點為筆者所加）
〔註58〕 同上註，頁15。（標點為筆者所加）

光緒四年（1878）十一月至五年七月，洪其誥任澎湖海防通判，〔註59〕據林豪《澎湖廳志》載：「五年己卯夏，不雨。六月，通判洪其誥祈雨城隍廟，是日澤下尺餘。七月又祈雨，是日澤下三、四尺，民氣稍蘇。」〔註60〕斷此詩寫於此時。第一首描述久旱甘霖下的喜悅，「屐沾快踏滑泥柔」寫得極為傳神。第二首則回顧祈雨時的心情，一憂一喜形成強烈對比，「喜雨」的主旨托然而出。

3.曉諭諸生的在地關懷

林豪蒞澎湖，一者任文石書院山長，一者編纂澎湖志書，故其《誦清堂詩集卷八·澎海草》有不少詩篇與此有關。前者內容多與教學相關，如〈重陽前二日同澎湖諸生遊太武山謁盧牧洲遺墓諱若騰，金門人〉，以今言即所謂的戶外教學。有指導學生讀書寫作者，如〈與諸生蔡汝璧黃卿雲論文十首〉〔註61〕談為文之要，論之切要。之一云：

> 提筆先將俗見除，時時心與古人居。目中早結千秋想，腕底還空萬卷書。揚氏雕蟲憐瑣屑，義山獺祭快芟鋤。何嘗有意為文字，紙上汪洋自有餘。

此首強調「立意」的重要。告訴諸生在提筆寫文章之前，首先立其大，要將俗見拋除，心意時時與古人居。胸懷丘壑，雖無意為文，但是一提筆，自然能汪洋恣肆，遊刃有餘。之二云：

> 體製由來判古今，四詩六義豈相侵。春華秋實原殊派，流水高山各賞音。但遇秦王堪擊缶，未逢鍾子莫彈琴。色絲五采須分辨，好把鴛鴦度繡針。

此首強調「辨體」的重要。告訴諸生古來體製多種，但卻彼此不相干擾，分辨各種體製之差別及特色，以揀擇適當的體製表達心中之意。可見古人早已意識到詩文的形成，乃由內容與形式的有機組合體。什麼內容，什麼樣的情感，要用什麼樣體製來表達，需慎思明辨。從而逆推得知，一個文人選擇了什麼體製創作，是有意識為之；而這特定的體製，有其特有涵義，即隱含著作者思想、感情在其中。此提供讀者另一閱讀的面向。之三云：

> 驪珠領下覓來勞，千里相懸在一毫。但使觀書心似鏡，何難導竅筆

〔註59〕參見林豪：《澎湖廳志》，頁193。
〔註60〕同上註，頁376。
〔註61〕參見林豪：《誦清堂詩集·澎海草》，頁5～7。

> 如刀。畫龍墨妙睛須點,審鵠神空目豈逃。安得麻姑借長爪,免教
> 癢處隔靴搔。

此首強調「心到筆隨」的工夫。告誡諸生為文抓住重點,深得題旨,切莫隔靴搔癢,其方法就是得讓自己觀書心似鏡,方可達點睛之妙。之四云:

> 美女開奩逞艷姿,自將花樣見心思。淺淺黛色開生面,濃淡粧痕問
> 入時。鬥巧連朝更鳳髻,翻新幾度織鴛絲。文人自擅工倕手,勿效
> 東村強鎖眉。

此首以美女為喻,說明為文有如「美女開奩逞艷姿」,要鬥巧、翻新,告誡諸生為文要有自己的特色,切莫學東施效顰。之五:

> 崆峒劍氣倚天橫,直拓扶桑作管城。萬丈遙空自揮灑,千行着紙儘
> 飛鳴。鵰盤大野風塵暗,馬下長坡草木驚。嘆息蟲鳴和蚓竅,筆頭
> 纏死費平生。

此詩強調「文氣」的重要,勉諸生為文要有大氣魄,寫出的文章須如鵰盤大野而使風塵暗,馬下長坡而使草木驚的氣勢。之六云:

> 良將談兵每自知,肯教負鼎冒阽危。大言漫恃橫磨劍,小飲休誇倒
> 接䍦。背水功成終是倖,拔山力薄莫輕施。三枰兩勝緣何故,孫
> 子能軍在用奇。

此以良將談兵每自知為喻,言「布局」之重要。告誡諸生要有自知之明,有豐厚學底方為文論述,切莫拔刀力薄就輕施,且要能學孫子用兵在奇之妙於文章。之七:

> 斗筲漫詡物能容,牆面終慚耳目封。蜂釀百花香始重,鷄收千蹠味
> 纔濃。杜詩韓筆非無本,馬渤牛溲總有庸。願聚精金與頑鐵,千秋
> 同付一鑪鎔。

此以斗筲、牆面、蜂釀百花、鷄收千蹠、杜詩韓筆、馬渤牛溲為喻,談「取材」之要。告誡諸生要擴大視野,切莫如斗筲、面牆,宜多方學習,不論精金與頑鐵皆要廣博採之,最後鎔為一鑪為己之文。之八云:

> 九轉丹還豈易期,十寒一暴恐非宜。王郎腹裡常存稿,杜老胸中每
> 有詩。蒂落須從瓜熟後,渠成應待水流時。崎嶇閱盡康莊見,此境
> 方知樂不疲。

此首以「九轉丹還」為喻,強調文章要經長期醞釀。告誡諸生要勤於學習,崎嶇盡閱,不可一暴十寒,方可達到瓜熟蒂落、水到渠成,康莊之境。之

九云：

> 擊鉢吟成信有不，終嫌急就語多浮。枚臯速藻何曾妙，充國行軍豈
> 故留。良玉三燒磨不玷，精鋼百鍊化爲柔。京都十載談何易，終古
> 鴻文壓選樓。

此首說明文忌速成。告誡諸生擊鉢吟成的詩，欠缺深度的思索，語多浮。由此亦見澎湖擊鉢詩會不迨日治時方有，清時已見流行。主張爲文要經千鎚百鍊，才能像「良玉三燒磨不玷，精鋼百鍊化爲柔」。此外亦見澎湖於同治、光緒年間有擊鉢吟會。之十云：

> 耳目拘墟意氣盈，白頭牖下嘆無成。蒲因節折長纏速，竹爲心虛響
> 始清。井底蛙窺天亦小，籠中鶴舞地難平。可知半世鑽研苦，不及
> 名流一夕評。

此首說明爲文態度要虛心就教，紮實學習，因爲「可知半世鑽研苦，不及名流一夕評」。告誡諸生先養浩然之氣，後廣納百川的學習。要如蒲一般，受挫後，長更速；如竹謙虛，用心學習，如此進步會更迅速。十首論文詩，殷殷告誡諸生，諄諄教誨的良師形象，躍然紙上。受其業而有成者如蔡玉成（汝璧）、黃濟時（卿雲），詩文、社會事業皆有名於時。〈送文石書院諸生赴省秋試並呈潘司馬〉〔註62〕寫出爲師者深厚的期望，云：

> 文獻多年跡欲陳，喜逢儒吏一番新。煙銷島嶼鍾靈秀，海長珊瑚蔚
> 席珍。大雅風規欣接軫，中流月色映扶輪。蒸蒸士氣經培植，合有
> 英才起後塵。

> 追隨講席數頻年，此會重看玉筍聯。馬縱識途嗟老矣，驪將開道氣
> 昂然。虎門潮湧濡橡筆，鯤海秋高送客船。自昔棘闈辛苦地，及時
> 努力望羣賢。

此詩寫於何時？就詩題觀之，潘司馬，爲潘文鳳，安徽涇縣人，附貢生，實任埔裏社通判。光緒十八（1892）壬辰年八月署〔註63〕澎湖通判，至光緒十九（1893）癸巳年十一月陳步梯署，〔註64〕任內延聘林豪擔任文石書院主講。推判此詩作於光緒十八年（1892）後之秋試。又清朝省試三年一次，時間在子、卯、午、酉年秋天八月舉行，遂稱秋闈或秋試。據以推判此詩是林豪於

〔註62〕 參見林豪：《誦清堂詩集・澎海草》，頁21～22。
〔註63〕 參考林豪編纂：《澎湖廳志》，頁194。
〔註64〕 同上註，頁194。

光緒二十年（1894）甲午年八月前，送文石書院諸生赴省參加秋試所作。這也是臺、澎最後一批參加清帝國的科舉考試，1895 年就進入日治時代，想必這是林豪始料未及之事。第一首首聯就是談潘文鳳聘請林豪將之前一波三折未刊印的《澎湖廳志》完成，對於潘文鳳此舉，林豪充滿喜悅之情，直誇逢儒吏，使得氣象一新。後則緊扣送諸生赴福建省會福州秋試，〔註 65〕言澎島鍾靈秀，相信會有英才。第二首言諸生追隨他多年，期望此次有好成績。頷聯嗟嘆自己老矣，末聯言參加科考極為辛苦，似對己年高六十仍進士落榜，語帶感慨，轉而對後生之期許，希望諸生及時努力，考取功名。可惜，此次秋試仍無人中舉，〔註 66〕之後乙未割臺，自此臺澎士子科考無門。

4. 排遣憂悶秋的書寫

中國文人對於秋天這一季節，常感到無以名狀的悲傷。自古對於四季的書寫，秋居四季之冠。《詩經》並沒有悲秋的例子，但在《楚辭》中，悲秋的時間意識已經固定下來。日學者淺野通有據性質把悲秋文學分為三大體系：一、「九辯」系統；二、「燕歌行」系統；三、「秋可哀」系統。〔註 67〕

「九辯」系統之悲秋文學到宋玉（楚頃襄王〔298〜263 B.C.在位〕時人）的「九辯」便確立了下來。這一系統的特點是作者為文自抒胸臆。〔註 68〕這一系統的名作有曹植（192〜232）的〈贈白馬王彪〉「踟躕亦何留」、潘岳（247〜300）的〈秋興賦〉、左思（約 250〜約 305）的〈雜詩〉、湛方生（生卒年不詳，晉太元〔376〜396 時人〕）的〈秋夜清〉、謝惠連（397〜433）的〈秋懷〉、庾信（513〜581）的〈晚秋〉、蘇頲（670〜727）的〈汾上驚秋〉、張九齡（678〜740）的〈在郡秋懷〉、杜甫（712〜770）的〈登高〉和〈秋興八首〉等。〔註 69〕這一主題往往抒寫對政治的失望和懷才不遇的心情、與時推移、時世變易以至離別、羈旅、悼亡。

建安以至魏朝是悲秋文學的高潮，其間出現以曹丕（187〜226）〈燕歌行〉

〔註 65〕 參考《澎湖縣誌‧教育志》，頁 22。
〔註 66〕 據《澎湖縣誌‧教育志》所載，終滿清之世澎湖中舉者三人：蔡廷蘭（道光十七）、鄭步蟾（咸豐二年）、郭鶚翔（同治九年）。
〔註 67〕 參考黎活仁：〈秋的時間意識在中國文學的表現——日本漢學界對於時間意識研究的貢獻〉《漢學研究之回顧與前瞻》，北京市：中華書局出版，1995 年），頁 396。
〔註 68〕 同上註，頁 396。
〔註 69〕 同上註，頁 396〜397。

爲濫觴的新表現方式。這一系統的特點是作家代表某一集團抒發他們的共通的感情，例如曹丕的〈燕歌行〉是以女子口吻抒發閨怨。〔註 70〕此系作品在南北朝與宮廷遊戲文學匯流，抒情性較稀薄，梁簡文帝宮體詩可爲代表。至於唐詩的發展中，這一系又明顯脫離宮廷遊戲文學，一掃頹廢和追求享樂的色彩，風格與民間歌謠漸趨接近，王勃和李白的作品可爲代表。李白有〈子夜吳歌〉「長安一片月」等十七首，數目之多爲前代所無。〔註 71〕

　　而「秋可哀」系統，最早可推源於夏侯湛（234～291）的〈秋可哀〉。此系統的特點是：作家並不是透過作品表白自己的感情，而只表現與自己無關的抽象觀念。〔註 72〕今觀林豪詩中多出現秋的字眼，在《澎海草》明以秋爲題者八首，其所承繼的悲秋文學，竟屬何系？且論於下：

〈秋聲〉

蕭槭長空爽籟喧，秋生樹底渺無痕，中天月出孤鴻唳，大海潮迴萬馬奔，幾杵疎砧寒到枕，滿山落葉夜敲門，此時客夢驚回後，風雨更深幾斷魂。

〈秋色〉

洗眼秋光萬里開，白雲紅樹共悠哉，鷗邀舊雨隨潮至，雁帶新霜渡海來，幾縷綺霞橫淺渚，一輪碧月落深杯，瓊樓高處頻搔首，耿耿明河淨不埃。

〈秋興〉

菘含野味菊含葩，三逕栖遲興不賒，地僻客情疎似葉，秋深詩骨冷於花，愧無好句消佳日，剩有鄉心對落霞，臨水登山饒逸趣，未須客鬢感年華。

〈秋懷〉

萬里關河入素秋，所思渺渺路悠悠，刀環夢遠征夫淚，針線更闌少婦愁，白露一方人不見，青山數疊水空流，江鱗塞雁無消息，悵望西風古渡頭。

〈秋砧〉

白帝秋深急響傳，蘭閨力盡思悠然，關河木落人千里，庭院風高月

〔註 70〕同上註，頁 398。
〔註 71〕同上註，頁 398。
〔註 72〕同上註，頁 398。

滿天，歸夢一時迴枕畔，寒衣何日到君邊，宵來處處催刀尺，兩地
聞聲總未眠。

〈秋葉〉

有客停車對嶺楓，秋高片片墜西風，滿山樵唱千林淨，古驛霜清萬
木空，竹裡煮茶烟漾綠，溝中流水字題紅，自憐飄泊同疏葉，浪跡
天涯逐轉蓬。

〈秋夢〉

高臥烟霞短榻宜，遊仙清夢任遲遲，竹床秋冷呼兒換，菊枕香疎有
蝶知。歸路五更迴曉柝，吟魂幾度到東籬，縱教得句憑忘却，未忍
偎寒喚小姬。

〈秋別〉

聽唱驪歌幾斷魂，況堪秋思滿黃昏，鯉魚風急帆千里，鴻雁聲多酒
一尊。迢遞郵程勞望眼，淒涼衣袂認啼痕，可憐目斷寒山外，惆悵
深閨尚倚門。

林豪以〈秋聲〉、〈秋色〉、〈秋興〉、〈秋懷〉、〈秋砧〉、〈秋葉〉、〈秋夢〉、〈秋
別〉〔註73〕為題，名雖各異，實則秋之組曲，概念來自於杜甫〈秋興八首〉。
二者皆以七律為媒材，特定的體製有其特定之情感表達，此於林豪〈與諸生
蔡汝璧黃卿雲論文十首〉明言之，足見林豪書寫秋詩八首的情感與杜甫〈秋
興八首〉相類。詩之用語、用韻，亦多有承襲杜詩之痕跡，杜詩第一首以楓
樹凋零起句，林豪〈秋聲〉亦以「蕭槭」起句；杜詩有「江間波浪兼天湧」，
林豪改為「大海潮迴萬馬奔」；杜詩有「白帝城高急暮砧」，林豪改為「幾杵
疎砧寒到枕」。在唐詩中常見「砧聲」表示為征夫急製征衣的戰爭意象，之後
即便無此景象，亦延用之，成為表示戰爭的熟語，〈秋懷〉、〈秋砧〉亦是。而
林詩與杜詩最大不同處是，林詩多了海洋的書寫。林豪秋詩夾雜傳統悲秋文
學的熟語，與澎湖大海潮迴浪湧的景象，以書寫其秋天的心情。〈秋色〉、〈秋
興〉、〈秋葉〉、〈秋夢〉、〈秋別〉用了較多澎湖特殊景語，如「鷗邀舊雨隨潮
至，雁帶新霜渡海來」、「幾縷綺霞橫淺渚」、「剩有鄉心對落霞」等，表達「自
憐飄泊同疏葉，浪跡天涯逐轉蓬」，羈旅生涯的無奈。〈自澎湖買舟渡臺灣〉
之一：「客心如亂葉，又逐碧流東。彈指三春老，知交十載空。風塵尋舊夢，

〔註73〕參見林豪：《誦清堂詩集・卷八澎海草》，頁 7～8。（標點為筆者所加）

身世轉孤蓬。浪跡重重認，依稀雪爪中。」之二：「行止吾難定，中流任所之。潮聲來莽莽，帆勢去遲遲。踪跡尊前月，山川畫裡詩。滄桑無限思，贏得鬢邊絲。」〔註74〕詩充滿著行跡無定的無奈與悲涼的氣氛。而造成其羈旅生活的最大原因，應來自其科考無名；悲涼來自於極力想考取進士，卻未能達成的沮喪。總觀林豪秋詩八首，基調屬「九辯」系統之悲秋文學。

　　林豪的《澎海草》，除感傷自己人生際遇外，多以澎湖爲主題的在地書寫，寫澎湖的歷史、澎湖的吏治、澎湖的民生、澎湖的自然環境、澎湖的特產、澎湖的子弟。以感性的筆觸，抒發對斯土斯民的愛與認同。

（四）對澎湖文化之貢獻

　　林豪對澎湖文化、教育、文學、社會貢獻顯著。他帶領著諸生蔡玉成（汝璧）、黃濟時（卿雲）洪純仁、黃學周、陳雁標、徐癸山、陳維新、陳榮賢、洪思永、李煥章、林維藩（介仁）、許家修、黃步梯、許晉纓等採訪地方人物，〔註75〕全面地對該地區的瞭解與記述，完成《澎湖廳志》的編纂，成爲澎地的百科全書，爲澎湖留下珍貴文獻史料。他，同治八年至九年（1869～1870），光緒四年至七年（1878～1881），光緒十八年至二十年（1892～1894），〔註76〕三度職掌文石書院山長，澎湖子弟受其教導者夥，能詩能文，文風得以延續。他繼首任文石書院山長胡建偉立所立十條學約，續增學約八條：一、經義不可不明也。二、史學不可不通也。三、文選不可不讀也。四、性理不可不講也。五、制義不可無本也。六、試帖不可無法也。七、書法不可不習也。八、禮法不可不守也，〔註77〕以進德修業殷殷教諭澎湖諸生，使澎地成爲德業兼備的美善之區。林豪在〈續擬學約八條〉的最後又說：

> 所願士子，識此數端，爲讀書之根柢，而復以通經學古、課文作字各條，互相淬勵；從此日就月將，相觀而善，士氣蒸蒸日上，以與中土代興，是又區區者所樂觀其後也夫。〔註78〕

〔註74〕　參見林豪：《誦清堂詩集‧卷六卷七臺陽草》。

〔註75〕　參考張默予編纂：《澎湖縣誌‧教育志》，頁19～21。

〔註76〕　同上註，頁60。《澎湖縣誌‧教育志》載林豪第三次任文石書院山長起迄時間「光緒十八年至六十年」有誤，光緒年號至三十四年止，怎會至六十年，應更正爲二十年。前論文「林豪生平傳略」已載林豪於甲午戰後離澎返金門。

〔註77〕　參考張默予編纂：《澎湖縣誌‧教育志》，頁56～58。

〔註78〕　參見林豪：《澎湖廳志》，頁124。

儒家道德標準、書院的建立、科舉制度的重視，這是李國祁界定的「內地化」重要指標，這是三個相互關係非常密切的指標。我們在林豪身上發現了這種現象，做為空間上及文化上「邊緣」的澎湖，追慕「中心」的典章制度，「在邊緣自在的實踐」，期待有一天能「以與中土代興」。〔註79〕林豪對澎湖的用心可見。

連橫對於林豪極為讚賞，不僅於其所撰《臺灣通史‧林占梅列傳》〔註80〕中大加褒揚先生修志之才識；甚且將先生事蹟載入〈流寓列傳〉〔註81〕內，又以極大篇幅登錄先生有關澎地之論。文載林豪比較閩海四島經濟情形，認為澎湖除因地瘠、無水、鹹雨農作不豐，狂風兼旬影響漁獲外，主因朝廷政策未能克盡地利，不能善加經理澎湖可富可貴之資。他主張應開放民間善用斥鹵曬鹽，每歲將會增加數萬金，再抽其餘利，作為書院諸生的膏火，有此獎勵，人競於學，科第可興；另則撥回戍兵，（戍兵霸道，常違亂澎湖）而由澎人就地招募，不但每年可驟增餉米數萬金，且使材武者有進身的機會，武途可興。如此「使民自養」，便能使澎湖漸脫離貧窮。林豪見解精闢，顯然連橫亦深表贊同，才會將此長篇論述，抄錄在介紹林豪生平性質的傳記中。而連橫此文也間接說明了先生的聰明睿智與為民謀求福祉的精神，亦是林豪一生中值得表彰之處，〔註82〕也是澎湖人深深感念之處。

第二節　在地詩人的崛起

澎湖詩人的崛起與通判胡建偉設置文石書院有著密切的關連，澎湖子弟不必遠冒渡洋之危求學，因此讀書識字，進而求功名之士漸增。科舉考試雖是清代一套用人的制度，測試內容有一定的局限性，但無庸置疑卻也增加讀書人口，提升澎湖文風，能詩作文者漸多。但甚憾者，從志書中知能詩作文者夥，今散佚殆盡，僅見數首，端賴志書輯錄而幸存。清代澎湖志書有胡建偉《澎湖紀略》、蔣鏞《澎湖續編》、林豪《澎湖廳志》，藝文志中所輯錄在地詩人有辛齊光、呂成家、蔡廷蘭，以下謹就此三人述之。

〔註79〕參見林耀潾：〈在邊緣的邊緣實踐──以清代臺灣澎湖文石書院山長林豪為例的研究〉《成大中文學報》第13期，2005年12月），頁206。
〔註80〕參見連橫：《臺灣通史》（臺北市：眾文圖書公司，1979年），頁904～905。
〔註81〕同上註，頁958～959。
〔註82〕參考黃美娥：《清代臺灣竹塹地區傳統文學研究》（私立輔仁大學中文研究所博士論文，1999年6月），頁372。

一、辛齊光（1746～1821）

　　辛齊光，字愧賢，清代奎壁澳湖西社人，生於乾隆十一年（1746），道光元年（1821）無病而卒，年七十六。辛齊光二十三歲爲諸生，嘉慶六年（1801），五十六歲爲臺灣府學歲貢生第一名。他曾內渡福建應鄉試（舉人考試）十餘科，歷經三十餘年，屢屢失敗。〔註83〕由於遠隔重洋，波濤凶險，再加上母親年邁，慮風波不測，遂決意杜門養母。直到母親九十餘歲逝世，辛齊光年六十六，盡哀盡禮。服闋，以近古稀之齡，再赴鄉試，蒙受嘉慶十八年（1813）癸酉科欽賜舉人，爲澎湖士子之先河，掙得「開澎舉人」之名。所謂欽賜舉人係指額外錄取的，祖廟內掛有一塊「文魁」匾。澎湖自辛齊光欽賜舉人後，每科與鄉試者有人、膺房薦者有人，文風日盛於昔。〔註84〕耄年尤杖策一上公車，〔註85〕歸課子孫，藏書滿家，留心考據。據《臺灣省通志》所載，辛齊光還是臺灣早期屬一屬二的藏書家：

> 早期臺灣的私人藏書，根據文獻記載，在嘉慶年間即已有之。1813年（清嘉慶十八年），彰化貢生曾玉音，年八十歲猶孜孜於筆墨間，不但大量蒐藏圖書而且勤於著述。彰化二林處士洪士暉，收集古今詩集甚多。澎湖舉人辛齊光，家頗富裕，藏書滿屋，並留心於考據。

> 道光年間，澎湖陳傳生，雖業商賈，但雅好書籍，常有珍本藏之家中。澎湖諸生方景雲、淡水紳士陳遜言亦皆以藏書著名當時。陳遜言更風注意於育英，延師教其子弟，復拓舍，通經、史、子、集之藏書，以便從遊諸子之閱覽。〔註86〕

從文中所載辛齊光、方景雲與陳傳生〔註87〕藏書甚豐，足見清代澎湖文風甚盛。又辛齊光家境富裕，樂善好施。嘗出資數百金修繕文石書院及郡城室寓；又嘗造湖東、西溪兩處石橋，修港底尾、書院崎二處大路，置石板於中

〔註83〕 參考〈國家圖書館走讀臺灣〉網站、蔣鏞《澎湖續編》、林豪《澎湖廳志》、高啓進《西瀛人物志》、張默予《澎湖縣誌》。

〔註84〕 參見高啓進：《西瀛人物誌》。

〔註85〕 清舉人入京會試叫「上公車」。

〔註86〕 參考張炳楠監修、李汝和等修：《臺灣省通志‧卷五教育志文化事業篇》，頁151。

〔註87〕 張默予編纂：《澎湖縣誌‧人物志‧鄉行志》載：「每遠賈歸，輒市異書滿架。」（頁12）。《澎湖縣誌‧人物志‧文學志》載：「每應試有餘貲，則市書籍以歸。」（頁9）

墩，〔註88〕徒涉得無苦；又修蟬廣汐石堤，堤邊建福德祠，以便行人憩息。
鄉有古塚，經風雨棺骸露積，悉拾置一處，封築義塚。又建敬聖亭，廣拾字
紙。遇貧則周恤之；有借貸不能償，悉焚其券。友有喪，貧無以斂，爲備棺
營葬。〔註89〕眞爲孔子：「生，於我乎館；死，於我乎殯。」之實踐者。義行
不勝枚舉，以此義聲達鄉里。

　　辛齊光爲清代澎湖第一位舉人，年逾古稀依舊好學不倦，曾擔任文石書
院山長，善誘後學，教人重實踐，課諸生終日不怠。他的努力，對澎湖地區
往後的士子如蔡廷蘭、鄭步蟾、郭鶚翔等人有重大的影響。中舉後，不因年
歲大，仍然上書當局提出自己的看法，因此被《重纂福建通志》列在國朝孝
義錄內。自己也傳承採輯澎湖節孝事蹟，讓後來的蔡廷蘭（編纂《澎湖續編》
時，還是秀才身分）繼續纂輯，並刊載於澎湖志書內。

　　乾隆五十一年（1786）在自己家鄉湖西社天后宮書寫「湖光重耀」橫匾
及對聯：

　　　　位列東宮千古共欽赫耀，名揚西土萬載咸頌聲靈。

另外也於嘉慶七年（1802），書寫一橫匾「海國瞻依」在自己家鄉湖西社天后
宮內，感謝媽祖庇佑鄉里。嘉慶二十年（1815）代表湖西社書寫橫匾及對聯，
贈予白沙赤崁龍德宮。橫匾題「承乾宣化」，對聯爲：

　　　　玉潤赤誠光俎豆，今生湖海播馨香。

此亦見湖西與白沙鄉赤崁兩地，姑表情誼深厚，情同手足。〔註90〕辛齊光之
文學造詣爲鄉里肯定，只可惜辛齊光傳下來詩作，唯存〈澎湖秋興〉載於《澎
湖續編》，云：

　　　　錯落澎山翠影收，天然屹峙鎮中流。曉來蜃氣侵人冷，夜半濤聲入
　　　　耳愁。島嶼縈回窮水際，帆檣號當掛雲頭。登臨極目滄波外，疑是
　　　　洞庭一色秋。

此詩爲詩人泛寫對澎湖秋天的感受。首聯寫澎湖的地理，蒼翠的群島錯落於
大海中。頷聯寫早上侵來的蜃氣，讓人感到冷颼颼，夜半的濤聲聲聲入耳，
令人發愁。從曉至夜，詩人所感受到的是秋的涼意逼人。澎湖的秋天早已颳

〔註88〕這石堤就是現在白沙中屯島南北兩端的永安、中正兩橋的前身。
〔註89〕參考蔣鏞：《澎湖續編‧人物記‧鄉行》，頁 25～26。
〔註90〕參考 atalog.digitalarchives.tw/dacs5/System/Exhibition/Detail.jsp?CID=41408&OID
　　　　=3204901。catalog.digitalarchives.tw/dacs5/System/Exhibition/Detail.jsp?CID=41408
　　　　&OID=3337687。

來東北季風，天氣比臺灣本島早些寒冷。夜闌人靜時，四周環海的澎湖，不管汝身在何角落，聲聲濤聲定會入耳。然夜半已是入眠時，詩人何以尙未入眠？句末言愁，詩人未說因何而愁，但確知這濤聲更加引發詩人的愁緒，聲聲清晰的映入腦際，此時景與情深刻地交融於心際。頸聯一轉寫白天海天遼闊，帆檣入天聳，秋波浩渺，心起遠眺之情，而懷想起張說的〈送梁六自洞庭山作〉：「巴陵一望洞庭秋……」將大海與洞庭湖化而爲一。這樣的心情是否與他曾內渡福建應鄉試十餘科，歷經三十餘年，屢屢失敗相關？無可奈何的仕途命運與湖水、海水一併流轉，與張說遠謫岳州洞庭湖畔相契。

二、呂成家（？～？）

　　清代另一位澎地知名詩人是呂成家，字建侯，東衛社人。少聰慧能詩，又能琴箏；屢試不售，遂絕意功名。置一齋，嘯臥其中，圖書花鳥、呼酒談棋，有以自樂，〔註91〕怡情山水，與嘉慶十七年（1812）七月到任之第四十五任澎湖通判吳性誠常相唱和。吳別駕去任後尤寄短章遺贈呂成家，足見深受吳別駕所賞識。呂氏晚益耽吟咏，其雖放浪形骸，但是天性友愛，與兄弟數人白眉黃髮，揖讓一堂。諸子姪多業儒，從弟呂作屏、姪呂因方，俱諸生，子逢時，武生。〔註92〕詩作今見於《澎湖續編》輯「澎湖八景詩」八首；〈次吳廳尊留別原韻〉二首；以及〈青螺吸露〉、〈虎井嶼觀海中沈城〉、〈登八罩天台山〉、〈澎湖八景詩〉各一首，共十四首。《澎湖廳志》重錄〈虎井嶼觀海中沈城〉、〈登八罩天台山〉二首。以下就此數十首略窺其貌。

（一）澎湖景觀書寫

1. 奎壁澳的青螺

　　青螺位於湖西奎壁澳。青螺一名始見於《皇明世法錄》。自明末迄清末二十六本文獻中共出現 30 次。然皆未對何以稱「青螺」有所說明。〔註93〕目前的說法有三種。一說是本地盛產青色的虎螺。二說是聚落北方有 7 座小丘，形成「七星羅列」，簡稱「星羅」，音近而轉爲「青螺」。三說是當地「虎頭山」形狀像顆大螺，夏季青草覆蓋，因而取名「青螺」。〔註94〕呂成家〈青螺吸露〉

〔註91〕參考張默予編纂：《澎湖縣誌·人物志》，頁 7。

〔註92〕同上註，頁 7。

〔註93〕參見國史館臺灣文獻館編印：《臺灣地名辭書·卷六澎湖縣》（南投：臺灣文獻館，2002 年），頁 198。

〔註94〕同上註，頁 198。

〈奎壁澳有山名青螺〉云：

> 玉露如膏甘欲流，青螺吸罷醉悠悠。勻圓潤瀉珠千斛，滑膩濃添雪
> 一甌。翠岫玲瓏頭髻現，蒼煙點綴指紋浮。高峰最上榮霄漢，好把
> 瓊漿滴滴收。

詩題小註云：「奎壁澳有山名青螺」，再從詩內容看，青螺山名應指形似螺，
山頭翠綠，遂言青螺。呂成家詩透露當時稱此地為「青螺」，是因山形似青螺，
可補地志之不足。此詩清新雅緻。善用顏色辭，詩如畫般色彩豐富；玉露、
圓珠、瓊漿精準表現露的晶瑩圓潤。一個普通的地方，因呂成家的遐思，而
充滿人文氣息，浪漫起來。不得不讚佩文人的筆！

2. 虎井嶼沉城

呂成家〈虎井嶼觀海中沈城〉〔註95〕云：

> 如何淵底立堅城，可是滄桑幾變更。寂寞山河沈舊恨，屏藩海國值
> 時清。難尋危堞千層砌，猶見頹垣一片傾。我欲燃犀〔註96〕來照取，
> 驪龍頷下探晶瑩〔註97〕。

虎井嶼的沉城，自清朝就是熱門話題。海面澄靜時，清楚可見海底有紅磚做
的城垛，範圍約略紅毛城大小，無人知道這是怎一回事。故此詩破題即提出
海底何以立堅城的疑惑。詩人確信此處曾為城，而今卻沉入海底，由此感嘆
滄海桑田。「寂寞山河沈舊恨」，今雖難尋危堞千層，但仍可見頹垣傾斜。感
嘆歷史興衰更迭之餘，作者還是滿懷進山取寶的心情，想學溫嶠燃犀來照照
水下的世界，期望在驪龍頷下探得晶瑩寶礦，詩句滿囊。

3. 天台山遠眺

天台山位在望安島的西岸，是一個適合遠眺的地方，夏季綠草如茵，景
致怡人，「天台遠眺」清時被選為澎湖八景。〈登八罩天台山〉〔註98〕云：

> 天台縹緲快登臨，八罩群峰第一岑。東顧臺陽朝日近，西瞻廈島暮

〔註95〕 參見蔣鏞：《澎湖續編》，頁114。
〔註96〕 「燃犀」：《晉書·溫嶠傳》云：「（溫嶠）至牛渚磯，水深不可測，世云其下
多妖物，嶠遂燬犀角而照之。須臾，見水族覆火，奇形異狀，或乘馬車著赤
衣者。」犀炬的亮光，可照水中之物。（唐·房喬等撰：《晉書》，影印本，臺
六版，臺北市：臺灣商務，1988年。）
〔註97〕 「驪龍頷下探晶瑩」：古代傳說中驪龍頷下有寶珠。欲取得驪珠，必須潛入深
淵中，待驪龍睡時，才能竊得，為極珍貴的寶物。典出《莊子·列禦寇》。後
比喻難得的稀世珍寶、事物的精華、或文章的要旨。
〔註98〕 參見蔣鏞：《澎湖續編》，頁114。

雲深。無邊玉宇空中見，不盡滄波眼底尋。劉阮風流如可接，遙從
海外發高吟。

此詩爲〈天台遠眺〉的姊妹作，詩意基調都爲登臨遠眺，飄飄欲仙的感受。
頷聯「東顧臺陽朝日近，西瞻廈島暮雲深」明點天台地理位置相當重要，爲
臺、廈航線要衝。「無邊玉宇空中見，不盡滄波眼底尋」上天下海，寫出遠眺
空間的遼闊無邊。如此佳景，想必劉阮都愛煞！

4.澎湖八景書寫

清朝澎湖八景爲：龍門鼓浪、虎井澄淵、香爐起霧、奎璧聯輝、太武樵
歌、案山漁火、天台遠眺、西嶼落霞，呂成家〈澎湖八景詩〉云：

天台勝景足凝眸，奎璧聯輝接斗牛。霧起香爐迷古渡，霞飛西嶼燦
芳洲。龍門浪湧蛟宮幻，虎井淵澄蜃室浮。夜靜案山漁火近，更聞
太武白雲謳。

此詩將清時所選的澎湖八景鑲嵌入詩，藉由此詩，後人可清楚知道清時所選
八景的特色。另呂成家也分別各賦八景，是清朝澎胡八景詩的代表作，特於
「八景書寫」，別立章節探討。

（二）與吳性誠別駕唱和詩作

吳性誠字樸庵，湖北黃安人。以廩生遵川楚例捐納縣丞，來閩候委。嘉
慶十七年（1812）護理澎湖海防通判，二月卸事，〔註99〕後由陳士榮嘉慶十
七年（1812）九月接任。〔註100〕從其〈贈建侯呂翁即以誌別〉小注：「予到澎
七十六日」，知吳性誠實際到澎七十六天。此次離開澎湖，吳性誠賦有〈留別
諸耆老〉、〈留別澎湖諸生〉、〈留別〉〔註101〕二首、〈贈建侯呂翁即以誌別〉二

〔註99〕 參考周璽《彰化縣志》云：「……嘉慶十九年（1814）攝理鳳山知縣，倡建書
　　　　院。嘉慶二十一年（1816）春，署彰化知縣。適穀貴，盜賊竊發，性誠急勸
　　　　業戶平糶，發穀熬粥，以食貧民，故饑而無害。郭百年入墾埔裡，漢番相持，
　　　　臺灣總兵武隆阿嚴詰之，性誠奏請驅佃出山，嘉慶二十二年（1817）水、埔
　　　　二社耕佃盡撤。生番始各歸社。集集、烏溪二口，各立禁碑。平居課士，多
　　　　得眞才。修復書院、學署等。建忠烈祠於西門內，以祀林爽文、陳周全、蔡
　　　　牽三役死事諸人。後以捕盜敘績卓異，道光四年（1824）擢淡水同知。道光
　　　　六年（1826）以病告歸，到家一月卒。」
〔註100〕 參見林豪：《澎湖廳志》，頁190。
〔註101〕 吳性誠〈留別〉二首：「留別嫌無長物存，蕭然行李去荒村。多情惟有滄州
　　　　月，千里清光照海門。」「我本迂疏舊楚狂，雪泥鴻爪印他鄉。自慚不繫蓬生
　　　　望，祇有冰心照此方。」（蔣鏞《澎湖續編・藝文》）

首諸詩。〈贈建侯呂翁即以誌別〉云：

> 新安南渡到東瀛，雌伏荒隅一老生。鑠鑠精神閒杖屨，逍遙歲月寄
> 琴箏。（翁妙於琴箏。）布衣酒遺山人興，海國詩傳處士名。投贈錦囊
> 俱好句，監門從此重侯籯（翁妙於琴箏，予到澎七十六日，承士民獎飾，多
> 以詩送行。）。（之一）

> 到來何處訪神仙，卻有詩人彩筆傳。我爲敨吟鬚斷矣，翁因索句鬢
> 蒼然。但忻張野投三影，差勝劉郎選一錢。此別匆匆留不住，天涯
> 鴻爪笑緣慳。（之二）

從詩中看到短短七十六天的相處，二人情誼卻深篤，見志趣之相投。「鑠鑠精
神閒杖屨，逍遙歲月寄琴箏」，佐證《澎湖縣誌》所載呂成家能琴箏賦詩，怡
情山水，逍遙過日之說；小註云：「予到澎七十六日，承士民獎飾，多以詩送
行。」亦知澎民能賦詩者不少。〈留別澎湖諸生〉小註亦云：「同學諸生多以
詩文就正，瀕行復贈送行之什，依依惜別。」可惜當時送別詩，今多已不
見，僅存呂成家〈次吳廳尊留別原韻〉〔註102〕二首在《澎湖續編·藝文》，茲
錄於下：

> 琴鶴翛然雅化存，口碑興誦滿荒村。去時留得魚懸屋，一棹清風到
> 鹿門。（之一）

> 力挽迴瀾不敢狂，人耕綠野水雲鄉。爲霖已慰蒼生望，白露蒼葭天
> 一方。（之二）

第一首寫吳性誠在澎湖短短時間，備受人民愛戴，以海產贈之，離開時還掛
滿一屋子的魚。「去時留得魚懸屋，一棹清風到鹿門」詩句樸素、自然、眞切。
第二首寫對於吳別駕離別之不捨。

呂成家詩作當不只於此，從遺存詩作來看，呂成家詩作典雅清新。而
從澎湖方志收錄其詩作，大量集中在澎湖八景與澎湖景觀，不難看出從清
初高拱乾《臺灣府志》收錄臺灣大八景詩，到清末各地小八景，八景詩之
創作在清一朝流行不墜。道光年間劉伯琛〈澎湖八景〉，多和呂成家韻，光
緒年間鮑復康與林豪亦添好幾景，足見八景創作爲仕紳、文人流行的風雅
韻事。

〔註102〕參見蔣鏞：《澎湖續編·藝文》，頁 110、111。

三、蔡廷蘭（1801～1859）

（一）生平傳略

1. 前言

蔡廷蘭是開澎第一位也是唯一一位進士，近年因陳文豪、陳益源教授，在國際間掀起一波不小的研究熱潮，使得蔡廷蘭再度活躍於世上。陳文豪教授、蔡丁進老師、郭金龍老師、高啓進先生等，於 2001 年 8 月 19 日至 28 日展開首次「蔡廷蘭江西仕宦地」考察。陳益源教授於 2002 年 11 月 12 日至 17 日前往江西豐城縣考察；2004 年 8 月 15 至 22 日又領著蔡丁進老師、劉麗萍、蘇菁萍、莊聖全、林有忠、楊子儀、高啓進、陳英俊、黃伯仲等九位澎士前往越南，展開「蔡廷蘭越南行跡考察」，之間又有國際性的交流活動。〔註103〕後陳益源教授編著《蔡廷蘭及其《海南雜著》》，蒐錄多種版本的《海南雜著》及與蔡廷蘭相關史料。今筆者閱讀澎湖宿儒吳爾聰遺留史料，發現一篇署名齊愛生所撰的〈蔡廷蘭小傳〉，這是陳益源教授未見之史料，今錄其下：

> 蔡廷蘭先生，字香祖，澎湖人，學者稱秋園先生。幼穎異，八歲能文，十三入泮，見重於周芸皋先生，因請益焉。道光十四年主引心書院，越明年鄉試罷歸，遇颶風，船飄十晝夜，到安南，乃由陸返閩，行四閱月，歷萬餘里，因見聞所及，成海南襍著一書。十七年領鄉薦，旋主崇文兼引心文石諸書院。二十四年成進士，已四十有四歲矣。二十九年補滇江縣，清積案，修青院，值秋荒，損（筆者案：此字應爲「捐」之誤）俸免賦，設法救恤，活民甚眾。咸豐二年，充江西鄉試同考官，六年署豐城縣，漲隄壞，捐廉修築，時奧寇通境，乃命富者出資，貧者出力，以辦團練而禦卻之，得升同知。咸豐九年，三月十五日，在任病故，卒年五十有九。先生自少力學，以博雅稱，於詩工古體，於文善四六，又尚風義，爲其師芸皋先生刻《內自誦齋文集》；爲諸生時，曾佐修鄉志續編網網，故實多出其手，所著愓園近古體詩二卷、愓園駢體文集若干卷，林豪爲之校集，惜未刊行云。丙子陽月齊愛生借鈔，一過訂其眉寫訛謬，附錄提要

〔註103〕一系列的活動詳見於陳益源：《蔡廷蘭及其《海南雜著》》（臺北市：里仁書局，2006 年），頁 67、71。

小傳于後。（標點符號爲筆者所加）〔註104〕

陳益源教授書中所蒐集蔡廷蘭生平之重要史料有：光緒五年（1879），林豪到澎湖講學，受蔡廷蘭哲嗣之託所寫的〈奉政大夫署豐城縣知縣秋園蔡先生墓誌銘〉，〔註105〕和光緒四年（1878），一樣是林豪寫的〈募刻蔡香祖先生愓園遺詩公啓〉。〔註106〕此段小傳中有與林豪及一般所述略有不同：（一）文中寫「海南襍著」與一般常見之〈海南雜著〉，用字不同。（二）林豪言蔡廷蘭「七歲能文」，齊愛生言「八歲能文」。（三）林豪言蔡廷蘭「咸豐九年，三月十九日亥時卒」，齊愛生言「咸豐九年，三月十五日卒」，與蔡氏族譜同。（四）林豪載蔡廷蘭「成進士，分發江西，補峽江縣」，齊愛生言「二十九年補滇江縣」。（五）齊愛生明載道光十六年，鄉試罷歸，遇颶風，船飆十晝夜，到安南等字樣，林豪未明確記載年分。但也有林豪記載了，而齊愛生未載者，如咸豐二年，是冬，權南昌水利同知。二者互相補足蔡廷蘭生平。

再者從文末所寫「所著愓園近古體詩二卷、愓園駢體文集若干卷，林豪爲之校集，惜未刊行云。丙子陽月齊愛生借鈔，一過訂其眉寫訛謬，附錄提要小傳于後」，再次佐證林豪於《澎湖廳志》「著述書目」：「《愓園遺詩》四卷，《遺文》一卷，《駢體文》二卷，《尺牘》六卷。國朝蔡廷蘭撰。……歿後遺集不傳，豪於其家購得詩文稿兩束，釐定詩集爲四卷。」〔註107〕之說，但卷數不同，可見當時有不同的編排稿本。可惜林豪爲蔡廷蘭校集詩文未刊行，故更難留存下來。

齊愛生爲何人？今史料未見。齊愛生於丙子陽月（陰曆十月）借鈔之，向何人借？文中未明言。然從「丙子陽月齊愛生借鈔，一過訂其眉寫訛謬」判斷齊愛生手上應該也有蔡廷蘭相關的資料，否則如何過訂其眉寫訛謬。而「丙子」所指又是何年？就文中判斷齊愛生應該是清末、日治時期的人。他所說的丙子年有可能是昭和十一年（1936）的丙子。

《澎湖廳志·人物上》言：「蔡廷蘭……卒後，遺稿罕有知者。光緒四年，主講文石書院金門林豪爲蒐其《愓園古近體詩》兩卷，駢體文、雜著各若干

〔註104〕見於吳爾聰先生遺留之史料。撰此文者齊愛生，不知究爲何人？
〔註105〕參見陳益源：《蔡廷蘭及其《海南雜著》》，頁23～27。
〔註106〕參見陳益源：《蔡廷蘭及其《海南雜著》》，頁28～31。
〔註107〕林豪：《澎湖廳志·藝文》，所載詩文集卷數與《澎湖廳志·人物上》略有出入。而《澎湖廳志·人物上》和齊愛生〈蔡廷蘭小傳〉是一樣的。

卷。」〔註108〕林豪〈募刻蔡香祖先生愓園遺詩公啓〉言：「豪於戊寅（光緒四年，1878）之秋，謬膺講席，得《愓園遺詩》兩卷。」〔註109〕見林豪在光緒四年（1878）購得蔡廷蘭詩文稿，故齊愛生所言「丙子」年借鈔，當不在往前的光緒二年（1876）的「丙子」，而是昭和十一年（1936）的「丙子」。

　　吳爾聰（1872～1956）收有齊愛生在蔡廷蘭詩文集附錄的提要小傳，筆者推測吳爾聰應該也見過齊愛生的手鈔本。連橫《臺灣通史》中也稱說有蔡廷蘭詩集，長短凡百十有五篇。〔註110〕筆者衷心期盼開澎進士詩文集能重見天日。

　　林豪《澎湖廳志·藝文》之「著述書目」載：

　　《海南雜著》兩卷。

　　　國朝蔡廷蘭撰。廷蘭鄉試罷歸，在洋遭風，飄至越南廣義省思義府
　　　之菜芹汛，由陸旋閩，此書其旅中所作也。近人徐松龕中丞《瀛寰
　　　志略》嘗稱引之，亦可備海南掌故矣。廷蘭自謂下卷皆途次倡酬之
　　　詩，尚未刻行，其詩亦無由見也。

今存蔡廷蘭著作最完整的是《海南雜著》，有諸多文人爲其寫敘題詩，甚幸仍存！蔣鏞〈海南雜著題詞〉二首：「文章未遇屈秋闈，海舶犇騰颶母飛。天水浮沉旬夜迴，煙雲杳渺一風回（棄桅後，被西北風壓下，幸轉東北，得收安南，否則直犯落漈）。南收荒島波濤險，北望家山定省違。往返梯航將萬里，奚囊攜得錦囊歸。」、「取道歸程出桂林，鷺門安抵喜傳音。倚閭得慰萱幃望，愛士能孚藻鑑心（廈門周觀察臺灣劉廉訪，口二憲均器重盼望之）。回首煙波驚甫定，怡情桑梓戀應深。長風巨浪鵬搏遠，履險爲夷卜大任。」〔註111〕施鈺〔註112〕有〈書蔡香祖掌教海南雜著後〉〔註113〕六首：

〔註108〕參見林豪：《澎湖廳志·人物上》。
〔註109〕參見陳益源：《蔡廷蘭及其《海南雜著》》，頁28。
〔註110〕參見連橫：《臺灣通史》（臺北市：眾文圖書，2004年一版四刷），頁980。
〔註111〕收於蔡廷蘭：《海南雜著》。
〔註112〕施鈺（1789～1850）：字少相，一字霄上，號石房居士，原籍福建晉江，爲施
　　　　世榜七房孫。清嘉慶八年（1803）東渡來臺，遂寄籍於竹塹。爲章甫弟子，
　　　　道光四年（1824）成歲貢，不仕，設教鄉里。道光二十二年（1842）西渡，
　　　　道光三十年（1850）卒於泉州北山別業。著有《臺灣別錄》二卷、《石房樵唱》
　　　　四卷。（參見施懿琳等編撰：《全臺詩》）
〔註113〕題下作者註：「《滄溟紀險》、《炎荒紀程》、《越南紀略》，周芸皋觀察爲之
　　　　序。」

三紀梯航作筆談，姓名知已震安南。炎荒不假文人道，誰著天朝教化罩。（其一）

諸夷唱和重吾儒，顯得君才記事珠。豈但臨歧爭供帳，更添佳藥視行廚。（其二）

崔巍隴嶺路連天，履險命如一綫懸。灌木枯藤羣象宅，盤蛇跑虎乏人煙。（其三）

孔雀朝飛桂樹森，鬼門關側日華沈。輶軒偶憩看銅柱，太息伏波戰伐深。（其四）

取徑迂迴入粵西，羊城粵東省別名五羊城春色目中迷。游魂幸得驚初定，任鄰木縣百鳥嘷。（其五）

祇有慈闈感念眞，鷺門東望黯悽神。歸來歷盡風濤劫，疑是金剛不壞身。（其六）

此六首敘述著蔡廷蘭飄至安南，歷劫歸來的情形。由此見蔡廷蘭此事、此書在當時頗著稱。但令人扼腕的是，蔡廷蘭自稱下卷都是途次倡酬之詩，在林豪編纂廳志時，早就散佚了。

2. 生平要事

蔡廷蘭，字香祖，生於嘉慶六年（1801），澎湖雙頭掛社人，學者稱秋園先生。父蔡培華字明新，以篤學設教里中，里人稱善。蔡廷蘭幼穎異，五歲讀書，記誦倍於常童，八歲能文，十三入泮，屢試，輒冠其曹，旋食餼，名藉甚，澎之廉吏蔣鏞尤愛重之。道光十二年（1832）澎湖飢，興泉永道周凱奉檄自廈來勘賑，蔡廷蘭作《請急賑歌》以進，備陳災黎窮困狀，周凱大加稱賞，瀕行，贈以詩，有「海外英才今見之，如君始可與言詩」之句，因手錄讀書作文要訣一卷授之，題曰《香祖筆談》。時周凱方以詩古文詞倡導閩南學者，蔡廷蘭以海島諸生爲所器重，於是臺郡當道名流如熊介臣、周潤東、姚石甫、劉次白諸公，莫不知澎湖有個蔡廷蘭。道光十四年（1834）主講臺灣引心書院。越明年鄉試罷歸，蔡廷蘭前往拜見恩師周凱，周凱在榕林設宴，蔡廷蘭作〈周芸皋夫子招讌榕林〉：「消炎天氣正初秋，避暑榕林快勝遊。滿座笙歌連日醉，群公筆墨幾時留。松生午籟濤喧榻，竹麝斜暉影倒樓。西望蒲帆明遠浦，一回詩思在滄洲。」〔註114〕歡樂情形可見。蔡廷蘭也陪周凱遊

〔註114〕此詩收於賴子清：《臺灣詩醇》。

虎谿，作〈陪周芸皋夫子遊虎谿〉：「征帆纔寄鷺門栖，又共群仙到虎谿。待月亭前容徙倚，摩天石頂快攀躋。華筵客許青衫入，古洞僧邀彩筆題。好把廬山眞跡認，緩尋歸路夕陽西。」〔註115〕

之後，離廈由金門放舟，遇颶風，船颺十晝夜，到越南的思義府茱芹汛登岸，越人很禮遇他，後由陸返閩。途次與南國人士以詩相酬和，藉以採風問俗，行四閱月，歷萬餘里，因見聞所及，成《海南雜著》一書。道光十七年（1837）凱調任臺灣道，舉充拔萃科，是年旋領鄉薦，郡守聘主崇文兼引心、文石諸書院。道光二十四年（1844）會試，成進士，以知縣即用，分發江西，年已四十有四矣。道光二十九年（1849）四月補峽江縣，至則清積案，修青院，獎善類，月課諸生，爲文手自校閱。觀瀾書院久廢，乃助修郡治章山書院，使邑士得以時就近肄業焉。峽江素號瘠區，逋賦者眾，以大義勸諭士民，民皆悅服，完納如額。次年值秋收荒歉，自捐司房筆資，請豁免逋賦，並設法賑恤，多所全活。咸豐二年（1852）七月解任，是歲充江西鄉試同考官，九月署南昌水利同知，十月卸事。咸豐三年（1853），回峽江任，咸豐五年（1855）八月卸事。咸豐六年（1856）九月委署豐城縣，適江水暴漲，隄壞，捐廉二千七百兩，僱夫修築張家嘴、羅家角隄岸，又出貲募人撈拾屍首數百，安插難民。時粵寇逼境，所在土匪焚掠，人心風鶴，亟出駐江上，舉辦團練，令富者出貲，貧者出力，其條目簡易可行，民始有固志，屢卻悍寇。以防堵出力，巡撫耆齡保升同知。咸豐九年（1859）三月十五日，在任病故，年五十有九。

蔡廷蘭自少力學，以博雅稱，於詩工古體，於文善四六，又尚風義。其師臺灣道周凱歿於任，金、廈門下士林樹梅輩議刻《內自訟齋文集》，鳩資助費，蔡廷蘭銳身自任，移書臺地同門生施進士瓊芳等曰：「吾師素負知人愛士之目，今此事宜各盡心力，庶彰吾師之明，豈可諉之樹梅，使私爲己責哉？」爲諸生時，佐蔣通判輯刊《澎湖續編》，網羅故實，多出其手。著作《愓園遺詩》四卷，《遺文》一卷，《駢體文》二卷，《尺牘》六卷，林豪釐定。所撰《海南雜著》上卷分三篇，曰〈滄溟紀險〉、〈炎荒紀程〉、〈越南紀略〉〔註116〕，久已刻行於世，下卷詩作則已散佚。〔註117〕

〔註115〕此詩收於賴子清：《臺灣詩醇》。
〔註116〕連橫《臺灣通史・文苑》載：「著越南紀程、炎荒紀略二書。」（連橫：《臺灣通史》，臺北市：眾文圖書，2004年一版四刷，頁980。）
〔註117〕蔡廷蘭生平參考齊愛生〈蔡廷蘭小傳〉，和林豪《澎湖廳志・人物上》。

（二）詩作析論

林豪《澎湖廳志·藝文》載：

> 廷蘭問業周芸皐先生之門，淵源甚正，於文工駢體，於詩尤工古體，
> 其才力雄健，卓然自成家數。海外詩人，殆未有能勝之者。……其
> 駢體文，大抵應酬而作，壽文居多，亦有未盡諧叶處，然才鋒英發，
> 古藻紛披，究非島上後進所易及也。尺牘六冊，則官江西時作。廷
> 蘭本工四六，故尋常酬應亦非俗手所能。

林豪閱讀過蔡廷蘭的作品，這段評論是目前可得知蔡廷蘭文學作品特色，最
全面的，也是唯一的材料。筆者謹就目前可看到的蔡廷蘭詩作，作一分析。
依創作主題，略分為關懷民生、反映社會面貌、應酬唱和、題畫詩、詠物詩，
探討之。

1.關懷民生

道光十二年（1832），興泉道周凱一行人到澎湖賑災，蔡廷蘭時年三十
二，上呈〈請急賑歌〉四首，﹝註118﹞關心百姓的心情讓周凱感受到澎民處於
水深火熱中，急需賑濟，也展現了蔡廷蘭作古體長詩的功力。第一首提到澎
湖生活環境惡劣，民不聊生。建議撥穀到常平倉，以便急需。第二首將眼所
見的鄰婦遭遇，具體陳述饑荒的嚴重。云：

> 炊煙卓午飛，乞火聞鄰婦。涕淚謂予言，恨死乃獨後。居有屋數椽，
> 種無田半畝。夫婿去年秋，東渡糊其口。高堂留衰翁，窮餓苦相守。
> 夫亡訃忽傳，翁老愁難受。一夕歸黃泉，半文索烏有。嫁女來喪夫，
> 鬻兒來葬舅。家口餘零丁，幼兒尚襁負。吞聲撫遺孤，飲泣謀升斗。
> 朝朝掇海菜，采采不盈手。菜少煮加湯，菜熟兒呼母。兒飽母忍饑，
> 母死兒不久。爾慘竟至斯，誰為任其咎。可憐一方民，如此十八九。
> 恩賑曾幾多，可能活命否。

寫鄰婦遭遇，從夫婿去年秋天東渡臺灣謀生，留下高堂老翁。之後傳回夫死
他鄉，老翁悲傷難受，竟也一夕歸黃泉。家中貧困無半文錢，只好嫁女、賣
兒來葬夫與翁。人丁漸單薄，還有一幼兒在襁褓，只好飲泣吞聲撫育幼兒。
年歲不佳，陸地欠收，只得天天到海邊掇拾海菜，採了許久仍不盈手，見饑

﹝註118﹞ 蔣鏞《澎湖續編》合編三首，「炊煙卓午飛」與「救荒如救溺」合併為一首；
林豪《澎湖廳志》分為四首，從「救荒如救溺」下分為二。就文意、篇章結
構看，以林豪《澎湖廳志》分四首為宜，故以此為底本。

荒嚴重，採摘的人實在太多了。採回的海菜僅夠兒食用，母親忍受饑餓，但最後母若餓死，幼兒也很難存活。眞是悲慘至極！而這樣的情形並非特例，八九是如此。蔡廷蘭生在斯土，自己亦是災民，能眞切感受到人民之苦，生活之不易。寫此急賑歌，目的在懇請政府的賑濟充足，能養活災民。社會寫實的風格如白居易。再看之三和之四所云：

> 救荒如救溺，急須援以手。試問登山無，莫訝從井有。譬諸過涉凶，滅頂濡其首。萬灶冷無煙，環村空覆臼。二鬴不供餐，三星常在罶。移糶開武倉，官惠亦云厚。定價三百錢，准糶米一斗。轉眼給已空，枵腹那能久。求死緩須臾，望救爭先後。明日天開晴，星纚到浦口。絕處忽逢生，歡聲呼父母。睹此應傷心，加恩誰掣肘。翻作哀鴻吟，從旁商可否。乞爲漢韓韶，休笑晉馮婦。（之三）

> 救荒如救災〔註119〕，禍比燃眉蹙。杯水投車薪，燎原勢難撲。嘆息此時情，鳥焚巢已覆。告急書交馳，請帑派施穀。連月風怒號，滔天浪不伏。勞公百戰身，懸民千里目。愁無山鞠窮，疾奈河魚腹。藜藿雜秕糠，終餐不一掬。哀腸日九迴，何處求半菽。見公如得父，幸免填溝瀆。去時編戶口，稽查費往復。積困蘇難遲，倒懸解宜速。我亦騞桑人，不食黔敖粥。愛〔註120〕倩饑何妨，長歌以當哭。安得勸發棠，加賑一萬斛。匡濟大臣心，補助生民福。會看達九重，褒嘉錫命服。（之四）

三、四首以相同的句法起句，一爲「救荒如救溺」；一爲「救荒如救災（宜爲焚）」，寫出救荒的急切性。這兩首的用辭、語法與第二首近似白描的方式不同，較多對句和用典。第二首是向周凱陳述災情，第三四首寫周凱遠來賑災事，故詩句改以典雅。第四首「杯水投車薪」至「鳥焚巢已覆」，寫災情的嚴重。「告急書交馳」，告急書不斷的投出，寫出災情之急。怎奈「連月風怒號」，勞煩長官冒風浪而來，而急於被解救的居民，更是望眼欲穿，形象地寫出災民心中那種急而不得的難耐痛苦。「愁無山鞠窮」到「何處求半菽」，進一步地描繪災民的慘狀。終於等到了長官的來到，「見公如得父」，災民心情獲得

〔註119〕　筆者按：林豪《澎湖廳志》「災」，蔣鏞《澎湖續編》作「焚」，就上下文意看，宜作「焚」。

〔註120〕　蔣鏞《澎湖續編》、林豪《澎湖廳志》作「愛」，連橫《臺灣詩乘》、許成章《高雄市古今詩詞選》作「曼」。

紓解。接著蔡廷蘭告訴周凱「去時編戶口，稽查費往復」，成效未彰，期請長官能盡速解民於倒懸，急賑災民，迅速發放穀糧，能如韓韶以民為重，自行下令打開官府的米倉救濟災民，即使獲罪亦無憾的作為。詩末言自己也是翳桑人，但卻是個有志氣的窮民，不食嗟來食，餓就讓它餓，聊以長歌當哭，但他所心急的是生民塗炭。詩言「安得勸發棠，加賑一萬斛」，以反話書寫，言己人微言輕，何足勸長官發散糧倉，以賑濟貧民？其實心中多麼渴望澎民得以獲得紓困。蔡廷蘭本身也是災民，在書寫上更能貼近大眾的心。

2. 反映社會面貌

蔡廷蘭有一首請王鐵崖茂才解圍的詩，反映了純樸社會中，仍存在著少數惡霸。〈偶因購石作牆為里儈所阻將聚眾鬥矣急以詩代柬求王鐵崖茂才解圍事後喜而錄之〉云：

> 君家世居銕鐵尾，約去吾鄉未三里。婚姻況乃朱陳諧，肥瘠豈如秦越視。我昨鳩工版築興，偶向君鄰購石子。物各有主原非偷，售而得之烏容已。驅頑未學秦皇鞭，負重先教夸娥徙。無端局外聲喧豗，攘臂突前相角抵。竟欲投轄同留賓，公然操杖辱加捶。初猶扣脛繼撞胸，幸免折肱痛血指。試請息怒姑徐徐，云是此石渠曾市。就中委曲誰能知，遽呼宅主訊端委。主稱典屋非賣石，署契分明敢譎詭。渠方氣短欲足逃，釁由張三禍及李。尋常小隙抵死爭，倉皇平地風波起。我聞眾怒急纓冠，蠻觸紛紛笑太鄙。會須登堂來負荊，排解先教達片紙。

詩前寫到蔡廷蘭居住雙頭跨和王鐵崖茂才居住的銕鐵尾，相距不到三里，兩地世世代代締結良好婚姻關係，怎能互不關心！原來蔡廷蘭向王鐵崖鄰居購石築牆，卻被里儈說是偷，而遭毆打。「無端局外聲喧豗，攘臂突前相角抵，公然操杖辱加捶。初猶扣脛繼撞胸，幸免折肱痛血指」描寫里儈將車軸頭上的鐵鍵拔除丟棄，打架的凶狠模樣。蔡廷蘭對此無端之禍，深感無奈！「試請息怒姑徐徐」，表現了讀書人的風範。好言相勸，請里儈將事情說明白，才知原來購石的宅主將屋子典給里儈，里儈強言石頭已賣給了他。幸得宅主趕來，攤開契約一看，寫得明明白白，里儈才知理虧，欲足逃走。為區區小利就起爭端，蔡廷蘭深感嘆息！

3. 應酬唱和

林豪評蔡廷蘭駢體文，大抵應酬而作，壽文居多，才鋒英發，古藻紛披，

今雖無緣窺見，但從他的應酬唱和詩，多少可以看到一些端倪。蔡廷蘭〈壽熊介臣觀察〉云：

> 鑾坡聲價重春明，秋典分司訟獄平。綬綰銀章來赤嵌，符飛銅虎下滄瀛。大荒海外慈雲被，絕險天南砥柱擎。總爲生民開壽域，黃堂幾度看稱觥。〔註121〕

此詩大概寫於道光十四年（1834），蔡廷蘭主講臺灣引心書院。藉此詩稱頌熊介臣觀察來到府城，使人人得樂享天年的太平盛世。詩句典雅華麗。又〈壽黃春池廣文〉〔註122〕云：

> 海外通經舊有名，穎川治譜擅家聲。文章壽世千秋永，節烈匡時一郡傾。槐市昔曾留榘範，榆鄉今已遂澄清。且看大展經綸手，未許閒居老此生。

黃春池名化鯉，臺南人，道光間曾官海澄教諭。〔註123〕詩即讚頌黃春池的博學，與教育之功。另存一首〈題施見田同年詩冊〉〔註124〕，亦可看作師友間的應酬之作，云：

> 才華爛熳本天眞，一卷琳瑯入眼新。論古瀾翻三峽水，抽毫豔掃六朝人。江山歷盡襟懷壯，風雨來時筆墨親。此去金門看奏對，聖朝今日重詞臣。

施見田名瓊芳（1815～1868），臺南人，通經學，登進士第，不與外事，子士洁，亦名進士，〔註125〕有《石蘭山館遺稿》傳世。此詩爲蔡廷蘭題施瓊芳同年詩冊，稱許施瓊芳歷盡江山風光，胸懷壯闊，論古氣勢波瀾翻滾如三峽水，辭藻豔掃六朝人，此道出施瓊芳詩作的特色。施瓊芳學問根柢深厚，詩帶有濃厚的書卷味，和蔡廷蘭一樣善於用典，古藻紛披，縝密而典麗。

4.題畫詩

蔡廷蘭存有數首題畫詩，清雅中有詩人凌雲之志。〈題小孤山圖〉云：

> 危峰屹立水中央，雙柱排空勢亦昂。幾座樓臺懸碧落，連山竹樹陰

〔註121〕此詩收於賴子清《臺灣詩醇》。
〔註122〕此詩收於連橫《臺灣詩乘》，又載賴子清《臺灣詩海》、林文龍《臺灣詩錄拾遺》。
〔註123〕參見賴子清《臺灣詩海》詩題下編者按語。
〔註124〕此詩收於連橫《臺灣詩乘》，又載賴子清《臺灣詩海》、林文龍《臺灣詩錄拾遺》。
〔註125〕參見賴子清《臺灣詩海》，詩題下編者按語。

蒼涼。大江湧起千層浪，極浦飛來萬里航。安得奮身凌絕頂，高從
雲表一迴翔。〔註126〕

前三聯寫圖中景，皆顯不凡的氣勢，猶以第三聯「大江湧起千層浪，極浦飛
來萬里航」最壯闊，前為因後為果，由飛來的萬里航，顯現大江湧起千層浪
的波瀾壯闊。詩人真是善於觀畫，將靜態的畫描繪的如此生動。若非全神貫
注，與景合一，無來由詩人也想奮身凌絕頂，如巨鷹高踞雲表，振翅迴翔。
又〈題洗硯魚吞墨圖〉云：

小池清影靜窺魚，正值兒童洗硯初。墨汁三升憑唼喋，煙雲一片任
吹噓。藏胸可是同烏鰂，邰腹空知有素書。待看飛騰瀛海去，榮光
五色噴何如。〔註127〕

小小的世界，魚游硯中，詩人卻將其描繪成大大的世界。硯中的墨汁，在詩
人的巧思下成煙雲一片。魚唼喋、吹噓其間，詩人又將其極大化，想像成烏
鰂，那麼那天飛騰瀛海去，榮光五色噴。前詩由迴翔雲表展現壯志，此詩則
由飛騰瀛海表露，都看到詩人不凡的抱負。

另外一首〈題烹茶鶴避煙圖〉，則表現出詩人從觀圖所展現出脫俗自適的
一面，云：

滌盡煩襟野趣生，閒來掃榻品茶經。煙騰石鼎松風發，水沸銅瓶檜
雨晴。笑我酪奴恣飽酌，驚他羽客作長鳴。此仙不受人間氣，分付
樵青細火烹。」〔註128〕

首聯破題點出烹茶。頷聯對仗巧妙，將煮茶器物與大自然融合為一，野趣自
生。頸聯點出圖的另一主題——鶴驚避煙。尾聯以仙人不受人間氣影響收束
全詩，使詩的意境更加擴展開來。

5. 詠物詩

蔡廷蘭有一首〈蘭花〉，云：

生依岩谷愛幽清。肯比蕭敷與艾榮。獨有芳菲含露氣。不須顏色動
風情。人懷遠遁頻通問。跡寄空山自得名。多謝春暉憐小草。國香
何事費公評。〔註129〕

〔註126〕 此詩收於賴子清《臺灣詩醇》。
〔註127〕 此詩收於賴子清《臺灣詩醇》。
〔註128〕 此詩收於賴子清《臺灣詩醇》。
〔註129〕 此詩收於賴子清《臺灣詩海》。

此詩寫蘭花生空谷，不須特別的顏色即風情萬種，有不須矯飾之自然美。末句「國香何事費公評」，美自美矣，何須他人品評？暗喻人品高潔，脫俗不塵。蔡廷蘭律詩寫來清新雅緻，託寓深意，與古體長歌為民疾呼的激切相較，別有一番新味。

林豪〈重修文石書院落成記〉云：「澎湖徒以地瘠民樸，猶有唐魏遺風，經良有司教化栽培，皆知向學。而蔡君廷蘭崛起海隅，遂首掇甲科，以文學知名於世。」〔註130〕蔡廷蘭（1801～1859）五歲讀書倍常童，八歲能文，十三補弟子員，興永道周凱頻行贈以詩，有「海外英才今見之，如君始可與言詩」之句，臺郡當道名流，莫不知澎湖有蔡生。道光十四年（1834）主講臺灣引心書院，十七年（1837）郡守聘至崇文書院，兼引心、文石兩書院，二十四年（1844）會試成進士，以知縣即用分發江西。〔註131〕蔡廷蘭是澎湖唯一進士，就學於文石書院，也主講於文石書院，可謂「澎湖之光」。林豪對於蔡廷蘭的敬仰，從其廳志所載，墓誌銘所記，和校集勸刻詩文可見。〈奉政大夫署豐城縣知縣秋園蔡先生墓誌銘〉云：

> 夫珠？荒服，瓊山以績學起家；牂牁僻區，尹珍以傳經馳譽，維坤靈之甫洩，知地脈之將開。人文隨氣運而生，鬱久必發；豪傑豈時俗能囿，鳴自驚人，吾於秋園先生見之矣。……。銘曰：

> 泱泱東海，寶氣所鍾，必有奇士，梃生其中。矯矯蔡公，人中之驥，早擢巍科，出為名吏。我生已晚，敬謁德門，搜牢遺集，辦香猶存。翼翼名區，芳躅斯在，流澤孔長，絕絕未艾。〔註132〕

「我生已晚，敬謁德門，搜牢遺集，辦香猶存」，林豪仰慕之情，深矣！為勸募刊刻蔡廷蘭詩集，特撰〈募刻蔡香祖先生愓園遺詩公啟〉，云：「先生才由天植，學自少成，七歲能文，十三遊泮，為鉅公所器，膺拔萃之科，固已負青冥，標白望矣。已而長安走馬，破絕島之天荒，章水飛鳧，為名區之循吏。……樹台海騷壇之幟，倡澎瀛風雅之宗，不亦地以人傳，而名因集重耶！」〔註133〕

〔註130〕參見林豪：《澎湖廳志》，頁385～386。

〔註131〕有關蔡廷蘭生平事蹟及著作情形可見林豪：《澎湖廳志》，頁237～239；齊愛生〈蔡廷蘭小傳〉；高啟進、陳益源、陳英俊合著：《開澎進士蔡廷蘭與〈海南雜著〉》（澎湖縣馬公市：澎湖縣文化局，2005年10月）。

〔註132〕此處引自高啟進〈開澎進士蔡廷蘭（1801～1859）〉（高啟進、陳益源、陳英俊合著：《開澎進士蔡廷蘭與〈海南雜著〉》，頁21～23。）

〔註133〕同上註，頁77～78。

希望蔡廷蘭的詩名能因集子而留傳不墜。可惜今未能得見此集。

「地以人傳」，像蔡廷蘭在邊緣的邊緣自在地實踐，終能「鬱久必發，鳴自驚人」，終能「破絕島之天荒，爲名區之循吏」。林豪是地區型的教育人士，作爲文石書院的最後一任山長（曾三度爲山長），對他的前輩山長，不勝其敬佩之情！「天之降才，固不以地而限，特患人之不自奮爾」〔註134〕，澎地士子有此賢人爲範，當不妄自菲薄，而更勤勉於學。

〔註134〕此爲連橫語，見《雅堂文集》第一冊，頁43。